Leben wie Gandhi

Perry Garfinkel

LEBEN WIE GANDHI

Ein Experiment

Die 6 Prinzipien des Mahatma
als Kompass für eine Welt im Wandel

Mit einem Vorwort des 14. Dalai Lama

Aus dem amerikanischen Englisch
von Karin Weingart

L o t o s

Die amerikanische Originalausgabe erschien 2024
unter dem Titel *Becoming Gandhi.*
My Experiment Living the Mahatma's 6 Moral Truths in Immoral Times
im Verlag Sounds True, Inc., Boulder, CO.

Penguin Random House Verlagsgruppe FSC® N001967

Erste Auflage 2024
Printed in Germany
Redaktion: Jürgen Teipel
Umschlaggestaltung: Guter Punkt, München,
nach einer Idee von Jennifer Miles
Covermotiv: © DutchScenery/iStock/Getty Images Plus
Satz: satz-bau Leingärtner, Nabburg
Druck und Bindung: GGP Media GmbH, Pößneck
ISBN: 978-3-7787-8291-0

www.Integral-Lotos-Ansata.de

Für Sue Mattison

Du hast mir gezeigt,
wie wichtig im Angesicht schlimmster Widrigkeiten
persönliche Stärke und Hingabe sind.
Ich wusste immer, dass du es in dir hattest,
liebstes großes Schwesterchen.

INHALT

Ein Tag im Leben Mahatma Gandhis

Mahatma Gandhi war ein Streber. Wie hat er es bloß hingekriegt, so viel zu erledigen? Mit Disziplin, Konzentration, Engagement und dem Wunsch, aus jedem Tag das Beste zu machen – zum Besten anderer. Er hat sich peinlich genau an seinen Tagesplan gehalten. Ich glaube sogar, dass seine Selbstverpflichtung zur Erledigung der selbstgestellten Aufgaben im Laufe der Zeit Teil seiner spirituellen Praxis wurde, seine Sadhana. Die Übersetzung dieses Begriffs aus dem Sanskrit lautet »Verwirklichung«. Sowohl im Hinduismus als auch im Buddhismus steht er für eine innere Übung, mit der man die Vorstellung einer Gottheit heraufbeschwört und deren Essenz in sich aufnimmt.

4:00 Uhr

Wecken. Gandhi pflegte täglich neunzig Minuten vor Sonnenaufgang aufzustehen. Diese Zeitspanne gilt als besonders gut für Meditation, Yoga und andere spirituelle Praktiken geeignet.

4:20 Uhr

Gemeinschaftliches Beten, unter anderem Chanten des Morgenbhajans. Auch begann er zu dieser Zeit zu schreiben oder zu arbeiten oder gönnte sich eine kurze Ruhephase.

7:00 Uhr

Frühstück, gefolgt von einem fünf Kilometer langen Morgengang; Mithilfe in der Küche des Aschrams: Reinigen von Kochutensilien und Latrinen, Gemüseschnippeln, Weizenmahlen und so weiter.

8:30 Uhr

Empfang von Besuchern; Schreiben oder Lesen; Gandhi verfasste sehr viele Briefe – insgesamt mehr als dreißigtausend. Den Montag verbrachte er im Schweigen.

9:30 Uhr

Ölmassage im Sonnenlicht sowie Bad und Rasur. Um Wasser zu sparen, verwendete er möglichst wenig davon. Reinlichkeit war Teil seiner Selbstdisziplin; im Aschram trug er oft einen Besen bei sich und fegte, sobald sich die Gelegenheit bot.

11:00 Uhr

Vegetarisches Mittagessen: frisches Obst und Gemüse; zucker-, salz- und fettarme Kost.

13:00 Uhr

Weitere Korrespondenz, weitere Besucher. Oft standen die Menschen Schlange, um ihn zu treffen und die drängenden Fragen der Zeit mit ihm zu diskutieren.

16:30 Uhr

Handspinnen mit dem *Charkha*, was für ihn sowohl Meditation als auch ein revolutionärer Akt war, der die Inder ermutigte, auf britische Kleidung aus indischer Baumwolle zu verzichten.

17:00 Uhr

Abendessen.

18:00 Uhr

Abendgebete mit gemeinschaftlichem Bhajangesang. Manchmal beteiligte er sich an der Haushaltsarbeit des Aschrams, sprach ein kurzes Gebet oder hielt eine kleine Ansprache zu einem aktuellen Thema.

18:30 Uhr
Abendgang.

21:00 Uhr
Bettruhe.

Gandhis Leben – eine Zeitleiste

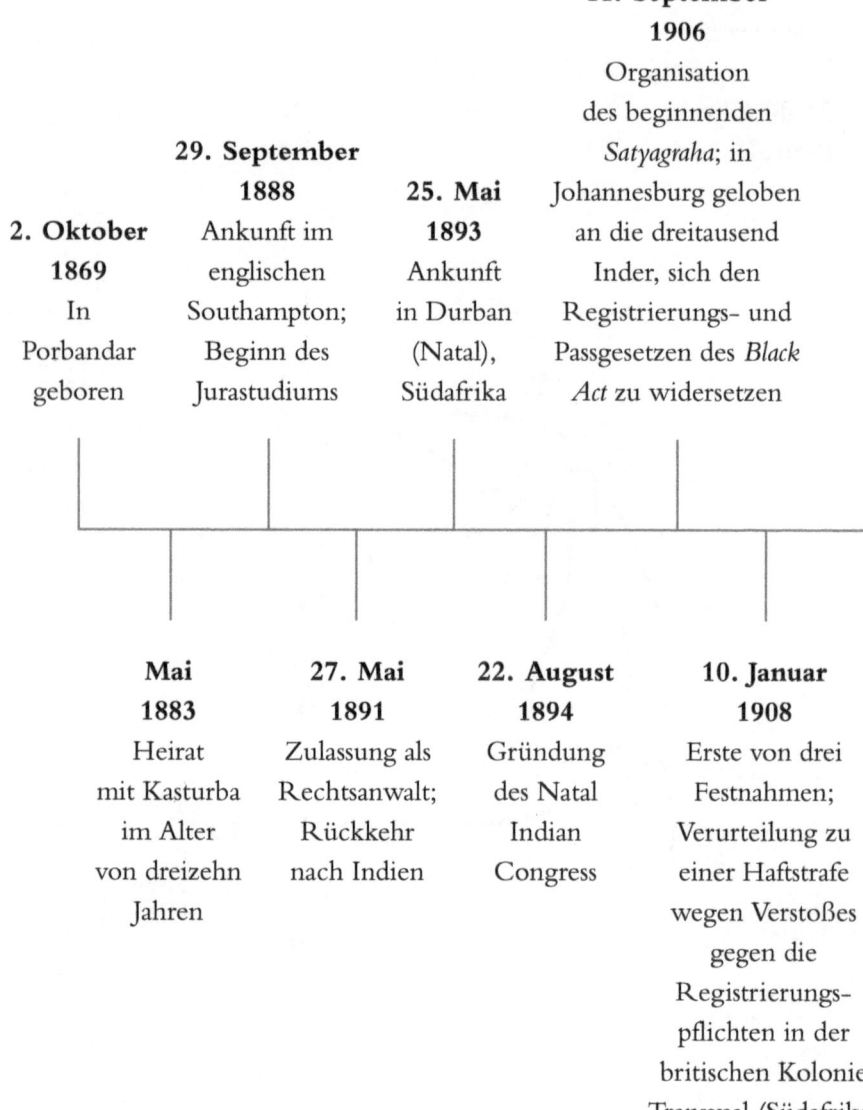

11. September 1906
Organisation des beginnenden *Satyagraha*; in Johannesburg geloben an die dreitausend Inder, sich den Registrierungs- und Passgesetzen des *Black Act* zu widersetzen

29. September 1888
Ankunft im englischen Southampton; Beginn des Jurastudiums

25. Mai 1893
Ankunft in Durban (Natal), Südafrika

2. Oktober 1869
In Porbandar geboren

Mai 1883
Heirat mit Kasturba im Alter von dreizehn Jahren

27. Mai 1891
Zulassung als Rechtsanwalt; Rückkehr nach Indien

22. August 1894
Gründung des Natal Indian Congress

10. Januar 1908
Erste von drei Festnahmen; Verurteilung zu einer Haftstrafe wegen Verstoßes gegen die Registrierungspflichten in der britischen Kolonie Transvaal (Südafrika)

**20. Mai
1915**
Rückkehr
nach
Indien;
Organisation
des
Satyagraha-
Aschrams
in Kochrab

**5. Mai
1930**
Nach dem
Salzmarsch:
Festnahme
und
Überstellung
ins Gefängnis
wegen
Verstoßes
gegen die
Salz-Gesetze

**14. Dezember
1934**
Gründung
der All India
Village
Industries
Association

**22. Februar
1944**
Kasturbas
Tod;
Einäscherung
auf dem
Gelände des
Aga Khan
Palace

**30. Januar
1948**
Ermordung
durch
Nathuram
Godse

**18. März
1922**
Strafprozess
vor dem
Bezirksgericht
in Ahmedabad;
Verurteilung
zu sechs
Jahren Haft
wegen Aufruhrs

**20. September
1932**
Beginn
des Fastens
für eine
bessere
Behandlung der
Unberührbaren

**8. August
1942**
Quit-India-
Resolution
verabschiedet;
Aufruf
»Do or die«

**15. August
1947**
Indien
erlangt seine
Unabhängigkeit;
Gandhi
verbringt
den Tag
fastend und
betend

Vorwort von Seiner Heiligkeit dem 14. Dalai Lama

Schon immer war ich der Überzeugung, dass die beste Möglichkeit, das Vermächtnis großer Staatsmänner der Vergangenheit zu bewahren, in dem Versuch besteht, die Werte lebendig zu halten, für die sie standen, und diese auf unsere gegenwärtige Situation anzuwenden. Deshalb freue ich mich, dass Perry Garfinkel genau das in Bezug auf Mahatma Gandhi tut und in diesem Buch über seine Erfahrungen berichtet.

Im vergangenen Jahrhundert hat Gandhiji gezeigt, wie sich die alte indische Tradition der Gewaltlosigkeit *(Ahimsa)* praktisch anwenden ließ. Persönlichkeiten wie Martin Luther King, Nelson Mandela und Erzbischof Desmond Tutu bewunderten seine Leistungen und eiferten ihm nach. Die Prinzipien der Gewaltlosigkeit und des Verzichts darauf, Schaden anzurichten, sind nicht nur moralisch einwandfrei, sondern sind auch in der Praxis zweckdienlich.

Auch ich versuche, Gandhijis Botschaft zu beherzigen. Gehört hatte ich schon als kleiner Junge in Tibet von ihm. Als ich dann mehr über sein Leben erfuhr, war ich von seiner Anwendung des Prinzips der Gewaltlosigkeit im Kampf für die Unabhängigkeit Indiens tief beeindruckt – und habe es im Zuge meiner Bemühungen, die elementaren Menschenrechte des tibetischen Volkes wiederherzustellen und seine Freiheit zu bewirken, selbst angewendet.

Bewundert habe ich auch Gandhijis Lebensstil: seine Einfachheit und Disziplin. Obwohl er eine umfassende moderne Bildung und Erziehung genossen hatte und die westliche Art zu leben gut kannte, besann er sich auf sein indisches Erbe und übernahm aus freien Stücken eine einfache, ganzheitliche

Lebensführung im Einklang mit den Traditionen seines Heimatlandes. Er widmete sein Leben dem Wohl der einfachen Leute, die überall auf der Welt die Mehrheit der Bevölkerung bilden.

In diesem Buch erkundet Perry Garfinkel sechs von Gandhijis Prinzipien, um herauszufinden, ob sie sich heute noch anwenden lassen – und ob er selbst in der Lage wäre, sein Leben an ihnen auszurichten. Die Gewaltlosigkeit, für die Gandhiji eintrat, war mehr als der Verzicht auf Gewalt. Für ihn war Gewaltlosigkeit eine für das Wohl der Menschheit unerlässliche Art der Lebensführung.

Die Verfeinerung von Gewaltlosigkeit und Mitgefühl ist Teil meiner täglichen Praxis. Sie zahlt sich praktisch aus; denn die Zufriedenheit und innere Ruhe, die sich aus ihr ergeben, sind eine gesunde Grundlage für echte, von Herzen kommende Beziehungen zu anderen Menschen. Diese sind nicht zuletzt deshalb so wichtig, weil die glückliche und erfolgreiche Zukunft jedes Einzelnen aufs Engste mit der unserer Mitmenschen verknüpft ist.

Auf den folgenden Seiten bietet der Autor seinen Leserinnen und Lesern eine Gelegenheit zu entdecken, auf wievielerlei Art und Weise Gandhiji dazu beitrug, die Welt zu einem besseren Ort zu machen, und herauszufinden, was wir alle – jeder von uns – aus seinem Beispiel lernen können.

Einleitung
Möge die Reise beginnen

Mit dem Lesen dieser Zeilen schließen Sie sich einem lebenslangen Experiment an, das, wie ich hoffe, unser beider Leben – Ihres und meines – nachhaltig verändern wird. Lassen Sie mich zunächst kurz über Grundregeln, Rahmenbedingungen, Zeiträume, Vorbehalte, Ausreden und andere Details sprechen, die für Ihren Weg relevant sind und Ihnen unterwegs weiterhelfen können – um vielleicht nicht Gandhi zu *sein*, aber um ethisch und moralisch vertretbarer, prinzipienfester, spiritueller, wahrhaftiger zu werden.

Die Idee zu diesem Projekt ist mir vor mehr als einem Jahrzehnt gekommen. Doch dann dauerte es noch zwölf Jahre, bis ich über genügend Selbstvertrauen, Entschiedenheit und, offen gesagt, die finanziellen Mittel verfügte, um zu dieser strapaziösen Reise aufbrechen zu können – innerlich und äußerlich. Sie führte mich, abgesehen von Trips innerhalb meiner Heimat, den Vereinigten Staaten, in drei sehr unterschiedliche Länder: nach England, Indien und Südafrika. Bevor es losging, hätte ich mir nicht vorstellen können, wie sehr mich dieses Experiment verändern, wie viele Kilometer ich dafür abspulen und mit welch interessanten, inspirierenden Menschen es mich bekannt machen würde. Genauso wenig wusste ich zu der Zeit, wie oft ich enttäuscht werden würde, nicht nur von anderen, sondern auch von mir selbst.

Ernst wurde es im Sommer 2019, als ich begann, mich nach kenntnisreichen Menschen umzusehen und sie zu kontaktieren. Da ich mich rühme, ein ausgebuffter Reporter zu sein, der im Nullkommanichts Mail-Adressen und Telefonnummern von so ziemlich jedem in Erfahrung bringen kann, ist mir zumindest dieser Tauchgang, der mit viel Lesen und Googeln einherging, relativ leicht gefallen. Vor allem war er überaus informativ und hat mir viel Spaß gemacht. Vielleicht möchten auch Sie ein wenig recherchieren – über das hinaus, was ich hier schreibe, Ihren eigenen Weg finden, um nach Gandhis sechs Prinzipien zu leben. Für den Mahatma kann ich natürlich nicht sprechen; aber *meine* volle Unterstützung für ein unkonventionelles und von meinen Erkenntnissen unabhängiges Denken haben Sie.

Ich hatte dieses Projekt von Anfang an mit zwei großen Zielen verbunden: Erstens wollte ich herausfinden, ob man in einem soziokulturellen Klima, in dem moralische Integrität offenbar keine Rolle mehr spielt, überhaupt nach Gandhis ethischen Grundsätzen leben kann. Zweitens wollte ich die Länder bereisen, in denen sich der Mahatma länger aufgehalten hatte, und in Erfahrung bringen, was seither dort geschehen ist. Das heißt, ich suchte nach Antworten auf die Frage: Sind Menschen dort Gandhis Beispiel gefolgt, oder ist die Spur, die er hinterlassen hat, längst verweht – vergessen mit der Zeit und aufgrund der menschlichen Natur? Dass es angesichts des Verfalls ethischer Werte, zunehmender Gewalt und zügelloser Lüge schwer sein würde, das Gegenteil zu beweisen, war mir von vornherein klar. Wir werden, noch während ich dies schreibe, Zeugen des Scheiterns der Gewaltlosigkeit, eines der zentralen Prinzipien Gandhis: Soeben berichtet CNN, dass es dem Gun Violence Archive zufolge in den USA allein in den ersten drei Wochen des Jahres 2023 zu neununddreißig Schießereien mit mehr als sechzig Toten gekommen sei.

Bei meinem Vorhaben war mir von Anfang an bewusst, dass die größte Schwierigkeit darin bestehen würde, mich tagein, tagaus und von morgens bis abends an Gandhis Prinzipien zu halten. Denn dafür würde ich hart an mir arbeiten, mein Denken, meine gesamte Einstellung, ja meine ganze geistige Haltung von

Grund auf verändern und mich von alten Gedanken- und Verhaltensmustern trennen müssen.

Dabei waren die Grundregeln des Experiments simpel: Ich wollte mich strikt an die sechs Prinzipien halten, sie den ganzen Tag über befolgen, egal ob beim Abhängen mit Freunden beziehungsweise der Familie, allein in der Wohnung oder draußen in der Welt. Allerdings räumte ich mir gelegentliche »Atempausen« ein: Sollte ich einmal »aus dem Tritt kommen«, würde ich mir schnell verzeihen und gleich wieder auf den Pfad zurückkehren. (Wie Sie bald erfahren werden, kam es dazu durchaus häufiger.) Eines aber wurde mir sehr schnell klar: dass es für mich, nachdem ich mich einmal auf das Experiment eingelassen hatte, kein Zurück mehr gab; egal, wie oft ich zwischendurch vom Weg abkam. Denn ist der Schleier erst mal gelüftet, kann man kaum mehr anders, als die Welt zu sehen, wie sie ist, sich selbst kennenzulernen, wie man ist, und für sich herauszufinden, in welche Richtung man sich entwickeln möchte.

Irgendwann fingen die Leute an, sich zu fragen, wie lange ich das Experiment durchhalten würde, und erkundigten sich, ob oder wann ich dem Vegetarismus abschwören und wieder Fleisch essen würde. Ich hatte das Projekt auf ein Jahr angesetzt. Zu Ende war es aber erst nach achtzehn Monaten, in denen ich mich strikt an alle Prinzipien sowie mit der Zeit an einige gehalten habe, die in Gandhis Repertoire gar nicht auftauchten. Danach habe ich in meinen Bemühungen wieder etwas nachgelassen, muss ich zugeben. Aber wie gesagt: Sobald man einmal weiß, wohin die Kompassnadel zeigt, kann man nicht mehr total vom Weg abkommen. Man findet immer wieder zu seiner wahren Polung zurück.

Wie meine Erkundungsreise orientiert sich auch die Struktur dieses Buches an Gandhis sechs Prinzipien. Wobei in manchen Quellen sogar von bis zu elf Grundsätzen die Rede ist. Ich habe mich auf sechs beschränkt. Sie dürfen mich gern schon jetzt für einen Faulpelz halten.

Wahrheit. Im Alltag verstehen wir darunter, niemanden zu belügen. Doch Gandhi wollte, dass es mehr bedeutet. Er sagte: »Gott ist Wahrheit«, später dann: »Die Wahrheit ist Gott«. Er prägte den Begriff Satyagraha – grob übersetzt: »Das Bestehen auf und Festhalten an der Wahrheit« – und sah darin eine Form des gewaltlosen Widerstands. Ich nehme das so an und konzentriere mich zunächst auf die Wahrheit in Gedanken, Worten und Handlungen – unter besonderer Berücksichtigung der Lügen, die ich mir selbst erzähle. Ich schaue mir an, welche Auffassungen unsere Gesellschaft in puncto Wahrheit vertritt.

Gewaltlosigkeit. Gandhi hat den Gewaltverzicht zwar nicht erfunden, war aber der Erste, der ihn als Strategie im Kampf für gesellschaftliche Gerechtigkeit praktizierte, als Form des friedlichen Protests gegen soziales Unrecht. Sein Motto lautete: »Auge um Auge – und die ganze Welt wird blind sein.« Ich wende das Politische ins Persönliche und schaue mir die psychische Gewalt an, die wir alle ausagieren – in Form von passiv-aggressivem Verhalten, im Straßenverkehr, mit zusammengebissenen Zähnen, dem gesamten Spektrum möglicher Verbalinjurien –, und mit der wir uns letztlich nur selbst schaden. Was übrigens das angeht, bekenne ich mich schuldig: Ich war einmal Gast in der *Phil Donahue Show*, um dort über das passiv-aggressive Verhalten zu sprechen, das ich meiner Exfrau gegenüber an den Tag gelegt hatte.

Vegetarismus. In der hinduistischen und jainistischen Tradition Indiens, in deren Einflussbereichen Gandhi aufwuchs, ist der Vegetarismus fest verankert. Während seines Jurastudiums in London machte er sich den Fleischverzicht zunehmend zu eigen; nicht nur, um die Bedürfnisse des Körpers zu befriedigen und den eigenen religiösen Überzeugungen zu entsprechen, sondern auch, um die Ausgaben für Lebensmittel zu reduzieren. Zusammen mit Artikeln, die er für Publikationen der Londoner Vegetarian Society verfasste, wurde sein Buch *The Moral Basis of Vegetarism* zu meinem persönlichen Ernährungsratgeber. Als Kind war ich, wie mein Vater, ein typischer Fleisch-und-Kartoffel-Esser. Vor vielen Jahren fing ich dann an, mich makrobiotisch zu ernähren; zwischendurch habe ich wieder Fleisch gegessen, doch die ayurvedische Kost, auf die ich mich im letzten Herbst eingelassen habe, machte mir klar, dass ich Ordnung in meine Essgewohnheiten bringen musste. Aber gilt das nicht für uns alle?

Einfachheit. Hier ging es Gandhi im Grunde um den Verzicht auf unnötige Ausgaben. Nachdem das eine scharfe Kritik an den zahlreichen Endlos-Shoppern in unseren Einkaufszentren impliziert, lässt sich dieses Prinzip auch auf die unersättliche Natur des Menschen und unseren Irrglauben anwenden, ein Mehr von allem bedeute automatisch größere Zufriedenheit. Gandhis sogenannter Swadeshi-Bewegung lag jedoch auch ein politisches Motiv zugrunde: Dadurch, dass die indische Bevölkerung ihre Kleidung mithilfe von Spinnrädern selbst herstellte, würde sie dem britischen Establishment im Land einen wirtschaftlichen Schlag versetzen. Dass heute bestimmte Marken und Läden aus Protest gegen deren Unternehmenspolitik boykottiert werden, erinnert an Gandhi. Auch die Bewegungen des ethischen Minimalismus und der freiwilligen Einfachheit scheinen direkt aus seinem Prinzip der Einfachheit hervorzugehen. Ich selbst werde meine Einkaufsgewohnheiten kritisch überprüfen und meine Ausgaben einschränken. Gandhi nannte das, »sich auf Null zu reduzieren«.

Glaube. Diesen Grundsatz bezog Gandhi auf keine Religion im Besonderen, sondern allgemein auf jede höhere Macht. Er schrieb: »Mein Glaube ist breit angelegt und widerspricht weder dem der Christen […] noch selbst dem des fanatischsten Muselmanen. Ich weigere mich, einen Mann für seine fanatischen Taten zu schmähen, denn ich versuche, sie von seinem Standpunkt aus zu betrachten.« Genau diese Fähigkeit, Dinge aus der Sicht eines Andersdenkenden zu betrachten, stellt den Glauben der Menschheit auf den Prüfstand. Wie schneiden wir dabei ab? Nicht so gut. Die meisten bewaffneten Auseinandersetzungen auf der Welt sind Religionskriege. Ich stehe vor der Herausforderung, eine gewisse Balance zwischen meiner Praxis des Buddhismus, der Religion ohne Gott, und dem Judentum, das den Monotheismus erfunden hat, zu finden. Ich werde die Grenzen meiner Akzeptanz gegenüber Glaubensrichtungen testen, die nicht meine sind.

Enthaltsamkeit. Gandhi zufolge stellte die sexuelle Abstinenz (Hindi: *Brahmacharya*) einen spirituellen Weg zur Erlangung von Reinheit dar. Er selbst legte das Gelübde der Keuschheit im Alter von achtunddreißig Jahren ab. Manche bezweifeln, dass er sich strikt an diesen Schwur hielt. Es ist von weiblichen Teenagern die Rede, die er neben sich im Bett schlafen ließ, um seine Selbstbeherrschung zu testen. Keuschheit ist nicht für jede(n) etwas. Wie es bei mir damit aussieht? Das werde ich versuchen herauszubekommen, mich in dieser Hinsicht genau beobachten – und mir ausführliche Notizen dazu machen. Aber bei meinem Glück wird ausgerechnet in dieser Zeit die Frau meiner Träume in mein Leben treten und sich unsterblich in mich verlieben. Was mache ich dann – oder präziser gesagt: mache ich nicht?

Eines wollte ich nie – und will es auch jetzt nicht: dass dieses Buch in die Rubriken »Ratgeber« oder »Selbsthilfe« eingeordnet wird. Ich glaube oder hoffe, dass es Ihnen helfen kann – auch ohne dass ich Ihnen genau sage, wie. Obwohl: Auf meinen Reisen quer über den Globus, durch die Welt meiner Gedanken und schließlich bei der Beschäftigung mit diesem Buchprojekt wurde mir klar, dass es nützlich sein könnte, am Ende jedes Kapitels meine Erkenntnisse kurz zusammenzufassen, ergänzt um den einen oder anderen Tipp für Sie (und nicht zuletzt für mich selbst). Diese Abschnitte stelle ich jeweils unter die Überschrift »Wie Gandhi ...«

Nach diesen Hinweisen soll es nun ohne weiteres Tamtam losgehen. Nächster Halt: *Becoming the Change.*

KAPITEL 1

Warum Gandhi? Warum jetzt? Warum ich?

Religiös nenne ich den, der sich in das Leiden
der anderen einfühlen kann.
Mahatma Gandhi

Der Gott aller Gnade aber, der euch berufen hat zu seiner ewigen
Herrlichkeit in Christus, der wird euch, die ihr eine kleine Zeit
leidet, aufrichten, stärken, kräftigen, gründen.
Lutherbibel, 1. Petrus 5

Ich weine jetzt häufiger, oft unter dem Eindruck der Schwere
des Menschseins.

Aber ich lache auch mehr, vielfach unter dem Eindruck der
inhärenten Komik des Menschseins.

Ich spüre mehr.

Ich kann mich besser einfühlen.

Die Emotionsforschung definiert Empathie als Fähigkeit, die
Empfindungen anderer Menschen zu erspüren. Eine der letzten Notizen, die Gandhi hinterlassen hat, wurde nach seinem

Tod 1948 in dem Buch *The Last Phase* veröffentlicht. Der kurze Text zeigt das Ausmaß der Empathie Gandhis und macht die zentrale Rolle deutlich, die sie in seinem Weltbild spielte: »Ich möchte dir einen Talisman schenken: Versuch es, wenn du in Zweifel gerätst oder dein Selbst dich überfordert, mit dem folgenden Hilfsmittel: Erinnere dich an das Gesicht des hilflosesten Menschen, den du je gesehen hast, und frage dich, ob dein Vorhaben ihm nützlich ist. Bringt es ihm etwas? Gibt es ihm die Kontrolle über sein Leben und Schicksal zurück? [...] Dann werden deine Zweifel [...] schwinden.«

Zu einem Talisman kann jeder Gegenstand werden, dem religiöse oder magische Kraft zugeschrieben wird und der den Menschen schützen, heilen oder ihm gegebenenfalls schaden soll, für den er gemacht wurde. Das obige Zitat ist als »Gandhis Talisman« bekannt geworden. Es ist ein moralischer Kompass, der uns darauf hinweist, dass wir den Standpunkt unserer Zeitgenossen berücksichtigen müssen, um ethisch vertretbare Entscheidungen treffen und sicherstellen zu können, dass unser Handeln auch anderen zugutekommt.

Ich habe mich zwar schon immer für einen empathischen Menschen gehalten, doch seit ich mich intensiv mit Gandhi beschäftige, achte ich mehr auf die mögliche Wirkung von allem, was ich sage und tue.

Das Wort Empathie fällt heute unweigerlich, sobald von emotionaler Intelligenz und Eigenschaften die Rede ist, die gute von schlechten Führungspersönlichkeiten unterscheiden. Es gibt schon Bücher, die zeigen, dass sich die Orientierung an Gandhis ethischem Kodex geschäftlich positiv auswirken kann, zum Beispiel: *Gandhi: The Eternal Management Guru* von Pratik Surna oder *A Higher Standard of Leadership* von Keshavan Nair.

Empathie ist eine Eigenschaft, die ich an anderen bewundere und von der ich hoffte, sie mehr zu verkörpern. In dieser

Hinsicht kann ich mein Experiment also schon als kleinen Erfolg verbuchen. Früher war ich oft auf mich bezogen. »Wie werde ich von deinen Gefühlen tangiert?« Jetzt versuche ich die Bedürfnisse der anderen mehr zu berücksichtigen – und gebe mir in eher praktischen Dingen größere Mühe, indem ich zum Beispiel meine Ernährungsgewohnheiten bewusst denen Gandhis annähere. So esse ich jetzt zum Frühstück Haferflocken – ich, der ich es in der Kindheit als Strafe empfunden hatte, wenn sie mir anstelle meiner heiß geliebten Cornflakes, Froot Loops oder sonstigen Zuckerbomben vorgesetzt wurden.

Heute bin ich zwar kein »richtiger« Vegetarier wie Gandhi, immerhin aber Pescetarier. Damit ernähre ich mich schon ein ganzes Stück gesünder. Früher habe ich mich wie mein Vater und dessen Vater und all die anderen Möchtegern-Machos gerühmt, zu besagten Fleisch-und-Kartoffel-Typen zu gehören. (Nebenbei gesagt: Mein Großvater starb an einem Herzinfarkt und mein Vater hatte zwei »Herz-Vorfälle«. Für mich gab es also gute Gründe, meine Ernährung zu verändern, wollte ich noch ein langes, gesundes Leben führen.) Ich faste regelmäßig, manchmal länger, manchmal nur kurz. Unlängst habe ich zusätzlich das Intervallfasten für mich entdeckt und überspringe jetzt hin und wieder mal zwei Mahlzeiten.

Sollten Sie aus diesen relativ profanen, oberflächlichen Veränderungen schließen, ich würde Ihnen lediglich Maßnahmen zur Selbstoptimierung vorschlagen wollen, täuschen Sie sich – obwohl es dazu natürlich kommen wird. Das Ziel besteht darin, sich eine – wenn auch utopische – Welt vorzustellen, in der die Menschen mit größtmöglichem moralischen Zartgefühl und nach höchsten Ansprüchen handeln, denken und sprechen, wie es sich Gandhi für alle erhofft hatte. Und dann bitte ich Sie, Ihr Leben, Ihre Wertvorstellungen, Ihre mentalen und faktischen Gewohnheiten so einzuordnen, wie ich es hier tue, um herauszufinden, inwiefern diese mit dem Utopia vereinbar sind. Zu guter Letzt möchte ich Sie bitten, Ihr Verhalten entsprechend anzupassen. Jedenfalls wenn Sie, wovon ich ausgehe, ernsthaftes Interesse an dem Projekt haben und frei von Gewalt, von Lug und Betrug leben wollen – in einem Umfeld, in dem Vertrauen, Integrität, Mitgefühl und Einfühlungsvermögen erblühen können. Bislang habe ich nicht den Eindruck, dass sich dieser moralbetonten Bewegung schon genügend Menschen angeschlossen haben. Eines muss ich gleich zu Anfang einräumen: In mir gibt es Tendenzen, die mir ein Leben in dieser utopischen Gesellschaft verunmöglichen würden. Deshalb dieses Experiment in Veränderung.

Eine der letzten Lektionen, die mir die Betrachtung der Welt und meiner selbst aus Gandhis Perspektive heraus vermittelt haben, sollte die Empathie sein, das Einfühlungsvermögen. Nicht, dass ich Gandhi hätte sein wollen. Denn was Disziplin und seinen Idealismus anging, war dieser Mann schon beinahe unmenschlich perfekt – kein Vergleich mit mir. Meine Recherchen zeigten mir aber auch, dass er weder ein Heiliger war noch die Inkarnation eines Gottes oder so. Letzten Endes nicht einmal ein Mahatma, eine »große Seele«, wie die Übersetzung des Ehrentitels lautet, den Mohandas Gandhi von dem Dichter Rabindranath Tagore bekam.

Gandhi faszinierte mich auf beinahe schon zu vielen Ebenen. Wegen ihrer Breite und Tiefe empfand ich die Interessen dieses Mannes als einschüchternd. An der Spitze wie vieler Bewegungen er stand, ist den meisten gar nicht bewusst. Am bekanntesten aber ist er natürlich als gewaltfreier Kämpfer für die Unabhängigkeit Indiens von der britischen Kolonialherrschaft. Dieses Ziel konnte 1947 als erreicht betrachtet werden. Ein Jahr später fiel er dem Mordanschlag eines fanatischen rechtsradikalen Hindu zum Opfer.

Gandhi war nur einen Meter siebenundsechzig groß und wog kaum mehr als fünfzig Kilogramm. Einen langen Schatten warf er trotzdem: als Wegbereiter verschiedener gesellschaftlicher und kultureller Trends wie zum Beispiel: Verringerung des ökologischen Fußabdrucks beziehungsweise Minimalismus oder freiwillige Selbstbeschränkung; Vegetarismus und Tierrechte; Bevorzugung von handwerklich hergestellten Produkten; Bildungsinitiativen und so weiter. Mindestens zwanzig führende Politiker und Politikerinnen und Intellektuelle aus der ganzen Welt gaben an, entscheidend von Gandhi inspiriert worden zu sein.

Er erneuerte, motivierte, lenkte, mobilisierte, legte großen Wert auf ein moralisches Leben und gab anderen Energie. Viele Millionen Menschen nicht nur in Indien, sondern überall wurden von ihm inspiriert. In seiner Heimat tragen Hunderte, wenn nicht Tausende von Straßen und Plätzen seinen Namen. Das gilt auch für Straßen, Alleen und Boulevards in etwa dreißig anderen Ländern. Vergessen wir auch nicht, dass er eine wahre Schreib-Maschine war, ein produktiver Autor, dessen Bücher, Zeitungsartikel, Abhandlungen und Briefe hundert Bände füllen. Genauso eifrig las er auch.

Mich haben seine Errungenschaften genauso fasziniert wie alles, was er *nicht* hatte. Er besaß keinen anderen offiziellen Titel als den eines Rechtsanwaltes. Er wurde nie in ein politisches Amt gewählt, hatte sich niemals um eines beworben. Zeit seines Lebens gehörte er keiner Regierung an. War nie beim Militär. Hatte nie einen bezahlten Vollzeitjob. Genauso wenig wie ein nennenswertes Vermögen. Seine gesamten Besitztümer waren – nicht der Rede wert. Zu einem spirituellen Führer ist er nie geweiht worden. Und doch ziert sein Gesicht alle indischen Geldscheine. Keiner anderen indischen Führungspersönlichkeit vor oder nach ihm ist diese Ehre je zuteilgeworden. Trotz der vielen »Hatte« und »War-Nies« gehört er zu den wenigen Männern, die als »Vater der Nation« in die Geschichte eingingen.

Wie extrem unwahrscheinlich es war, dass jemand wie ich auch nur im Entferntesten werden könnte wie Gandhi, wurde mir klar, als ich von einer Abstimmung mit dem Titel »Der größte Inder« erfuhr, die 2012 von der Zeitschrift *Outlook* in Zusammenarbeit mit CNN-IBN und dem History Channel durchgeführt worden war. Die Jury hatte Gandhi von vornherein als Kandidat ausgeschlossen, weil dem Vater der Nation in puncto Führungsstärke, Einfluss und Leistung sowieso niemand gleichkäme, wie es hieß. Meine Chance, mich dem Mahatma wenigstens auf Sichtweite anzunähern, lag weit unter Null.

Ich wollte einfach (einfach?) wissen, ob ein normaler Mensch in der ersten Hälfte des einundzwanzigsten Jahrhunderts sechs der Prinzipien befolgen kann, auf denen Gandhis Strategie beruhte. Was mich zu dieser Frage bewogen hatte? Mein Eindruck, dass die Gesellschaft und ich uns von moralischen Grundsätzen immer weiter entfernten. Dass ich mir damit eine schwere Aufgabe gestellt hatte, war mir bewusst. Doch wie sich herausstellte, wurde sie weit härter, als ich es mir je hätte ausmalen können.

Ursprünglich sollte der Titel dieses Buches *Being Gandhi* (Gandhi sein) lauten. Da sich mein Vorhaben aber als dermaßen schwierig herausstellte, blieb mir nichts übrig, als mir einzugestehen, dass ich es höchstens würde anstreben können, mich dem, wofür Gandhi steht, Stück für Stück ein bisschen mehr *anzunähern*. Solange ich versuchte, im Zustand des Wie-Gandhi-Werdens zu verbleiben, dachte ich mir, würde alles, was ich den Tag über tun, denken und sagen mochte, den Anforderungen genügen. Dabei impliziert die Verbform des »Werdens« einen fortwährenden Prozess des Suchens, und das gefällt mir. Bob Dylan scheint das nicht anders zu sehen. In *No Direction Home*, Martin Scorseses Dokumentation über ihn, sagte der Musiker und Nobelpreisträger: »Künstler müssen aufpassen, dass sie nie in eine Situation geraten, in der sie denken, sie seien irgendwo ›angekommen‹. Du musst dir immer klarmachen, dass du ständig in einem Zustand des Werdens bist. Solange dem so ist, bist du noch einigermaßen im grünen Bereich.«

Und was für Dylan gut genug war, dürfte auch für mich gut genug sein. Was mich an das Sederabend-Lied (»Dayenu«) des traditionellen jüdischen Pessachfests erinnert, wenn der Chor nach jeder Preisung einer der vielen Wohltaten Gottes »Es hätte (uns) genügt« singt.

Wie bei einem Schwimmbecken mit unsichtbarer Wasserkante gibt es auch hier im Grunde kein Ende, nur ewige Einsichten und hoffentlich auch Selbsterkenntnis.

Für seine Anhänger eine Art Ziel- oder Identifikationsfigur zu sein, schien Gandhi übrigens nicht behagt zu haben. Das zeigte sich, als er die Begriffe »Gandhismus«, »Gandhianer« und »gandhisch« ansprach, die viele seiner Follower, wie man heute sagen würde, benutzten. 1936 sagte er auf einer Versammlung der Gandhi Seva Sangh: »So etwas wie ›Gandhismus‹ gibt es nicht und ich möchte bestimmt keine Sekte hinterlassen. Ich nehme nicht für mich in Anspruch, irgendwelche neuen Grundsätze aufgestellt oder eine neue Lehre begründet zu haben. Ich habe nur auf meine eigene Art und Weise versucht, die ewigen Wahrheiten im Alltag und auf unsere Probleme anzuwenden. Die Meinungen, die ich mir gebildet und die Schlussfolgerungen, zu denen ich gekommen bin, sind nicht endgültig. Morgen könnten sie schon wieder anders aussehen. Neues kann die Welt nicht von mir lernen. Wahrheit und Gewaltlosigkeit sind so alt wie die Berge.«

Kurz gesagt: Gandhi zu sein würde sich letztlich als unmöglich herausstellen; der Versuch aber, wie er zu werden, wäre der Mühen wert – und würde mich zeitlebens beschäftigen. Wie sieht das bei Ihnen aus?

...

Auf die Idee zu diesem Experiment bin ich 2007 gekommen, als Barack Obama seine US-Präsidentschaftskandidatur bekannt gab. Da bewarb sich nun der erste Mensch dunkler Hautfarbe um dieses Amt. In seinem Wahlslogan erklang die berühmte Aufforderung »Be the change you want to see in the world« (Sei die Veränderung, die du in der Welt sehen möchtest), die fälschlich Gandhi zugeschrieben wurde.

Obama hat diese Aufforderung umformuliert: »Solange wir auf andere Menschen oder bessere Zeiten hoffen, kommt es nie zu Veränderungen. Wir selbst sind die, auf die wir warten. Wir sind die Veränderung, die wir erreichen wollen.«

Als ich las, dass Obama nach eigener Aussage mehr von Gandhi beeinflusst worden ist als von Martin Luther King, dachte ich, dass das viele überraschen würde, vor allem junge Schwarze Amerikaner, die noch nie von dem schmächtigen kleinen Inder mit der John-Lennon-Brille gehört haben.

In seinem hochgelobten Buch *Ein verheißenes Land* schreibt Barack Obama:

»[...] hatte Gandhi mein Denken tief beeinflusst. Als junger Mann hatte ich seine Schriften studiert und festgestellt, dass er einigen meiner tiefsten Instinkte Ausdruck verlieh. Sein Begriff des Satyagraha, also die Hingabe an die Wahrheit, und die Macht des gewaltlosen Widerstands, die das Gewissen rühren; sein Beharren auf unsere gemeinsame Menschlichkeit und die grundsätzliche Einheit aller Religionen sowie sein Glaube an die Verpflichtung jeder Gesellschaft, durch ihre politischen, ökonomischen und sozialen Übereinkommen anzuerkennen, dass alle Menschen den gleichen Wert und die gleiche Würde besaßen – jede dieser Ideen fand in mir Widerhall. Gandhis Taten hatten mich noch stärker bewegt als seine Worte; er hatte seine Überzeugungen auf die Probe gestellt, indem er sein Leben riskierte, ins Gefängnis ging und sich ganz dem Kampf seines Volkes verschrieb. Sein gewaltloser Kampf für die Unabhängigkeit Indiens von Großbritannien, der 1915 begonnen und mehr als dreißig Jahre angedauert hatte, hatte nicht nur zur Überwindung eines Imperiums und der Befreiung eines großen Teils des Subkontinents beigetragen, er hatte einen moralischen Stromstoß ausgelöst, der um den gesamten Globus gewandert war. Er wurde ein Leuchtfeuer für andere enteignete und marginalisierte Gruppen – einschließlich schwarzer Amerikaner im Jim-Crow-Süden –, die für ihre Freiheit stritten.«*

Trotz der Aufmerksamkeit, die Obama auf Gandhi gelenkt hatte, fragte ich mich, wie viele Millionen Menschen den indischen Anführer nur aus dem mehrfach oscarprämierten Richard-Attenborough-Film *Gandhi* kannten. (Auf meinen Reisen nach Indien, Großbritannien und Südafrika fiel mir überraschenderweise auf, dass viele meiner Gegenüber ihr gesamtes Wissen über den Mahatma diesem Film verdankten.)

* S. 832 f., Aus dem amerikanischen Englisch von Sylvia Bieker, Harriet Fricke, Stephan Gebauer, Stephan Kleiner, Elke Link, Thorsten Schmidt und Henriette Zeltner-Shane, © der deutschsprachigen Ausgabe 2020 Penguin Verlag in der Penguin Random House Verlagsgruppe GmbH

Da mir niemand anders eingefallen war, der mich in den letzten hundert Jahren in ähnlicher Weise mit der Vision eines moralischen Kompasses beeindruckt hätte, wandte ich mich Mr. Gandhi zu.

Eine Persönlichkeit hätte es außer ihm schon noch gegeben; eine lebende Ikone moralischer Makellosigkeit, die ich in höchstem Maße wertschätze (und mit mir so ziemlich jeder andere Mensch auf Erden) und der ich Jahre zuvor sogar einmal begegnet war: Seine Heiligkeit der 14. Dalai Lama aus Tibet. Im Auftrag des *National Geographic Magazine* hatte ich ihn in seinem Büro in McLeod Ganj interviewt, dem Sitz der tibetischen Exilregierung. Diese Begegnung war das unvergesslichste Erlebnis meines Lebens als Journalist – und fühlendem Wesen. Manchmal ertappte ich mich bei dem Gedanken, dass auch er sich noch an unser Treffen erinnern könnte – nach circa zwanzig Jahren.

Mitten in einem Interview, das ich zuvor auf einer Rundreise durch Tibet mit dem Neffen Seiner Heiligkeit geführt hatte, war ich in einem seltenen Anfall von Brillanz auf die Idee gekommen, ihn zu bitten, mir ein paar Worte für seinen Onkel auf Band zu sprechen, die ich Seiner Heiligkeit einige Wochen später vorspielen konnte. Die Botschaft lautete: »Onkel, wir hoffen tagtäglich und beten darum, dass du bald in deine Heimat zurückkehren kannst.« Ein ebenso rührender wie aussichtsloser Wunsch. Als ich Seiner Heiligkeit das Band sechs Wochen später vorspielte, wusste der (damalige) Chef der tibetischen Exilregierung besser als jeder andere, dass für ihn keine Hoffnung auf eine Rückkehr nach Tibet bestand. Seine Miene verdunkelte sich in Traurigkeit, als er die Botschaft seines Neffen vernahm. Ich spürte, wie ihn dessen Worte bewegten – und fühlte mit ihm. Das folgende Interview verlief anders als gedacht, weit vertrauter und persönlicher, als ich es mir je hätte träumen lassen.

Ausgehend von dem Gedanken, dass er sich an unsere Begegnung erinnern könnte, hätte ich auf der Suche nach einem lebendigen moralischen Kompass von beispielhaftem Charakter auch beschließen können, dem heute Siebenundachtzigjährigen zu folgen.

Aber dann habe ich es mir anders überlegt und darauf verzichtet, ihn ins Zentrum meines Experiments zu stellen. Erstens, weil so viele wichtige Menschen nach der Robe eines derart viel beschäftigten Mannes greifen – einfach nur, um ein bisschen von seinem Karma abzubekommen –, dass er für meine Wenigkeit kaum hätte Zeit erübrigen können. Mehr aber noch, weil ihm seine spätere Größe quasi in die Wiege gelegt worden war – aufgrund eines altbewährten Auswahlprozesses der Reinkarnation. In dessen Verlauf wurde Tenzin Gyatso, ein zweijähriger Junge aus dem unbedeutenden Dorf Takster auf dem tibetischen Hochplateau im heutigen China, herausgelöst und zu einer Persönlichkeit erhoben, die überall in der Welt höchsten Respekt genießt, unabhängig von jeder religiösen Orientierung. Mit einer solchen erhabenen Gestalt kann man sich als gewöhnlicher Sterblicher beim besten Willen nicht identifizieren.

Mohandas Gandhi dagegen legte als junger Student kaum ein Anzeichen späterer Größe an den Tag, und auch noch als junger Anwalt nicht. Er hatte menschliche Schwächen. Mitunter war er umstritten. Nicht alle liebten ihn. Kurz gesagt: Er war zugänglich, man konnte sich mit ihm identifizieren. Ich jedenfalls kann es.

Dass der Dalai Lama höchsten Respekt für den Mahatma empfindet, geht aus zahlreichen Interviews mit und Schriften von ihm hervor. Zum Beispiel aus folgendem Artikel, den er im August 2021 für die Leser und Leserinnen des in Indien erscheinenden englischsprachigen Nachrichtenmagazins *India Today* schrieb:

»Mahatma Gandhi symbolisiert für mich sowohl *Ahimsa*, Gewaltlosigkeit – als auch *Karuna*, Mitgefühl. Heutzutage setze ich mich hauptsächlich für die Förderung dieser beiden Prinzipien ein. Und ich bin der Überzeugung, dass Indien als einziges Land über das Potenzial verfügt, sein altes Wissen mit neuen Bildungsinhalten zu verknüpfen. Was Ahimsa und Karuna betrifft, war Gandhiji ein großes Vorbild für mich, und ich betrachte ihn als meinen Lehrer. Für mich bleibt er der ideale Politiker: ein Mensch, der dem Altruismus alle persönlichen Erwägungen unterordnete und nie den Respekt vor den großen spirituellen Traditionen verlor. In einer Welt, in der immer noch gemobbt und getötet wird, brauchen wir Mitgefühl und Gewaltfreiheit dringender denn je. Mir ist es außerordentlich wichtig, diese Ideale mit den bedeutendsten Erkenntnissen der modernen Wissenschaften zu verbinden.«

Und was für Seine Heiligkeit gut genug war, dürfte auch für mich gut genug sein.

Wie schon gesagt: Es war Barack Obama, der mir Gandhi wieder ins Bewusstsein gerufen hatte. (Da ich mich seit 2004 beruflich oft in Indien aufhielt, hatte ich sein Bild natürlich immer wieder vor Augen – fremd blieb er mir trotzdem lange.) Dass ich aber einiges an meinem Leben ändern musste, wurde mir erst klar, als ich so richtig am Boden war; von der Psyche her. Also in einem Moment, der alles andere als »gandhisch« war. Ich hielt mich beruflich in Kolumbien auf, genauer gesagt, in der herrlichen, ebenso historischen wie hedonistischen Küstenstadt Cartagena. Als ich eines Abends auf der Suche nach einem Abenteuer durch die Altstadt flanierte, lernte ich in einer Bar eine Frau kennen, die dreißig Jahre jünger war als ich. Stundenlang tanzten wir miteinander und machten immer nur kurz Pause, um einen Tequila mit Bier runterzuspülen. Beim Salsa machte sie Sachen mit den Hüften, die ich nicht für menschenmöglich gehalten hätte, perfekt auf die Musik abgestimmte weiche, sinnlich-anzügliche Bewegungen, die direkt in meine Seele vordrangen.

Schweißüberströmt stolperten wir in mein Hotel, stellten die Klimaanlage an, zogen uns aus und gingen gemeinsam unter die Dusche. Auch im kalten Strahl der Brause vollbrachten die Hüften der jungen Frau noch wunderbare Dinge. Danach erinnere ich mich nur noch, auf ein Bettlaken aus kühler ägyptischer Baumwolle geglitten und eingeschlafen zu sein, bevor mein Kopf das Kissen erreicht hatte. In dieser herrlich dekadenten Nacht war kein Junggesellenwunsch unerfüllt geblieben. Und doch fühlte ich mich am nächsten Morgen leer, traurig und unzufrieden. Der Schmerz, den ich empfand, bohrte sich bis tief in meine Seele hinein.

Allen Dingen zum Trotz, für die ich hätte dankbar sein können und sollen, wollte ich mehr und hatte auch, wie ich fand, mehr verdient. In dem Verlangen, das ich empfand, war ich unersättlich. Ich hatte mich in das verwandelt, was Buddhisten einen »hungrigen Geist« bezeichnen. Dabei geht es um die unstillbare Gier nach etwas im Außen, was sich nie erreichen und nicht einmal benennen lässt.

Wie so oft, wenn man denkt, am Boden zu sein, stellt sich heraus, dass sich darunter noch eine tieferliegende Ebene befindet. Das ist dann der Moment, in dem der Kopf übernimmt. Meiner führte mich in einer Abwärtsspirale direkt in die Tiefe, in das bodenlose Höllenreich aus Selbstzweifeln, Selbsthass und gefühlter Nutzlosigkeit, in dem ich nicht mehr von den Fehlern ablenken konnte, die ich im Leben gemacht hatte – oder von den Niederlagen, die ich hatte einstecken müssen. Eine Lawine aus Gedanken und Fragen, auf die ich keine Antwort wusste, stürzte auf mich ein. Wer bin ich? Woraus besteht meine

Aufgabe hier auf der Welt? Wen hatte ich alles an der Nase herumgeführt, um es bis hierher zu schaffen? Wie viele Leute hatte ich mit meiner Unsicherheit unabsichtlich verletzt? Wie oft hatte ich aus Selbstherrlichkeit stur auf meiner Meinung bestanden? Wann würde ich für all das die Quittung bekommen? Wie oft habe nur ich selbst meinem Glück im Weg gestanden?

Der unbeirrbare, gnadenlose Blick in den Spiegel geht mit großem Schmerz einher. Mit selbst auferlegten Qualen, die das Leiden zwar lindern können – aber nur, wenn man die Schwelle erreicht hat und bereit ist, sich zu verändern. In jener Nacht in Cartagena war ich an meinem Limit angelangt und konnte nur auf Besserung hoffen.

Dehydriert, mit abklingendem Kopfweh und aufkommenden Schmerzen in der Hüftgegend (warum tragen nicht mehr Salsatänzerinnen Verletzungen davon, so wie sie sich auf der Tanzfläche bewegen?) zog ich bei einem starken kolumbianischen Kaffee Bilanz. Sollte ich nur kleine, oberflächliche Veränderungen vornehmen wollen, wäre ich auf dem Holzweg, wurde mir klar. Er war gekommen: der Tag meiner Entscheidung – an dem ich mir vornahm, mich mithilfe von Gandhis Prinzipien rundum zu erneuern.

Mein erster Gedanke war, dass sich die »große Seele« und ich kaum mehr voneinander unterscheiden könnten. Allein seinen Grundprinzipien entsprechend zu leben, wäre eine Sisyphusarbeit. Ganz zu schweigen von dem Versuch, ihm in meinem Verhalten gleichzukommen.

Echt? Was wollte ich mir da vornehmen? Meinen ganzen Lebensstil aufzugeben? Mich von all meinen Genüssen und Süchten verabschieden, von meinem ungezügelten Materialismus, von Gewaltgedanken, meinem egoistischen und schlicht gemeinen Verhalten? War ich bereit, sieben Tage die Woche die

Wahrheit zu sagen, all die kleinen Notlügen und großen Unaufrichtigkeiten aufzugeben? Auch die Selbsttäuschungen, die Geschichten von meiner Wertlosigkeit und Inkompetenz, die ich mir schon lange einrede und die durch die schiere Häufigkeit ihrer Wiederholung zu trauriger Realität werden? Ich sollte das Fleischessen aufgeben? Den SEX? Mein gesamtes Leben, wie ich es bis jetzt geführt hatte?

Würde ich in der Lage sein, meine Ichbezogenheit so entschieden abzulegen wie der Mahatma? Oder mich von meiner Alltagswirklichkeit zu distanzieren? Mich zwar nicht wie Gandhi aus den Ketten zu befreien, die Indien an die Kolonialmacht des britischen Weltreichs banden, aber doch von den Dingen, von denen ich denke, dass sie mich zu dem gemacht hatten, der ich war?

Würde überhaupt jemand, der ein so sattes und volles Leben führte, wie es in der ersten Hälfte des einundzwanzigsten Jahrhunderts möglich war, sich an die Prinzipien halten können, die Gandhi sowohl in seinen Schriften darlegte als auch im Leben befolgte? Und warum sollte man das überhaupt tun – gegen den starken Strom unmoralischen Verhaltens anschwimmen zu wollen? Welches Ergebnis könnte im besten Fall dabei herauskommen?

Was mich anging: Das letzte Buch von mir war zwölf Jahre zuvor erschienen. Finanziell hatte ich mich seither auf einer Achterbahnfahrt befunden – von bescheidenem Wohlstand zu bitterer Armut und zurück. Eine Zeit lang war ich praktisch obdachlos, übernachtete im Auto oder bei Freunden auf dem Sofa. Zwischendurch kam ich wiederholt wochenlang im Betreuten Wohnen bei meiner Mutter in New Jersey unter. Manchmal war dann auch wieder ein Fünfsternehotel für mich gebucht – bis ich schließlich im kalifornischen Berkeley eine bescheidene Wohnung fand und darin zur Ruhe kam. Nachdem ich lange Jahre das Glück hatte, kerngesund zu sein, wurde bei mir eines Tages eine Autoimmunerkrankung diagnostiziert – deren Name ich erst nach Wochen fehlerfrei aussprechen konnte.

Ob ich also bereit war, die Veränderung zu *sein*? Darauf können Sie wetten. Jeder Wandel konnte nur besser sein als in meiner Wahrnehmung das Leben, das ich bis zu diesem Zeitpunkt geführt hatte. Ich musste die Löschtaste drücken, mich resetten und dann neu starten. Mich selbst neu erfinden. Kurz vor dem Eintritt in eine weitere Dekade meiner Spritztour auf unserem hochgelobten Planeten wollte ich unter Beweis stellen, dass ich mich ändern konnte, dass ich in der Lage war, unproduktive Tendenzen in mir zurückzudrängen und meines verfallenden Körpers Herr zu werden. Seien wir doch mal ehrlich: Wer von uns hätte darauf keine Lust?

Veränderung. Was für ein einfaches, präzises Wort. Aber wäre es doch nur genauso einfach, schlechte Angewohnheiten in gute zu verwandeln, aus destruktiven Gedanken positive zu machen, Selbstsabotage in Selbsterkenntnis zu verwandeln.

Doch all diese kleinen persönlichen Herausforderungen sind nichts im Vergleich zu dem, was unser schöner Planet erleidet und was unsere Gesellschaft aushalten muss – die ganzen Krisen, die die Welt in ihren Grundfesten erschüttern. Die Gewalt – der Terrorismus – grassiert. Massenschießereien sind Normalität. Staatliche und wirtschaftliche Korruption an der Tagesordnung. Statt ihren Aufgaben redlich gerecht zu werden und Gesetze zu erlassen, die den Menschen helfen könnten, ziehen es Politiker vor, ihren Kumpanen lukrative Verträge und Posten zuzuschieben. Rassismus bleibt ein großer ekliger Schmutzfleck auf der Weste der Menschheit. Frauen und Angehörige der LGBTQ-Community müssen sich ständig gegen Versuche der Entmündigung und Entrechtung zur Wehr setzen. Der scheinbar grenzenlose Konsumwahn galoppiert und wird höchstens durch sinkende Reallöhne in gewisse Schranken gewiesen – schlimmstenfalls auch durch Firmeninsolvenzen. Der Umweltschutz wird zunehmend vernachlässigt oder ignoriert. Die psychische Gesundheit der Menschen bietet immer mehr Anlass zu Besorgnis, die Selbstmordraten steigen. Um die körperliche Verfassung ist es nicht viel besser bestellt: Fettleibigkeit, Diabetes und Herzerkrankungen sind auf dem Vormarsch.

Was – wahrscheinlich gerade aus ebendiesen Gründen – hinzukommt: Moralische Grundsätze versinken zunehmend in Bedeutungslosigkeit, wie sozialwissenschaftliche Studien ergeben haben. Oder lesen Sie nur mal die Schlagzeilen des Tages: Wir Menschen lügen, betrügen, haben Affären – und machen Gangster, die das System austricksen, zu Helden oder zählen Leute zur Prominenz, nur weil sie prominent sind.

Aber das wissen Sie natürlich alles selbst. Warum bin gerade ich der Richtige, diesen Versuch zu unternehmen? Gute Frage! Ich stand schon unter Beschuss, bevor ich mich auf das Abenteuer dieser Publikation eingelassen habe. Viele indische Verleger hatten mich auf dem Kieker. Da sie einige meiner früheren Arbeiten kannten, fürchteten sie wohl, ich könnte mich über Gandhi lustig machen wollen – was ihre Leser nicht toleriert oder goutiert hätten. Denn Gandhi, wurde mir schnell klar, war sakrosankt. Humor zu seinen Lasten gänzlich ausgeschlossen.

Ein indischer Freund von mir, der in Neu-Delhi eine Marketing- und Kommunikationsagentur betreibt, gut vernetzt ist und alle möglichen faszinierenden Leute kennt, begann mich irgendwann »Gandhi Light« zu nennen. Wogegen ich nichts sagen konnte. Eine in Indien geborene Autorin, die seit ihrem Studium in den USA lebt und mit der ich ebenfalls befreundet bin, fragte sich, woher ein weißer jüdischer Amerikaner den Mut nahm, ein Buch über Gandhi zu schreiben. Wie oft ich denn überhaupt in Indien gewesen sei, wollte sie wissen. Aus ihrer Entgegnung auf meine Antwort ging hervor, dass sie es für kulturelle Aneignung hielt, wenn ein Weißer versuchte, »wie Gandhi« zu sein.

Hatte sie damit womöglich recht? Ich nahm mir ihre Argumente zu Herzen und erklärte schließlich respektvoll und bescheiden, dass es in meinem Buch nicht *um Gandhi* geht. Es ist die Innenschau eines weißen Hetero-Mannes, von dem ich hoffe, dass er sich immer noch weiterentwickeln kann. Als viel gereister Journalist, Elternteil und Großvater betrachte ich es als meine Verantwortung, der einen Gruppe von Menschen das Wissen und die Traditionen einer anderen zu vermitteln. Weil ich glaube, dass wir uns auf diese Weise als Weltgemeinschaft weiterentwickeln können.

...

»Sei die Veränderung, die du in der Welt sehen möchtest.« Ich starre immer noch auf diesen Satz – als ob er ein geheimes Spezialelixier enthält, das mich, sobald ich es vollständig aufgenommen habe, auf wundersame Weise transformiert. Ich muss den Satz nur richtig aufdröseln und die Hinweise entschlüsseln, die meiner Metamorphose auf die Sprünge helfen werden. In den USA gibt es zahllose Organisationen, Firmen und Gruppen, die diese Aufforderung oder Teile von ihr zum Bestandteil ihres Namens oder als Werbeslogan nutzen. Hier nur einige wenige Beispiele:

- *Be the Change*, eine von Frauen mit dunklerer Hautfarbe gegründete und betriebene Consulting-Firma in Oakland

- *Be the Change Foundation*, eine Nonprofit-Organisation in Santa Clara, die sich zum Ziel gesetzt hat, »junge Menschen dabei zu unterstützen, ihr Potenzial voll auszuschöpfen«

- *Be the Change* lautet ein Slogan, den die US-amerikanische Fußballnationalmannschaft der Männer nach dem Tod von George Floyd aufgegriffen hat, um die *Black-Lives-Matter*-Bewegung zu unterstützen

- *Be the Change* heißt ein gemeinnütziges Kollektiv »positiv eingestellter, bewusst lebender Künstlerinnen und Künstler«

- *Milaan – Be the Change* lautet der eingetragene Name der Milaan Foundation, einer karitativen Organisation mit Sitz in Neu-Delhi, die auf eine »inklusive, auf Gleichberechtigung beruhende Welt« hinarbeitet, »in der jedes Mädchen die Kenntnisse, Fähigkeiten und das soziale Umfeld hat, die es ihr ermöglichen, ihre Träume zu verwirklichen und ihr gesamtes Potenzial auszuschöpfen«

- *Let's all be part of the change*, der neue Nike-Slogan, der den alten – *Just do it* – ablöste

- *Let's be the Change* heißt eine gemeinnützige Organisation im indischen Bangalore, deren Ziel es ist, »durch die Zusammenarbeit von Bürgern und Regierung eine sauberere, gesündere und nachhaltigere Gesellschaft« aufzubauen

- *Be the Change* nennt sich eine Tarot-Kartenlegerin, die auf YouTube fünfunddreißigtausend Abonnenten und Abonnentinnen hat

Auf meine Frage, was sie denn über Gandhi wisse und warum sie diesen Slogan gewählt hatte, antwortete mir Jess Young, besagte Tarot-Kartenlegerin, mit den Worten:

»Ja, als ich mich dafür entschied, war mir bewusst, dass es sich um ein Gandhi-Zitat handelte. Dass ich meinen Kanal so genannt habe, hat einen persönlichen Grund: Meine Kindheit war chaotisch. Vergewaltigung, Drogensucht und Gefängnis. Ich bin clean geworden, habe zu meiner Spiritualität gefunden, bin mir meiner Talente bewusst geworden; ich konnte heilen und habe jetzt ein schönes neues Leben. Ich glaube, dass diese Erfahrungen es mir ermöglichen, Menschen besser zu verstehen und Mitgefühl zu empfinden. Deshalb bin ich jetzt in der Lage, anderen zu helfen, und zwar sowohl über meinen Kanal als auch im wirklichen Leben. *Be the Change* soll mich daran erinnern, dass ich anderen an meinem eigenen Beispiel zeigen kann, wie sie Vergangenes abstreifen und sich ebenfalls ein schönes neues Leben aufbauen können. Einfach dadurch, dass ich die bestmögliche Version meiner selbst bin.«

Die Mail endete mit den Worten »Licht und Liebe«.

Was mir auch besonders gefiel: Die James Madison University (JMU), eine staatliche Forschungsuniversität in Virginia, hatte den Slogan *Being the Change* 2006 aufgegriffen, weil er, wie es auf der Website der Einrichtung heißt, »die Erfahrungen der Studenten an der Madison perfekt auf den Punkt« brachte. Kürzlich stieß ich dann auf einen Artikel über eine 2016 durchgeführte Studie, die untersuchte, wie weit das *Being the Change* in den Augen der Studentinnen und Studenten dem Ethos der Uni entsprach. Interessant fand ich an dem Artikel den Hinweis darauf, dass die JMU mit dem Wahlspruch versucht habe, sich ein »neues Image« zu verpassen. Wobei ich mich unwillkürlich fragte, ob Gandhi je auch nur einen Gedanken auf sein Image verschwendet hätte.

Andy Perrine, Associate Vice President der JMU für Kommunikation und Marketing, stieß eine campusweite Erhebung an, um herauszufinden, auf welche Weise die Uni Veränderungen bewirken könne. Das Ergebnis dieser Bemühungen war besagtes *Being the Change*. Das machte mich so neugierig, dass ich Perrine anrief. In unserem Telefonat bestätigte er die Geschichte und fügte noch etwas hinzu, womit ich nicht gerechnet hätte: Die JMU hatte sich ihren Slogan markenrechtlich schützen lassen, ihn also offiziell beim US-Patentamt angemeldet. Womit er jetzt in dieselbe Kategorie fällt wie »Eat Fresh« (Subway) und »Finger lickin' good« (Kentucky Fried Chicken).

Das alles zeigt, wie berühmt das *Be the Change* ist und wie viele Menschen sich davon angesprochen fühlen. Ich vermute allerdings, dass den Leuten in den Firmen und Organisationen, die den Slogan nutzen, eines *nicht* bewusst ist: dass Gandhi den Satz nicht ganz so gesagt hat. Was nicht weiter schlimm ist. Schließlich zählt allein der Gedanke, der dahinter steht. Doch welcher Gedanke eigentlich? Schauen wir uns dieses *Be the Change* einmal im Einzelnen an, Wort für Wort.

Be. Eines der kompliziertesten Tu-Worte der englischen Sprache. *To be.* Kein anderes Verb kennt so viele Unregelmäßigkeiten, Varianten und Formen: *I am, you are, they were, we've been* und so weiter. Das ist aber erst der Anfang. In jeder Zeitform drückt sich eine bestimmte Form des Seins aus. *To simply be* – einfach sein. Das hört sich simpel an – bis man es ausprobiert. *Be in the moment; be the moment.* Sei im Moment. Sei der Moment. Sei ganz präsent und vollkommen da. Übernimm Verantwortung. Bekenne dich zu deinem Verhalten. Werde dir deines Seins bewusst. Sei jemand, aber bloß nicht irgendwer. Wobei mir der Satz aus Lily Tomlins One-Woman-Show *The Search for Signs of Intelligent Life in the Universe* einfällt, mit dem sie bekannte: »Ich wollte immer wer sein. Doch allmählich fällt mir auf, dass ich diesen Wunsch präziser hätte formulieren sollen.«

Seien Sie Sie selbst. Schließlich haben Sie keine andere Wahl. Seien Sie Sie selbst und seien Sie glücklich und zufrieden damit.

To be or not to be? Sein oder Nichtsein? Das ist die Frage, oder? Mit dieser berühmten Zeile beginnt Hamlet im gleichnamigen Shakespeare-Drama aus dem Jahr 1601 den Monolog über sein Hin-und-Hergerissen-Sein zwischen Weiterleben und Sterben. Sollten Sie diese Wahl als zu bedrohlich oder allzu endgültig empfinden, können Sie sie gern metaphorischer auffassen – etwa als Frage, wie Sie in diesem Ihrem Leben »sein« wollen. Möchten Sie die Regie darin führen oder lieber das Handtuch schmeißen? Sich vom Acker machen? Das ist die entscheidende Frage der *Conditio humana*. Existiere ich? Wenn ja, dann kann ich auch entscheiden, wie ich leben will, wann ich angreife und wann ich mich lieber passiv dem Diktat eines anderen unterwerfe. So jedenfalls verstehe ich das.

In diesem Zusammenhang möchte ich noch eine Bemerkung über das *Be* machen, das Sein. In der Sentenz *Be the Change* (bei der es sich übrigens um einen Hauptsatz handelt) stellt das erste Wort den Imperativ des Verbs *to be* dar. Den Imperativ benutzen wir, wenn wir jemanden zu etwas auffordern wollen. Im Grunde handelt es sich hier um einen Befehl: Du sollst sein. Diese Verbform ist stark. Und *macht* stark. Bei Nike hieß es *Just do it!* Gandhi hätte gesagt: *»Just be it!«*

Für das erste Wort waren das ziemlich viele Infos.

Weiter geht's mit *Change* – Veränderung. Zunächst frage ich mich, worin der kleine Unterschied zwischen *Be the Change* und *Be Change* besteht. Darüber lässt sich spekulieren. Ich habe lange darüber nachgedacht, bin aber zu keinem befriedigenden

Ergebnis gelangt. Am ehesten würde ich es so verstehen: Sei wach, sensibilisiert, präsent und bereit. Wofür? Veränderung. Sei nicht einfach Veränderung, sei *die* Veränderung. Anders ausgedrückt: Arbeite auf Veränderungen hin. Sei der Veränderungsprozess. Damit hast auch du dich verändert.

Veränderungen sind fester Bestandteil der *Conditio humana*. Physisch und mental fordert das unaufhaltsame Voranschreiten der Zeit seinen Tribut, doch mit etwas Glück verbessert es auch unser Verständnis von uns und dem Leben. Dank der in der Hirnanhangdrüse produzierten Wachstumshormone entwickeln wir uns von Geburt an, sogar vom Zeitpunkt unserer Zeugung an, ständig weiter. Wir müssen nicht einmal mit dem Finger schnipsen, um zu wachsen und uns zu verändern. Das konnte Gandhi mit *Change* deshalb wohl nicht gemeint haben.

Was er oder wer auch immer unter Veränderung verstand beziehungsweise versteht, ist viel komplizierter. Was möchte ich verändern? Was muss sich verändern? Was werde ich selbst um den Preis meiner geistigen und körperlichen Gesundheit nie ändern? Das sogenannte Gelassenheitsgebet fasst all das zusammen. Bekannt ist es vor allem aus dem Zwölf-Punkte-Programm der Anonymen Alkoholiker und ähnlicher Selbsthilfeorganisationen: »Gott (oder: Universum), gib mir die Gelassenheit, Dinge hinzunehmen, die ich nicht ändern kann, den Mut, Dinge zu ändern, die ich ändern kann, und die Weisheit, das eine vom anderen zu unterscheiden.«

Jede Veränderung setzt zunächst eine neue Einstellung voraus: Ja, ich kann und will mich ändern − falls ich es wirklich möchte. Man muss einen strategischen Plan aufstellen und sich anschließend an ihn halten. Fassen Sie für den Anfang am besten ein niedrigschwelliges, leicht zu erreichendes Ziel ins Auge. Etwa so: Ich werde mir mindestens zweimal in der Woche sechzig Sekunden lang die Zahnzwischenräume mit

Zahnseide reinigen. Belohnt werde ich dafür durch sauberere, weißere Zähne, weniger Mundgeruch, ein selbstbewussteres Lächeln, mehr Sicherheit bei großer körperlicher Nähe zu anderen, mehr Freunde und Freundinnen, Vermögenszuwächse, Millionen Follower bei Instagram, Fernsehauftritte, ein ewiges Leben – okay, das ist jetzt vielleicht ein wenig zu hoch gegriffen.

Gandhi drückte es so aus: »Pass auf, was du denkst, denn aus deinen Gedanken werden Worte. Pass auf, was du sagst, denn deine Äußerungen werden zu Taten. Pass auf, was du tust, denn aus deinen Verhaltensweisen wird Gewohnheit. Pass auf deine Gewohnheiten auf, denn aus ihnen ergeben sich deine Wertvorstellungen. Werde dir deiner Werte bewusst, begrüße sie und halte sie in Ehren, denn aus ihnen erwächst dein Schicksal.«

Aha – meine Gewohnheiten ändern. Nicht so einfach. Das *American Journal of Psychology* definierte Gewohnheit einmal als »aus einem mentalen Muster entstandene mehr oder weniger festgefügte Art des Denkens, Wollens oder Fühlens«. Eine Studie der Gewohnheitsforscherin Wendy Wood und ihres Teams aus dem Jahr 2002 ergab, dass dreiundvierzig Prozent aller täglichen Verhaltensweisen auf Gewohnheiten beruhen. Durch den Prozess der Gewohnheitsbildung können neue Handlungen automatisiert werden. Alte Gewohnheiten sind deshalb so schwer abzulegen, weil oft wiederholte Verhaltensmuster ihre neuronalen Pfade im Hirn haben. Neue Gewohnheiten lassen sich zwar nicht gerade leicht etablieren, aber es geht: durch Wiederholung.

In seinem überaus lehrreichen Bestseller *Die Macht der Gewohnheit* befasst sich der *New-York-Times*-Reporter und Pulitzer-Preisträger Charles Duhigg eingehend mit der Gewohnheitsforschung. Besonders interessant fand ich dabei seine Ausführungen über Forschungsergebnisse, die im Februar 2018 in der Fachzeitschrift *Current Biology* veröffentlicht wurden.

Allerdings bezogen sie sich nicht auf Menschen, sondern auf Ratten. Neurowissenschaftler vom Massachusetts Institute of Technology hatten herausgefunden: Je öfter sich Ratten durch ein Labyrinth bewegten, desto selbstverständlicher fanden sie ihren Weg – weniger denken, mehr handeln (mehr »sein«). Dieser Automatismus hängt von den sogenannten Basalganglien im Hirn ab, die entscheidend für die Wiedererkennung und Speicherung von Mustern sowie für die Reaktion auf sie sind. Die Forschenden gelangten zu dem Schluss, dass es sich mit dem menschlichen Gehirn ähnlich verhält. In einem Prozess, den sie als *Chunking* (Stückelung) bezeichneten, wandelt das Gehirn eine Abfolge einzelner Handlungen – wie das Benutzen von Zahnseide! – in eine Gewohnheit um. Wobei die Forschenden herausgefunden haben, dass Anfang und Ende der Verhaltensstückchen von bestimmten Neuronen im Gehirn markiert werden und Gewohnheiten überhaupt nur entstehen, weil das Gehirn stets auf der Suche nach effektiven Möglichkeiten ist, Energie und Aufwand einzusparen.

Die Neurowissenschaften haben uns auch die Augen für die Fähigkeit des Gehirns geöffnet, sich zu verändern. Forschenden auf dem Gebiet der Neuroplastizität (auch Plastizität des Gehirns genannt) verdanken wir die Erkenntnis, dass neuronale Netze im Gehirn neu verdrahtet werden können, damit sie anders funktionieren als bislang. In der zweiten Hälfte des zwanzigsten Jahrhunderts konnte bewiesen werden, dass dieses Phänomen auch im Erwachsenenalter noch zum Tragen kommen kann.

Als von Richard Davidson, einem Hirnforscher an der Universität Wisconsin-Madison, durchgeführte Studien zeigten, dass sich bei langjährig Praktizierenden verschiedener Meditationsformen Struktur und Funktion des Gehirns verändert hatten, war dies eine Bestätigung von Erkenntnissen, die auf so unterschiedlichen Gebieten wie Psychologie, Naturwissenschaft und Schulung des Geistes gewonnen worden waren.

Die Realisierung jenes *Being the Change* könnte buchstäblich nur einen Atemzug entfernt liegen – etwa in meiner supereinfachen Atemmeditation namens *Anapanasati* (Achtsamkeit beim Atmen; die simple Beobachtung des Ein- und Ausströmens der Atemluft durch die Nase), die schon der Buddha praktizierte und auch seinen Anhängern empfahl.

Ich stelle mir das Gehirn wie eine Art Leiterplatte vor, bei der die einzelnen Teile mit zweiadrigen Kabeln verbunden sind. In meiner Fantasie endet die eine Ader in einer Wohlfühlzone und die andere an einem nicht so schönen Ort. Die eine Seite steht unter der Regie eines Engels und bewirkt, dass wir uns etwas Gutes tun, die andere wird vom Teufel gelenkt und veranlasst uns zu selbstzerstörerischem Verhalten. Letztlich haben wir beide in uns, den Engel und den Teufel. Mithilfe von Meditation und anderen geistigen Übungen können wir Veränderungen zum Guten einleiten und die Tendenzen zur Selbstsabotage in Schach halten. Abgesehen von Meditation hilft dabei wohl auch eine Eigenschaft, von der ich bislang noch nicht gesprochen habe. Allerdings tue ich mich mit ihr schwer – was ein Grund dafür sein mag, dass mir Veränderungen nicht leicht von der Hand gehen. Disziplin.

• • •

Damit wären wir bei den letzten Worten von Gandhis vielbemühtem Zitat: »[…] die du in der Welt sehen möchtest.«

Gehen wir mal optimistisch davon aus, dass Sie sowohl die nötige Disziplin als auch den Wunsch nach Veränderung aufbringen. Trotzdem fragen Sie sich womöglich: »Und wie soll das nun die Welt verändern?«

Ich gehöre der Generation an, die den Satz »Das Private ist politisch« geprägt und populär gemacht hat. Aufgekommen ist er zunächst in der Frauenbewegung Ende der Sechzigerjahre und wurde dann schnell von all jenen Gruppierungen aufgegriffen, die davon ausgingen, dass Persönliches und Politisches nicht voneinander getrennt werden können. In meiner Interpretation heißt das, dass sich die Arbeit, die wir in unserem Inneren leisten, im Außen widerspiegelt. Was wir einander geben und gesellschaftlich einbringen können, hängt deshalb davon ab, wer wir sind. Ein Ereignis (die eigene Veränderung) bewirkt ein anderes (die Veränderung unserer Umwelt). Auf dem Gebiet der Naturwissenschaften, Metaphysik und Technik nennt man diesen Vorgang Kausalität, im Hinduismus und Buddhismus Karma. In der Physik lautet das dritte Newton'sche Gesetz (das Prinzip der Wechselwirkung): »Übt A eine Kraft auf B aus, so übt B eine gleich große, entgegengesetzt gerichtete Kraft auf A aus.«

In allen Fällen ist gemeint, dass ein Ereignis, Prozess, Zustand oder Objekt zur Entstehung eines anderen Ereignisses, Prozesses, Zustandes oder Objektes beiträgt. Wobei die Ursache mitverantwortlich für die Wirkung ist und die Wirkung nicht zuletzt von der Ursache abhängt.

In seinem Buch *Antworten von Herzen* drückte es der bedeutende vietnamesische Mönch Thich Nhat Hanh viel schlichter aus: »Wenn wir unser tägliches Leben – unser Denken, Sprechen und Handeln – ändern, ändern wir die Welt.«

Gandhi hätte nicht widersprochen. Nachdem ich das *Be the Change* in seine Einzelteile zerlegt habe, würde auch ich zustimmen.

In der Praxis ist das aber nicht so einfach. Denn unsere erhabenen Ideale mal außen vor gelassen, fragt sich doch: Ist es möglich, in unmoralischen Zeiten ein moralisches Leben zu führen?

Ich persönlich habe mit dieser Frage gerungen. Wenn ich mich nicht täusche, geht es vielen anderen genauso. Als Gesellschaft haben wir unseren moralischen Kompass verloren.

Wo sind die Mentoren, die Personen, an denen wir uns im Hinblick auf mehr Integrität ein Beispiel nehmen könnten? Von wem stammt der verlässlichste Wegweiser? Wo ist das GPS, auf das man vertrauen kann? Gibt es irgendwo einen simplen Leitfaden? Den moralischen Kompass für Dummies? Wer zeigt uns die Verhaltensweisen, die wir gern übernehmen würden? Oder anders gefragt: Wer lebt auch so, wie er es predigt?

Auf der Suche nach politischen Anführern sind wir schon länger nicht mehr. Industriekapitäne haben auch keine weiße Weste. Und einige übergriffige Gurus haben in letzter Zeit unsere Zweifel geweckt. Genau wie katholische Priester und andere religiöse Führungspersönlichkeiten. Heutzutage sind oft fiktive Charaktere aus Fernsehsendungen, Filmen oder Romanen unsere Helden und Heldinnen – und selbst die fallen moralisch zweifelhaftem Verhalten zum Opfer. Deshalb, glaube ich, sind Filme mit Comic-Superhelden in unseren Tagen so beliebt. Wir sind ausgehungert nach Männern und Frauen aus Fleisch und Blut, deren Weisheit uns im wirklichen Leben weiterhelfen könnte. Und so sind wir gezwungen, in der projizierten Welt einer mythischen, erfundenen Vergangenheit oder Zukunft nach ihnen zu suchen.

Auch ich persönlich bin moralisch dabei, im Morast zu versinken. Ich würde am liebsten den geschilderten Gegebenheiten die Schuld daran geben, würde mein Verhalten gern als deprimierte, depressive Reaktion auf den ethischen Abstieg meiner Außenwelt ausgeben. Denn dem Verfall und Untergang der westlichen Kultur im Fast-Forward-Modus beizuwohnen, stellt für jeden eine echte Überforderung dar, der ein Gewissen hat.

Ich muss zugeben, dass ich momentan nicht recht weiterweiß – weder spirituell, physisch, mental noch moralisch. Die Grenze zwischen moralischer Integrität und Selbstschutz ist verwischt. Das sogenannte rechtschaffene Leben – rechtes Handeln, rechter Lebenswandel, wie zwei Komponenten des Edlen Achtfachen Pfades im Buddhismus heißen – kommt mir wie die in weiter Ferne liegende oder gar unmögliche Erfüllung eines großen Traumes vor. Als müsste ich gegen eine mächtige kulturelle Strömung ankämpfen. Aber es gelingt mir nicht. Es wird den meisten von uns nicht gelingen. Sehe ich aber einmal von meinem persönlichen Bemühen um eine Art moralische Erleuchtung ab, macht mir eines am meisten Sorgen: die zunehmende Gleichgültigkeit der Menschen. Inspirationen für ein ethisch tadelloses Leben gibt es immer weniger. Obwohl ich mich allen Ernstes ändern möchte – oder mich (wie es einer meiner spirituellen Lehrer ausdrückt) gern ändern wollen würde –, frage ich mich: Wer zeigt mir, wie ich das anstellen soll?

Natürlich sind da die Großen der Vergangenheit, an denen ich mich orientieren könnte: Abraham, Moses, Jesus, Mohammed, Jeanne d'Arc, Mutter Teresa, Buddha, die frühen Propheten. Aber in jüngerer Zeit? Da gibt es wenige, deren moralischen Kompass ich mir gern zu eigen machen würde. Eine Person allerdings stach im zwanzigsten Jahrhundert hervor: Mohandas Karamchand Gandhi, bekannt als Mahatma Gandhi oder Bapu (»Vater« auf Hindi).

Zwar war, wie manche sagen würden, sein Leben von Kontroversen, Uneinigkeit und Scheinheiligkeit überschattet, dass er jedoch sittlich die höchsten Ziele propagierte, ist unbestritten.

In Indien ist er heute noch eine Ikone, obwohl viele nicht mehr genau wissen, wofür er stand. Nicht nur trägt jede Rupie sein Konterfei: In fast jedem Dorf, jeder Gemeinde und Groß stadt Indiens ist ihm ein Denkmal gewidmet. Das gilt auch für andere Teile der Welt. Ein Ehrenmal für ihn wurde 1986 auf dem Union Square in Manhattan errichtet, der schon Zeuge vieler Protestkundgebungen war. Die Generalversammlung der Vereinten Nationen hat Gandhis Geburtstag, den 2. Oktober, zum Internationalen Tag der Gewaltfreiheit erklärt; die im kalifornischen Santa Barbara angesiedelte Association for Global New Thought erklärte die Zeit zwischen dem 30. Januar (Gandhis Ermordung) und dem 4. April (der Ermordung Martin Luther Kings) zur Jahreszeit des Gewaltverzichts. Indisch-amerikanische Abgeordnete des US-Repräsentantenhauses haben eine parteiübergreifende Resolution zu Ehren Mahatma Gandhis und seines politisch-kulturellen Erbes eingebracht.

Obwohl ich mich schon lange mit Indien beschäftige, wusste ich bis vor wenigen Jahren nur sehr wenig über Mahatma Gandhi. Das änderte sich erst, als ich vor ein paar Jahren mit den Recherchen zu diesem Buch anfing. Das erste Mal nach Indien gereist bin ich 1973 als junger amerikanischer Möchtegern-Hippie, für den die USA jeglichen Zauber verloren hatten. Auch vom Judentum, der Religion meiner Eltern, Großeltern und vieler Generationen vor ihnen, fühlte ich mich entfremdet. Indien schien mir seinerzeit von meinem Zuhause so weit entfernt zu sein, wie es weiter nicht ging. Der Hinduismus war für mich sogar noch weiter entfernt. Dreißig Jahre später flog ich erneut nach Indien, diesmal als Journalist. Und seither war ich fast jedes Jahr dort. Mit dem Menschen Gandhi hätte ich mich nur schwer identifizieren können, dafür lebte er mir zu asketisch. Das erste Mal von ihm gehört hatte ich während der Bürgerrechtsbewegung in den USA Mitte der Sechzigerjahre. Als ich hörte, in welch hohem Maße der von mir sehr bewunderte Martin Luther King von Gandhi inspiriert worden war, kam es zur ersten Berührung mit ihm.

Jahrzehnte später, einen Tag vor der Amtseinführung Barack Obamas, sah ich mir im Fernsehen die Übertragung des We-Are-One-Konzerts an, das auf den Stufen des Lincoln Memorial stattfand. Während der Veranstaltung, der mehr als vierhunderttausend Zuschauer beiwohnten, hatten Obama und seine Familie freien Blick auf die riesige Statue des sechzehnten Präsidenten der Vereinigten Staaten. Als U2 zu Ehren des neuen Anführers der westlichen Zivilisation »Pride in the Name of Love« anstimmte, eine Hommage an Martin Luther King, wurde mir plötzlich klar, wie Gandhi den Lauf der amerikanischen Geschichte geprägt hatte. Ich erkannte die direkte Übertragung von Weisheiten, die direkte Linie von Lincoln, dem großen Befreier, über Gandhi, den großen Vorkämpfer für Unabhängigkeit, und Martin Luther King, den großen Verfechter der Bürgerrechte, bis zu Obama, der großen politischen Hoffnung Amerikas. Was sie vereinte, war der Traum umfassender Harmonie unter den Menschen – erreicht durch gewaltfreie Kooperation.

Also wandte ich mich Mahatma Gandhi und dem reichhaltigen Schrifttum zu, das er hinterlassen hatte: im Grunde eine einzige Anleitung für ein tugendhaftes Leben. Ein Ratgeber in Sachen moralischer Integrität, an den sich viele Menschen überall auf der Welt hielten. Viele – aber längst nicht genügend. Ich schickte mich an, Gandhis sechs wichtigste Prinzipien wortgetreu – und Tag für Tag – zu befolgen. Gleichzeitig begab ich mich auf eine globale Expedition, auf der ich von ihm inspirierte Menschen treffen und mir die Entwicklung der von ihm begründeten Bewegung vor Augen führen wollte – vorzugsweise an für ihn entscheidenden Orten. Ich begann mit jenen sechs wichtigen Grundpfeilern, die oft als Schlüssel zum Verständnis der Philosophie Gandhis bezeichnet werden: Wahrheit, Gewaltlosigkeit, Einfachheit, Vegetarismus, Glaube und

Enthaltsamkeit. Manchmal ist sogar von bis zu elf Prinzipien die Rede; aber wie gesagt: Ich wollte dem Experiment wenigstens die Spur einer Chance geben.

Hoffentlich stoßen wir unterwegs auf das eine oder andere wertvolle Juwel, das auch Ihnen hilft, die Veränderung zu bewirken, die Sie sich wünschen.

Wie Gandhi – achtsam

Wie können wir also zur Gandhischaft gelangen? Zuerst müssen wir aufhören, darin ein Ziel zu sehen. Lassen Sie uns schrittweise vorgehen, Tag für Tag etwas Gutes dazunehmen und etwas Schlechtes beenden. Verlieren Sie dabei aber unseren moralischen Kompass nicht aus den Augen. Sobald Sie merken, dass Sie vom Weg abkommen (wie ich viele Male), halten Sie die Nase schnell wieder in den Wind der Veränderung.

Versuchen Sie sich gar nicht erst an allen sechs Prinzipien gleichzeitig. Damit können Sie nur scheitern, und das tut Ihnen gar nicht gut. Wenn Sie sich erst zu viel vornehmen und dann zurückrudern müssen, kriegen Sie nur unnötig ein schlechtes Gewissen – als würden Sie sich nicht eh schon schlecht genug fühlen. Betrachten Sie das Ganze als Prozess und nicht als Zielpunkt. Nehmen Sie sich pro Tag, Woche oder Monat ein moralisches Verhalten vor, überlegen Sie, was Sie tun können, um es sich anzueignen – und dann tun Sie es. Genießen Sie den Ritt – oder springen Sie fürs Erste wenigstens nicht gleich ab.

Um anzufangen, ist es nie zu spät – und nie zu früh, den Wandel einzuleiten.

Nehmen Sie die sechs Prinzipien – und Gandhi selbst – als Prisma, durch das Sie alle Dimensionen und Auswirkungen eines sowohl persönlich als auch global moralischen Lebens betrachten.

Da es sich hier um ein Experiment handelt, sind Pannen und Rückschläge unvermeidlich. Halten Sie sich an die alte Zen-Empfehlung: siebenmal fallen und achtmal wieder aufstehen.

KAPITEL 2

Gandhi in Indien: Wo alles begann – und wo es endete

Ein erwachtes und freies Indien richtet eine Botschaft
des Friedens und guten Willens an eine stöhnende Welt.
Mahatma Gandhi

Indiens Schicksal liegt nicht auf dem blutbefleckten Weg
des Westens, dessen es allmählich überdrüssig wird,
sondern auf dem gewaltfreien Weg des Friedens,
der einem einfachen, frommen Leben entspringt.
Indien ist in Gefahr, seine Seele zu verlieren.
Ohne Seele kann das Land nicht leben.
Es darf nicht faul und verzweifelt sagen:
»Ich kann dem Ansturm des Westens nicht entkommen.«
Es muss stark sein und Widerstand leisten –
um seiner selbst willen und zum Wohl der Welt.
Mahatma Gandhi

Indien lebt in mehreren Jahrhunderten gleichzeitig.
Arundhati Roy, indische Schriftstellerin

In andere Länder reise ich als Tourist,
nach Indien aber komme ich als Pilger.

Martin Luther King

Als ich 2019 auf dem Indien-Teil meiner Reisen in Gandhis Fußstapfen in der Hauptstadt ankam, kündeten die Schlagzeilen der meisten Zeitungen von der alarmierenden Tatsache, dass laut Air Quality Index Neu-Delhi die schmutzigste Stadt der Erde war. Ende 2022, während ich das hier schreibe, hatte es diesen zweifelhaften Titel gerade zum vierten Mal in Folge erhalten.

Gandhi hätte dieses Problem vorhersagen können, und zwar nicht nur für Indien, sondern für die ganze Welt. Um genau zu sein, hat er es getan. Er hat schon zu einem frühen Zeitpunkt Alarm geschlagen. Von Südafrika aus verlieh er in der von ihm gegründeten *Indian Opinion* bereits 1906 seiner Besorgnis Ausdruck: »Heutzutage wird aufgeklärten Menschen die Notwendigkeit frischer Luft zunehmend bewusst.« Den Einfluss des Fabrikbooms, der im Zuge der industriellen Revolution seit Mitte des achtzehnten Jahrhunderts nicht mehr aufzuhalten war, beobachtete Gandhi schon, als er noch in England Jura studierte. Zu der Zeit schrieb er: »Ein Mensch kann mehrere Tage ohne Essen auskommen und einen ganzen Tag ohne Wasser. Ohne Luft aber überlebt er nicht einmal eine Minute lang. Ist nun aber etwas so Lebensnotwendiges nicht sauber, gefährdet es zweifellos die Gesundheit [...] Dieses Problem muss die Führung in Indien in ihre Überlegungen einbeziehen. Wir leiden, weil uns die Wichtigkeit frischer, reiner Luft nicht bewusst ist. Und das ist ein weiterer Grund, weshalb Krankheiten wie die Pest unter uns wüten.«

Ein ausführlicher Artikel, der 2019 im *Indian Journal of Medical Research* erschien, trug den Titel »Gandhi als Umweltschützer«, und sein Verfasser zeigte sich darin vorsichtig optimistisch. Dr. Rajnarayan Tiwari, der Leiter des Indian Council of Medical Research in Bhopal, schrieb: »Als erwiesen kann gelten, dass sich Gandhi der Umweltverschmutzung und ihrer Auswirkungen auf die menschliche Gesundheit überaus bewusst war. Besonders beunruhigten ihn die entsetzlichen Arbeitsbedingungen in der Industrie. Die Luft in den Fabriken war dreckig und voller Giftstoffe […] Heute sieht sich die ganze Welt, besonders aber Indien, mit den schädlichen Folgen der Urbanisierung konfrontiert, die Gandhi schon vor Jahrzehnten vorhergesehen hatte. Die Anwendung der gandhischen Prinzipien kann die Verbreitung dieser Missstände aufhalten.«

Aber nur wenige hörten zu – zu Gandhis Zeiten oder danach, wie sich an meinem ersten Tag in Indien zeigen sollte. Leider blieb mir nicht verborgen, dass manche Inder ihr Eckchen des Planeten als Müllkippe nutzen.

Indische Freunde hatten mir empfohlen, genügend N95-Masken mitzunehmen, die mindestens fünfundneunzig Prozent aller in der Luft befindlichen Partikel ausfiltern. Aber in der ganzen San Francisco Bay Area waren keine Masken aufzutreiben. Auch wir hatten Probleme mit der Luftverschmutzung. Knapp hundert Kilometer nördlich wüteten Flächenbrände, die bis dahin die verheerendsten der Geschichte Kaliforniens waren. Sie färbten den Himmel in apokalyptisches Rotorange. Dicke schadstoffgeschwängerte Rauchwolken hatten sich vor die Sonne geschoben. Als wir eines Morgens aufwachten, befanden wir uns mitten in einem Horrorfilm über das Ende der Welt. Die Bevölkerung wurde aufgefordert, nur im Notfall das Haus zu verlassen. Draußen lauerten die gesundheitlichen Folgen, die die giftigen Feinstaubpartikel für die Atemorgane haben – wie etwa Asthma und ein erhöhtes Krebsrisiko. Was die Giftigkeit der Luft betraf, so die Gesundheitsbehörden, entsprach diese zu der Zeit dem Rauch von sieben Zigaretten. Das Schlimmste war: Kalifornische Flächenbrände wurden mit der Zeit zur Normalität, so vorhersehbar wie die Herbsternte – als Folge der Dürre, die dafür sorgte, dass der Waldboden in jedem Spätsommer staubtrocken war und fingerdick von Zunder bedeckt. Ein noch glühender Zigarettenstummel oder eine zu Boden gefallene spannungsführende Telefonleitung genügte, um ein Feuer zu entfachen.

Sie ahnen bestimmt schon, dass meine kalifornischen Mitbürger, überkorrekt, pingelig und überzeugt von ihrem gottgegebenen Recht auf eine blitzsaubere Umwelt wie sie sind, alle diese N95-Masken haben wollten. In keinem der großen Drogeriemärkte in der Gegend gab es noch welche. Also kam ich nur mit läppischen OP-Masken bewaffnet in Indien an (und erfuhr erst später, dass Fachleute davor warnen, weil sie außerhalb des Operationssaals kaum Wirkung zeigen).

Nach meiner Landung wurde mir schnell klar, dass mich die Rauchwolken in San Francisco bestens auf die Verhältnisse in Neu-Delhi vorbereitet hatten – und dass mir mein Witz von einer Maske bei der Luft hier, die weiß der Himmel was alles enthielt, nicht groß helfen würde! Am nächsten Morgen begab ich mich, immer noch leicht Jetlag-geschwächt, zu Fuß ins Büro meiner Lektoren bei Simon & Schuster India. Beim Überqueren einer belebten Fußgängerbrücke warf ich einen Blick auf die Garküchen unter mir, in denen in offenen Pfannen Chapati gebraten und schwarzer Tee aus großen unbedeckten Töpfen angeboten wurde. Ich versuchte, nicht an all die Zutaten zu denken, die unabsichtlich aus der Luft in die Lebensmittel gelangt sein mussten. Trotzdem flogen mir unwillkürlich Gedanken an Lungenkrankheiten, Magenbeschwerden und Krebs zu.

Für Neu-Delhi hatte ich mir vorgenommen, in kürzester Zeit möglichst viele der Museen und Monumente zu besichtigen, die dem Mann gewidmet sind, der in Indien als Vater der Nation gilt. Erste Station war das Gandhi Smriti (etwa: Gandhi-Gedenkstätte). Das früher als Birla House bekannte heutige Nationale Gandhi-Museum gehörte einst dem bekannten und unanständig wohlhabenden Industriellen Ghanshyam Das (G. D.) Birla. Auf seinem Anwesen verbrachte Gandhi die letzten hundertvierundvierzig Tage seines Lebens und wurde dort auch ermordet.

Birla, Begründer eines bedeutenden Familienunternehmens, war ein enger Vertrauter und Unterstützer Gandhis, den er 1916 kennengelernt hatte. Bei seinem Tod 1983 hinterließ Birla ein Vermögen von geschätzten neun Millionen Dollar. Eine geringe Summe, verglichen mit dem heute unter der Leitung seines Urenkels Kumar stehenden Konzerns, der unter anderem auf den Gebieten Zement- und Aluminiumproduktion, Telekommunikation und Finanzdienstleistungen tätig ist und nach eigenen Angaben einen Wert von einundvierzig Milliarden Dollar hat. Laut *Forbes* besaß Kumar Birla selbst im Jahr 2022 vierzehn Milliarden.

Das Museum befindet sich in der Tees January Marg – der »Straße des 30. Januar«, dem Tag, an dem Gandhi erschossen wurde. Ich spazierte über das Gelände, schaute mir alle alten Fotos, Gemälde, Skulpturen und Fresken an, die in Stein gemeißelten Beschreibungen und weiterführenden Bildunterschriften, die jeweils die historische Relevanz erklärten. Es gab eine Menge Historie und eine Menge Relevanz. Am Haupteingang werden täglich mehr als dreitausend Besucher und Besucherinnen von einem großen Denkmal des Bildhauers Sri Ram Sutar begrüßt, das den Mahatma zeigt, umrahmt von zwei Jugendlichen, die sich an ihn lehnen. Auf dem Sockel des Monuments ist das berühmte Gandhi-Zitat »Meine Botschaft ist mein Leben« zu lesen.

Gandhi lebte im ersten Trakt des Hauses. Die beiden einfachen Räume sind erhalten geblieben, wie sie waren. Zu sehen sind Gandhis Bett, sein Büro und in einem Schaukasten an der Wand einige persönliche Gegenstände von ihm, unter anderem seine runde Nickelbrille, ein Gehstock, Besteck, der Stein, den er anstelle von Seife verwendete, sein hölzernes Schreibpult mit der Bhagavad Gita darauf sowie eine einfache weiße Matratze auf dem Boden. Das Ganze sah aus, als hätte er den Raum nur kurz verlassen und würde jeden Moment wiederkommen.

Ich sah – zumeist gelangweilte – Kinder, entweder mit ihren Eltern oder auf einem Schulausflug. Ich begegnete Händchen haltenden Pärchen, die über das Gelände schlenderten, versunken in tiefer Ehrerbietung – und besuchte das angeschlossene Eternal Gandhi Interactive Multimedia Museum, das computergeneriert allerhand weitere Informationen liefert. Manches fand ich ein bisschen kitschig und auch technisch nicht gerade auf dem neusten Stand. Die Kinder aber interessierten sich mehr dafür – und das kann man ja nur begrüßen. Von wegen: die junge Generation interessiere sich nicht für die Vergangenheit.

Zu der für mich bewegendsten Interaktion kam es unabhängig von dem ganzen Multimedia-Schnickschnack, als ich buchstäblich in Gandhis Fußstapfen trat. Überlebensgroß waren sie dem Beton des gewundenen Pfades eingeprägt, der von seinem Zimmer bis zur Märtyrersäule führt, die den Ort seiner Ermordung markiert. Das waren die letzten Meter, die er in seinem Leben gegangen ist. Ich verlangsamte mein Tempo und machte jeden Schritt mit großer Achtung und Achtsamkeit, ganz in der Tradition der Gehmeditation, die ich als Schüler von Thich Nhat Hanh gelernt habe. Anschließend umrundete ich die Säule, wie es die Tradition vorsieht. Auf Hindi heißt diese spezielle Fortbewegung der meditativen Umschreitung eines Heiligtums, etwa einer Stupa oder eines Denkmals, *Parikrama*, und im Buddhismus nennt man diese Art des andächtigen, oft dreimaligen Rundgangs *Pradakshina*.

Als ich das Smriti am Nachmittag verließ, fühlte ich mich belebt wie nach einer Begegnung mit einem spirituellen Lehrer im Darshan. Anschließend begab ich mich ins National Charkha Museum im Zentrum von Connaught Place. Es wurde im Park über dem Palika Bazaar errichtet und 2017 eröffnet. Das Haus rühmt sich, das weltweit größte Spinnrad aus rostfreiem Chromstahl zu beherbergen. Bei einem Gewicht von fünf Tonnen ist es knapp acht Meter lang und annähernd vier Meter hoch. Ausgestellt sind vierzehn Modelle antiker Spinnräder, und illustriert wird der Weg von den Rohstoffen (Baumwollsamen, nicht entkörnte Baumwolle) bis zur handgesponnenen und -gewebten Kleidung aus natürlichem Material. Auch eine Multimediashow über Gandhis Leben ist hier wieder zu sehen. Das Museum feiert den Aufstieg eines schlichten Werkzeuges zum Symbol des indischen Nationalismus; diese Bedeutung des Spinnrads war allein dem Mahatma zu verdanken.

Seit ich 1973 mit meiner damaligen Frau Iris zum ersten Mal am Connaught Place war, hatte ich ihn nie wiedergesehen. Damals waren wir in einem flippigen Hotel in der Nähe des Circle und einer American-Express-Filiale untergebracht, in der wir unsere Reiseschecks einlösen konnten. Im Zentrum des Circle gab es eine große Rasenfläche. An den Beton, der heute dort regiert, war noch gar nicht zu denken. So klischeehaft, so altertümlich es sich knapp ein halbes Jahrhundert später anhören mag: Auf dem Gras saßen damals in verblasste *Lungis* (traditionelle Männerröcke aus Baumwolle) gekleidete Schlangenbeschwörer und versuchten, mithilfe der Töne ihrer Flöten, Kobras aus einem Strohkorb zu locken und zum Tanzen zu animieren. Männer in schmutzigen weißen Pyjamahosen boten uns Kopfmassagen an. Einer von ihnen war von meiner zierlichen blonden Frau mit den strahlend blauen Augen so begeistert, dass er mehr wollte als ihr nur den Kopf zu massieren. Außerdem versprach er uns Ganja »zum Sonderpreis«. All diese Bekundungen der Gastfreundschaft lehnten wir ab.

Als ich Connaught Place nun, im Dezember 2019, wiedersah, war ich hin und her gerissen: beeindruckt davon, wie anders es jetzt dort aussah, aber auch etwas wehmütig. Ich vermisste die Einfachheit von damals. Die große offene Rasenfläche war verschwunden. Jetzt sah ich auf den Stufen am Rand des Circle junge indische Mittelklassepärchen in westlicher Kleidung sitzen und heimliche Momente der Zweisamkeit genießen. Straßenhändler musste ich immer noch abwehren; das hatte sich nicht verändert. Ich suchte das Coffee House, in dem Iris und ich seinerzeit unsere erste Begegnung mit der Schärfe des indischen Essens hatten. Ich erinnere mich, wie ich mir nach dem ersten Bissen löffelweise Reis in den Mund stopfte und süßes Lassi trank, um das Feuer zu löschen.

· · ·

Nun fühlte ich mich gandhifiziert genug, um mich ins Epizentrum von Gandhiland begeben zu können.

Die zahlreichen Besuche, die ich Indien im Laufe der Jahre abgestattet hatte, hatten mich zwar schon in einige der achtundzwanzig Bundesstaaten geführt – unter anderem nach Uttar Pradesh, Madhya Pradesh, Himachal Pradesh, Bihar, Goa, Kerala, Rajasthan, Karnataka, Telangana und Maharashtra –, nie aber nach Gujarat. Ich war eine Gujarat-Jungfrau. Das Wenige, was ich von Gujarat wusste, hatte ich einige Jahre zuvor mit eigenen Ohren gehört. Ich war mit Kolleginnen und Kollegen in der Sea Lounge des Taj Mahal Palace Hotel zum Lunch – eine todschicke Location, die von wohlhabenden

Indern und Touristen gern besucht wird. Mit einem Mal wurde unser Gespräch von einem sechsköpfigen Trupp übermütiger junger Männer übertönt, die an einem Ecktisch saßen und sich aufführten, als gehörte das Restaurant ihnen.

»Oh, das sind Gujaratis«, erklärte eine der Frauen an meinem Tisch.

Woher sie das wisse, fragte ich sie.

»Gujaratis sind überall und immer die lautesten.«

Für mich hörte sich das zwar wie eine grobe Verallgemeinerung an, da ich aber keine Ahnung hatte, konnte ich nicht widersprechen. Mir war damals nicht mal klar, dass es der Staat war, in dem Gandhi geboren wurde. Das Einzige, was ich sonst noch über Gujarat wusste, war alles andere als eine Kleinigkeit: 2002 war der Staat Schauplatz gewalttätiger Auseinandersetzungen zwischen Hindus und Muslimen, bei denen mehr als tausend Menschen starben und zweitausendfünfhundert verletzt wurden. Ich erfuhr von den Unruhen, nachdem ich 2008 im Auftrag des *Wall Street Journal* ein Porträt der beliebten indischen Schauspielerin und Regisseurin Nandita Das verfasst hatte, die auch für ihr gesellschaftliches Engagement bekannt ist. Anlass des Artikels war die Premiere ihres Spielfilms *Firaaq* (englischer Titel: *Separation*). Der Film, mehrfach international ausgezeichnet, spielt einen Monat nach den blutigen Zusammenstößen. Im Mittelpunkt stehen das Leben einiger Gujaratis und die Auswirkungen, die die Ausschreitungen auf sie hatten.

Gujarat grenzt im Nordwesten an Pakistan, das Land mit der zweitgrößten muslimischen Population der Welt. Durch die Teilung Indiens im Jahr 1947 erlangte es seine Unabhängigkeit. Während der Recherchen zu meinem Nandita-Das-Artikel erfuhr ich, dass der Regierungschef Gujarats Narendra Modi hieß. Dieser ist heute indischer Ministerpräsident. Seinerzeit wurde ihm zur Last gelegt, er habe die gewalttätigen

Ausschreitungen gebilligt – genau wie Polizei und Regierungs-offizielle, die die Aufrührer angeblich steuerten und ihnen Listen mit von Muslimen geführten Geschäften zuspielten. 2012 wurde er vom Obersten Gerichtshof von allen Vorwürfen dieser Art freigesprochen.

Ansonsten war ich in puncto Gujarat so unbeleckt, dass ich auch nicht wusste, dass dort Prohibition herrscht. Der Verkauf von Alkohol ist in Gujarat genauso verboten wie in drei anderen Bundesstaaten: Bihar, Mizoram und Nagaland. Was bedeutete, dass ich einen Monat lang weder Wein noch Bier trinken würde, von härteren Sachen ganz abgesehen. Da ich im Zuge dieses Experiments aber ohnehin abstinent werden wollte, betrachtete ich es als vorgezogenen Start der geplanten Trocken-Übung. Das einzige Mal, dass ich – gegen Vorlage meines amerikanischen Reisepasses – etwas Alkoholisches hätte bestellen können, war im Restaurant eines Hotels. Der Kellner ging mir in eine dunkle Ecke des Speisesaals voraus, in der ein Neon-schild »Bar« verkündete. Neugierig ging ich auf die Tür zu, die hineinführen sollte. Doch es war gar keine Bar, sondern ein Laden, in dem Alkohol verkauft wurde. Ich widerstand der Versuchung, mir eine Flasche mitzunehmen und sie während meiner Tour durch Gujarat mit mir herumzuschleppen.

Ein anderes Thema, dessen ich mir zuvor nicht bewusst war, bestand darin, dass in den meisten Restaurants dieses Bundesstaates ausschließlich vegetarische Kost angeboten wird. Für meine neue Ernährungsweise war auch das im Grunde eine gute Nachricht und so gab es für mich eine Versuchung weniger.

Die staatlich verordnete Alkoholabstinenz sowie das Fehlen von Fleisch, Fisch und Geflügel auf der Speisekarte geht direkt auf den berühmtesten Sohn des Staates zurück. Und Modi initiierte das Verkaufsverbot für Alkohol in Gujarat. Doch die staatlichen Behörden drücken bei Schmuggel und Schwarzhandel durchaus mal ein Auge zu.

Seit ich 2014 anfing, meine Zehen in das zu tauchen, was später zu diesem Experiment werden sollte, faszinierten mich sowohl die staatlichen Versuche als auch Anstrengungen von Nichtregierungsorganisationen, Gandhis Weg von Ahmedabad an den Strand von Dandi zum nationalen Kulturerbe zu erklären. Diese Strecke ist als Salzmarsch oder *Dandi Path* (Dandi-Pfad) bekannt geworden. Um mein Experiment in Gang zu bringen, dachte ich, könnte ich eventuell für die *New York Times* einen Artikel über den Fortschritt des Projekts beziehungsweise sein Ausbleiben schreiben. Oder mich – erfahrungsbezogener Journalist alias Dummkopf, der ich bin – vielleicht sogar selbst auf den dreihundertfünfundachtzig Kilometer langen Treck begeben. Aber das Kulturerbe-Projekt kam aufgrund landestypischer bürokratischer Hürden nach wie vor nicht voran.

Während ich wartete, dass es weiterging, hatte ich auf einem Flug von Irgendwo nach Irgendwoandershin einem Paar aus Pennsylvania gegenüber wohl arg vollmundig von meinen Plänen erzählt; jedenfalls hatten die beiden die Freundlichkeit, mir den Namen eines Amerikaners zu geben, der genau mit diesem Projekt befasst war. Wenige Tage später erhielt ich eine begeisterte E-Mail von Thomas Jones. Als Planer in der – auch städtischen – Denkmalpflege tätig, ist er akademischer Berater des Centre for Heritage Management an der Universität von Ahmedabad, die ein Master-Programm für Heritage Management (auch Kulturerbepflege genannt) anbietet. Was ich an Thomas besonders interessant fand, war seine Mitarbeit an der »Absichtserklärung zur Kooperation« zwischen der Uni und dem amerikanischen National Center for Preservation Technology and Training. Deren Verabschiedung ermöglichte es ihm, seinen

Beitrag zu Bestimmung und Schutz der Route des Salzmarsches zu leisten.

Über die Jahre führten wir einige lange Gespräche miteinander (er ist ein mitteilsamer Gentleman); wir trafen uns aber nie, weder in den USA noch in Indien. Stattdessen empfahl er mir, mich an seinen Kollegen Debashish Nayak zu wenden, der in Ahmedabad ansässig war und sowohl in Indien als auch in anderen Staaten auf dem Gebiet des Schutzes und der Erhaltung historischer Städte tätig war. Er war Direktor des erwähnten Centre for Heritage Management – und seit 1996 ist er Berater des Kulturerbe-Programms von Ahmedabad zur Wiederbelebung der historischen Altstadt. Bis er 2017 erreichte, dass Ahmedabad als erste Stadt Indiens auf die Liste des UNESCO Weltkulturerbes kam, musste sich Nayak unzählige Male über die Bürokratie hinwegsetzen. Man nennt ihn den Erbe-Mann – kein beneidenswerter Titel in einem Land, das »seiner langen Geschichte gegenüber bestenfalls eine ambivalente Haltung« unterhält, wie Sabyasachi Mukherjee, der frühere Leiter des Chhatrapati-Shivaji-Museum, in einem Interview zu mir sagte. Aber genau deswegen war Debashish *mein Mann*.

Zunächst chatteten wir auf WhatsApp. Da er mein einziger Kontakt in Ahmedabad war, musste ich mich darauf verlassen, dass er als meine Vorhut fungierte, als meine Augen, meine Ohren – und Reiseführer. Durch seine Vermittlung konnte ich einen guten Deal mit dem SilverCloud Hotel machen. Normalerweise suche ich mir meine Unterkunft lieber selbst, aber der Website des Viersternehotels nach zu urteilen, schien es mir ganz in Ordnung zu sein – und hatte vor allem den Pluspunkt, dass es auf der Ashram Road lag, schräg gegenüber vom Sabarmati-Aschram, in dem ich viel Zeit zu verbringen gedachte. Dort hatte Gandhi von 1917 bis 1930 gelebt; der Aschram stellte in Indiens Freiheitskampf eine der wichtigen

Bastionen dar. Heute befindet sich darin ein dem Leben und Wirken des Mahatma gewidmetes Museum. Das würde also für den nächsten Monat mein Basislager sein.

Am Morgen nach meiner Ankunft wenige Tage vor Silvester besuchte mich Debashish im Hotel. Wir breiteten Landkarten, Bücher und Broschüren auf einem Tisch aus und entwarfen eine mögliche Route. Er war gut gekleidet, mit Wollweste und Kurta. Er sprach leise und war wortgewandt. Sein Oberlippenbart schimmerte leicht silbern. Doch bei aller Freundlichkeit, die er ausstrahlte, hatte er doch etwas Reserviertes an sich, was sich als Lehre aus seinen Erfahrungen mit der universitären wie auch staatlichen Bürokratie erwies: bloß nie etwas sagen, was einem später einmal auf die Füße fallen könnte. So steif, wie er sich mir präsentierte, sollte ich ihn besser nicht in eine Karaokebar einladen, sagte mir das. Ansonsten aber war er ein wahres Wissenswunder.

Debashish räumte freimütig ein, dass er weder über den Menschen Gandhi noch über seine Philosophie eingehender Bescheid wusste. Doch im Zusammenhang mit dem indischen Kulturerbe sagte er: »Die Wertschätzung unserer Geschichte kann die Seelen der Inder heilen, die sich von ihrer Vergangenheit abgeschnitten oder sie zugunsten der Gegenwart oder einer besseren Zukunft vernachlässigt haben.«

Ein Gedanke, der wohl auf jede Gesellschaft und alle Menschen zutrifft.

Dass die offizielle Ernennung der Route des Salzmarsches zum *Heritage Trail* immer wieder herausgezögert wurde, trieb Debashish schier in den Wahnsinn, wie er mir gestand. Seit 2006 versank das Projekt im Sumpf von Verschleppungen und nicht eingehaltenen Zusagen. Jetzt aber, versprach er, »sind wir an einem Wendepunkt«. Kurz zuvor war Gandhis hundertfünfzigster Geburtstag (er kam am 2. Oktober 1869 auf die

Welt). Dieses Jubiläum hatte die Regierung bewogen, fast zwei Millionen US-Dollar für die Beschilderung sowie die »Night Halts« auszugeben, jene einfachen, mit Kochnischen versehenen Unterkünfte an den Orten, an denen Gandhi in den einundzwanzig Nächten übernachtet hatte, bevor er den Strand von Dandi am Arabischen Meer erreicht hatte, wo er den britischen Steuergesetzen zum Trotz mit den Händen symbolisch das Meersalz in die Hände nahm.

Debashish gestattete mir, ihn auf den hundertachtundzwanzig noch nicht von ihm kartierten Kilometern der Route zu begleiten. So konnte ich dabei sein, wenn er Geschichten von Nachfahren Gandhis sammelte, die den Mahatma persönlich kannten, aber auch die von Menschen, die sich nur an Berichte ihrer Eltern und Großeltern erinnern konnten. Da Debashish Architektur studiert hatte, war er besonders daran interessiert, Überreste von Gebäuden und Schulen aufzufinden, in denen Gandhi seinen Marsch unterbrochen hatte, um einen Vortrag zu halten. Dabei verglich er vorliegende Dokumente mit neuen Erkenntnissen, indem er der 2017 anlässlich des siebzigsten Jahrestags der Unabhängigkeit Indiens erschienenen Google-Earth-App »Salt March to Dandi« folgte.

Mein Motiv, der Route des Mahatma zu folgen, änderte sich mit dem Weg – und ändert sich immer noch. Mein erster Beweggrund entsprang reinem männlichen Chauvinismus: Wenn Gandhi das konnte, gebe ich ihm, was das Lebensalter angeht, zehn Jahre Vorsprung und beweise, dass ich es immer noch »draufhabe«. Während Gandhi den Marsch als Demonstration zivilen Ungehorsams gegen die von den Briten auf Salz erhobenen Steuern und das Verbot, selbst Salz herzustellen oder zu verkaufen, unternahm, ging es mir um eine andere Freiheit: der meines Körpers – in dem es zwei künstliche Hüftgelenke gab und der eine Polymialgia rheumatica (PMR) genannte entzündliche Autoimmunerkrankung überstanden hatte, die eine Vielzahl von Schmerzen sowie Steifigkeit und grippeartige Symptome verursacht. Darüber hinaus wollte ich mich auf dem dreihundertfünfundachtzig Kilometer langen Weg zwischen Ahmedabad und Dandi mit eigenen Augen davon überzeugen, welche der Hoffnungen Gandhis auf eine bessere Zukunft sich erfüllt haben und welche nicht. Die Strecke führt durch überfülltes Stadtgebiet und ländliche Armut, an Müllbergen, halb fertiggestellten Gewerbegebieten und Logistikzentren vorbei, über staubige Straßen, auf denen Kühe den Verkehr blockieren, und durch Dörfer, in denen immer noch Mittelalter herrscht – ein Querschnitt durch das heutige Indien.

Ich war beileibe nicht der Erste, der Gandhis Pfad folgte. Es sieht fast so aus, als würde sich jeder indische Politiker, der seiner schwächelnden Partei zu Verjüngung und positiver Aufmerksamkeit verhelfen will, auf die Route des Salzmarsches begeben – natürlich nie ohne Presse im Schlepptau. 1988 setzte sich Rajiv Gandhi (Sohn der ehemaligen Premierministerin Indira Gandhi und nicht mit dem Mahatma verwandt), der von 1984 bis 1989 Premierminister war, in Bewegung – brach die Initiative aber nach etwa elf Kilometern wieder ab. (*En passant*, aber keineswegs beiläufig sei erwähnt, dass beide, sowohl Indira als auch Rajiv Gandhi, ermordet wurden.) Tushar Gandhi, Urenkel des Mahatma, der erfolglos für das Staatsamt kandidierte, trat den Weg nach Dandi zweimal an, brach aber beide Male früher ab.

Am nächsten Tag ging ich quer über die Straße, um mir den Sabarmati-Aschram anzusehen. Es war dort anders, als ich es mir vorgestellt hatte. Ich dachte, eine Gruppe ergebener Gandhi-Anhänger würde dort gemeinsam ein einfaches Leben führen. So war es jedenfalls in den Aschrams, die ich zuvor kennengelernt hatte, in Bodh Gaya, in Thich Nhat Hanhs südfranzösischem Plum Village oder in Hill House, einer Kommune im westlichen Massachusetts, in der in den Siebzigern Freunde von mir gewohnt haben. Stattdessen fand ich ein Museum vor, und zwar ein hübsches. Auf dem Gelände am Ufer des Flusses Sabarmati steht eine Reihe von Häusern – in der Mehrzahl modernisierte Originalbauten. Zum Fluss hinab führt eine breite Betontreppe, deren Stufen dazu einladen, den Blick schweifen zu lassen und die Atmosphäre der Örtlichkeit in sich aufzunehmen. In einem Gebäude hängen Tafeln mit Infos über Gandhis Leben an den Wänden. Die Gänge und Korridore vermitteln ein luftiges Gefühl der Offenheit. In einem Teil der Anlage sind Büros, in denen Informatik-Spezialisten die Gandhi-Internetseiten und -Portale pflegen.

Gandhis Original-Aschram war das nicht. Dieser wurde im Mai 1915 in Kochrab gegründet, am Rande von Ahmedabad. Er war klein und Gandhi wünschte sich ein größeres Gelände für Landwirtschaft, Viehzucht und andere Nutzungen. Also siedelte er zwei Jahre später auf die knapp hundertfünfzigtausend Quadratmeter um, aus denen dann der Sabarmati-Aschram wurde – der Jahr für Jahr an die siebentausend Besucher und Besucherinnen zählt.

Ich schaute jeden Tag dort vorbei, als handele es sich um ein Meditationszentrum, schlenderte über das Gelände und sah mir wiederholt, wie es vielleicht in Gandhis Sinne gewesen wäre, die Exponate an. Viel Zeit verbrachte ich im Aschram-eigenen Buchladen. Hätte ich nach Ahmedabad nicht noch so viel weiterreisen wollen, hätte ich mir regalweise Bücher zugelegt. So aber gestattete ich mir nur eines – das dafür aber sechshundertsechzig Seiten hatte: *On the Salt March* von Thomas Weber, einem australischen Wissenschaftler, der im Fachbereich Politische Wissenschaften der La Trobe University in Melbourne lehrt und deren *Peace Studies* koordiniert. Er interessiert sich in besonderem Maße für Gandhi und hat über dessen Ethik sowie seine Strategien der Konfliktlösung auch noch ein paar andere Bücher geschrieben.

On the Salt March ist ein ganz unglaubliches Werk, das so ziemlich jeden Zentimeter des Weges beleuchtet, den der Autor 1983 selbst gegangen ist. Es enthält allein hundertzwanzig Seiten mit Einzelheiten über die Route, Listen der achtzig ursprünglich Teilnehmenden, Nachwörter, Anmerkungen, sowie eine Bibliografie und ein Glossar. Ich muss zugeben, dass ich darin immer nur bestimmte Dinge nachgeschlagen habe. Die ganzen sechshundertsechzig Seiten durchzulesen wäre mir zu anstrengend gewesen. Hätte ich es getan, würde ich wahrscheinlich jetzt noch in meinem Zimmer im SilverCloud sitzen.

Schriftlich richtete ich ein paar Fragen an Dr. Weber. Hauptsächlich wollte ich wissen, warum er sich gerade diesem Thema so intensiv gewidmet hat, den ganzen Weg gegangen ist und schließlich das Buch geschrieben hat. Per E-Mail antwortete er mir: »Über die politischen Ereignisse des Jahres 1930 ist viel geschrieben worden, und dabei wurde immer auch der Salzmarsch erwähnt. Aber […] sehr wenig wurde über den Marsch selbst geschrieben. Um sich davon zu überzeugen, muss man sich bloß einmal die Geschichtsbücher ansehen, die damals erschienen sind. In manchen sind einige der Reden abgedruckt, die Gandhi unterwegs gehalten hat. Sonst aber erfährt man praktisch nichts.«

Dr. Weber trägt zwei Hüte: den des akribischen Wissenschaftlers und den des Autors, der versucht, die akademische Präzision mit den gefühlsbetonten Beobachtungen eines Ich-Erzählers zu verbinden.

Meine eigene tägliche Selbsterkundung lautete indes: »Will ich das alles wirklich?« Monatelang hatte ich mich das schon in Berkeley gefragt, vor meiner Abreise nach Indien. Ich hatte mich in den Trainingsmodus begeben: Als ich erfuhr, dass Gandhi sechzehn Kilometer pro Tag ging, plusterte ich mein Walking-Pensum ein wenig auf. Damals wurde der Schrittzähler von Samsung zu meinem besten Freund. Ich schraubte mein tägliches Programm hoch, von drei bis fünf Kilometer auf mindestens zehn.

In den Tagen, bevor es in Ahmedabad ernst werden sollte, nutzte ich das Ufer des Sabarmati als Trainingsstrecke. Diese Gänge waren herrlich. Ende Dezember waren die Temperaturen entweder sehr hoch oder ziemlich niedrig, den wunderbaren Blick auf den Fluss aber habe ich nie sattbekommen. Meine Begleiter beim Gehen waren Vertreter verschiedener Vogelarten, die mit den Flügeln schlugen und sich aus großer Höhe in winzige Mauerlöcher stürzten. Am Sabarmati sind fast hundertzwanzig Spezies vertreten – sowohl einheimische als auch Zugvögel. Dass sich die Population dermaßen hat vergrößern können, wird allgemein der Säuberung des Flusses zugeschrieben, der einmal (neben Ganges und Yamuna) zu den schmutzigsten Indiens zählte. Sonntags hatten die Piepmätze viel Gesellschaft: süße Pärchen, die auf den zahlreichen Bänken und Rasenflächen am Ufer schüchtern flirteten und knuddelten.

Als der Tag gekommen war, an dem ich mich auf den Weg machen wollte, hatte ich so viel Körpergewicht verloren, dass ich meinen Gürtel so eng schnallen musste, wie es enger nicht ging. So schlank war ich seit drei Jahrzehnten nicht mehr gewesen.

Bevor es losging, nahm mich Debashish zur Gujarat Vidyapith mit, an die von Gandhi 1920 gegründete Universität. Mit dieser Initiative hatte der Mahatma beabsichtigt, die indische Bevölkerung weiter aus den Klauen der Indoktrination durch die Briten zu befreien: Die Studierenden sollten aus der Landbevölkerung kommen. Der auf Gandhis Philosophie beruhende

Unterricht wurde in Gujarati erteilt. Das alles diente dem Ziel, Selbstwert und Eigenidentität der Inder zu fördern. Obwohl Struktur und Curriculum inzwischen erheblich modernisiert wurden, hält die Uni an Gandhis Idealen in puncto *Human Studies*, soziale Dienste und Entwicklungsarbeit fest.

In der damaligen Zeit wurden die Grundlagen dieser Bildungsstätte in Benares, Bombay, Kalkutta, Nagpur, Madras und vielen anderen Städten übernommen; Tausende von Lehrkräften und Lernenden verließen die britischen Colleges, um zur Vidyapith überzuwechseln.

Als ich mit Debashish da war, wurde ich Zeuge einer speziellen Morgenzeremonie. Sie begann mit Gebet und Liedern, an die sich lange Reden anschlossen. Ich war versucht zu gehen, hielt aber doch durch. Die Musik war faszinierend. Später am Morgen wohnte ich einer typischen Lehrstunde bei. Mit dem Klassenlehrer im Klassenzimmer. Nur dass hier fast hundert Schüler auf dem Boden saßen und tragbare Charkhas bedienten, die in etwa so groß waren wie ein Taschenbuch, während Lehrer verschiedener Fächer verschiedene Mitteilungen machten. Diese allmorgendliche Prozedur war obligatorisch. Das Einzige, was sich hier mit amerikanischen Schulen vergleichen ließ, war – gar nichts. Außer der Gujarat Vidyapith gibt es keine weiteren Schulen, deren Lehrplan in allen Fächern auf Gandhis Prinzipien beruht.

Zu meiner Überraschung bat mich der Schuldirektor, ein paar Worte an die jungen Menschen zu richten, die er dann in deren Heimatidiom übersetzen würde. Nicht alle Anwesenden verstanden zwangsläufig Englisch, von meinem New Yorker Akzent ganz zu schweigen. Ich weiß nicht mehr, was genau ich gesagt habe, und glaube auch nicht, dass die Schüler zugehört haben, so, wie sie sich aufs Spinnen fokussierten. Der engagierte Eifer aber, mit dem sie bei der Sache waren, beeindruckte mich sehr.

Ein aufgeschlossener Journalismus-Dozent ergriff die Gelegenheit und lud mich im Anschluss in seinen Unterricht ein. Die Studenten waren so begierig darauf zu erfahren, wie wir in den USA recherchieren, wo wir unsere Ideen herbekommen und wie wir schreiben. In meiner Kritik am Stil indischer Zeitungsartikel ging ich dann vielleicht etwas zu weit, trotzdem sah ich nickende Köpfe, große Augen und Hände, die nach oben gingen. Die Studenten freuten sich, einmal über ihren Tellerrand hinausblicken zu können. »Jesus«, dachte ich, »wie cool das wäre, hier ein Semester unterrichten zu können.«

· · ·

Meine nächste Mission war der Besuch von Gandhis Geburtsstadt Porbandar. Debashish hatte mich mit einem Reiseführer zusammengebracht, der mich hinbringen würde. Girish Gupta aber war mehr als das. Er verfügte nicht nur über beste Zeugnisse vom Tourismusministerium, sondern war auch Gründungssekretär einer gemeinnützigen Organisation, die Ausbildungs- und Sensibilisierungsprogramme zu Themen wie kulturelles Erbe, historische Denkmäler und Salzmarsch auflegte. Girish war ebenso gebildet wie unterhaltsam und wäre mit seiner tiefen Stimme der perfekte Radiosprecher gewesen. Vor allem aber verstand er meinen trockenen New Yorker Humor. Alles in allem: ein guter Reisebegleiter.

Zu dritt brachen wir am nächsten Tag in aller Frühe auf – Girish, Pandey Vijay, den er als Fahrer engagiert hatte, und ich. Von Ahmedabad aus betrug die Strecke nach Porbandar dreihundertneunzig Kilometer. In Rajkot, etwa auf halber Strecke zu unserem Ziel, legten wir einen Zwischenstopp ein. Auf der Fahrt hatte Girish mir erzählt, Rajkot sei ein wichtiges Fabrikzentrum und berühmt für Erfindung und Produktion des

Chakkada, eines dieselbetriebenen Fahrzeuges mit drei Rädern. Das Zweite, dessen Rajkot sich rühmen kann, ist sein legendäres grünes Chutney. Nur konnte ich es leider nicht probieren, weil ich sicher war, dass mir mein Bauch kein Löffelchen davon ungestraft würde durchgehen lassen. Außerdem pflegt die Stadt etwas, was es in Indien nicht oft gibt: Um der schlimmsten Hitze zu entgehen, herrscht dort mittags eine Art Siesta. Die meisten Geschäfte haben von dreizehn bis sechzehn Uhr geschlossen und sind danach wieder bis in die späteren Abendstunden geöffnet.

Nun aber zu den beiden wichtigen Gründen für unseren Zwischenstopp: Als Gandhi sieben Jahre alt war, zog die Familie mit ihm nach Rajkot, weil sein Vater Berater des Fürsten und später *Diwan* (Finanzminister) dort wurde. In der Grundschule erwarb der Junge erste Fähigkeiten in den Fächern Rechnen, Geschichte und Geografie. Mit elf kam er auf die Highschool. Durch herausragende schulische Leistungen fiel er nicht auf. Wie aus alten Akten hervorgeht, war er gut in Englisch, so lala in Mathematik und schwach in Geografie. In Betragen bekam er die Note »gut«. Seine Handschrift wurde als schlecht beurteilt.

2017 wurde die Highschool geschlossen, um einem Mahatma-Gandhi-Museum Platz zu machen – das ich nun besichtigte. In den Ausstellungsräumen, zu denen die früheren neununddreißig Klassenzimmer umgestaltet wurden, sind jetzt Fotos, Memorabilien und Zitate von Gandhi zu sehen. Es gibt eine multimediale 3-D-Projektion, mit Sound- und Lichteffekten. Viele der Bilder kannte ich inzwischen schon – und würde sie auch in Probandar sehen. Und dann würde ich sie in Südafrika und London wiedersehen.

Im ersten Jahr seines Bestehens besichtigten über hunderttausend Menschen das Museum. Als ich es jetzt besuchte, waren außer schwer zu bändigenden Schülergruppen nur wenige Menschen da.

Der zweite wichtige Grund, unsere Reise in Rajkot zu unterbrechen, war ein Interview, das ich dank Girishs Vermittlung mit einem Verleger führen konnte, der schon viele Bücher über Gandhi herausgebracht hatte. Ich traf mich mit Gopal Mohan Makadia, dem Leiter des Pravin Prakashan Verlags. Da er nur wenig Englisch sprach, kam Girish mit, um zu dolmetschen. Kaum hatten wir Platz genommen, begann Makadia seine Autoren zu rühmen, von denen einige durchaus kontrovers diskutiert wurden. Als seinen erfolgreichsten Titel nannte er eine Biografie über Gandhis ältesten Sohn Harilal, einen alkoholabhängigen Spieler, der auch dann noch mit aus England importierter Kleidung handelte, als sein Vater schon zum Boykott ausländischer Waren aufrief. Harilal konvertierte zum Islam und nahm den Namen Abdullah an. Nur Monate nach der Ermordung seines Vaters 1948 starb auch er.

In professionellem Ton sprach Makadia noch eine Weile weiter und warb für die Bücher, die sein Unternehmen verlegte. Dann stellte ich ihm eine der Fragen, die ich immer stelle und deren Beantwortung mir Auskunft gibt über den Einfluss, den Gandhi auf die von mir interviewte Person hatte oder hat: »Inwiefern sind Sie persönlich von Gandhi und seiner Philosophie beeinflusst worden? Halten Sie sich an einige der sechs Prinzipien, die ich künftig gern beherzigen würde?« Ich zählte sie für ihn auf.

Meine Fragen brachten Makadia aus dem Konzept. Schlagartig veränderte sich seine Miene und nahm einen düsteren, verschlossenen Ausdruck an: eine Reaktion, mit der ich so gar nicht gerechnet hätte. Makadia fand kein gutes Wort für Gandhi, hielt ihn für einen schlechten Menschen, einen Heuchler zudem, weshalb er sich auch nicht an die von ihm propagierten Prinzipien halten könne.

»Gandhi mag zwar ein Mahatma gewesen sein«, sagte er, »zugleich aber war er auch ein Mensch. Ein Mensch wie jeder andere. Er täuschte sich, machte Fehler, legte moralische Schwächen an den Tag. Unter diesen Umständen kann und darf man die sechs Prinzipien nicht von seinem Handeln trennen. Gandhis Image ist ein für alle Mal beschädigt.«

»Seine Prinzipien und überhaupt sein Denken«, fuhr er fort, »haben dazu geführt, dass Indien leidet. Praktizierter Gandhismus ist in der heutigen Zeit ein Ding der Unmöglichkeit. Heute können kaum mehr Gesetze durchgesetzt werden. Schauen Sie: Er wurde ermordet, als wir noch nicht einmal den ersten Jahrestag unserer Unabhängigkeit gefeiert hatten. Käme heute ein neuer Gandhi daher – er würde binnen vierundzwanzig Stunden erschossen.«

Unser Gespräch endete auf einer eher unerfreulichen Ebene.

War der eigentliche Heuchler nicht dieser Verleger? Er verdiente sein Geld mit der Veröffentlichung und dem Verkauf von Büchern über Gandhi, einen Menschen, von dem er im Grunde nicht das Geringste hielt. Irgendetwas störte mich an diesem Geschäftsmodell.

• • •

Nach dem dennoch unvermeidlichen Tee mit Makadia fuhren wir die circa hundertachtzig Kilometer nach Porbandar weiter, um uns Gandhis Geburtshaus anzuschauen, jetzt ebenfalls ein Museum.

Während der britischen Herrschaft in Indien war der Staat Porbandar ein Prinzenstaat – einer der wenigen an der Küste. Die Stadt selben Namens kannte man vor Gandhi insbesondere als Geburtsort Sudamas, eines Freundes des Gottes Krishna. 2008 sorgte sie leider auf der ganzen Welt für Schlagzeilen, weil hier pakistanische Terroristen ein Fischerboot stahlen, mit dem sie in Mumbai an Land gingen, um dort einen Anschlag auszuführen, der als 26/11 bekannt wurde und hundertsechsundsechzig Menschenleben kostete.

Gandhis Elternhaus ist jetzt Teil des über einen geräumigen Innenhof verfügenden Museumskomplexes Kirti Mandir. In den Räumen sind, wie zu erwarten, Bilder sowie Informationen über Gandhis Leben und Wirken ausgestellt. Der Teil der Anlage, der Nationalmuseum ist, wurde 1950 erbaut und eingeweiht, nur zwei Jahre nach Gandhis Tod. Seither wird das Museum von zahlreichen Würdenträgern aus aller Welt besucht; im Schnitt kommen täglich tausendfünfhundert Leute. Es stellt damit die wichtigste – allerdings auch einzige – Touristenattraktion Porbandars dar.

In Gandhis Geburtshaus markiert ein Hakenkreuz die genaue Stelle, an der der Mahatma auf die Welt kam. (Lange bevor Hitler sich des Symbols bemächtigte, stand es im Hinduismus, Buddhismus und Jainismus für Göttlichkeit und Spiritualität. Das Sanskrit-Wort für Hakenkreuz – *Svastika* – bedeutet »Glücksbringer«.) Das dreistöckige Haus hat schmale Gänge. Steile Stufen führen in die nächsthöhere Etage. Am Tag meines Besuches herrschte Hochbetrieb. Ältere Leute kamen nur mit Mühe die Treppen hoch; einige schafften es letztlich mithilfe leisen Druckes von hinten.

Ich hatte gelesen, das Haus würde vernachlässigt, wäre nicht barrierefrei, die Wände wären verschimmelt und es läge Unrat herum. Ich bedauere mitteilen zu müssen, dass einiges davon der Wahrheit entspricht. Wie dem auch sei: Die Stätte zu sehen, an der ein Mensch, der die Welt verändert hat, ins Leben gestartet ist, lohnt sich immer. Gandhi kam keineswegs aus bescheidenen Verhältnissen. Bei den hohen Positionen, die sein Vater innehatte, könnte man sogar sagen, Erfolg und Wohlstand seien ihm in die Wiege gelegt worden. Umso bemerkenswerter finde ich es, dass er den Fallstricken des Reichtums auswich und stattdessen den Weg der Bescheidenheit wählte – den, der ihn sozusagen vom Millionär zum Tellerwäscher führte.

...

Porbandar war schon während des Mogulreichs im sechzehnten Jahrhundert eine wohlhabende Hafenstadt. *Bandar* bedeutet Hafen. Das wirtschaftliche Rückgrat der Stadt ist die Fischerei. Weshalb man denken könnte, dass der Schutz der Wasserqualität oberste Priorität hätte. Umso entsetzter war ich, als mir Narottam Palan von der Organisation Gandhi Prakriti Pariwar, einer lokalen Umweltschutzgruppe, von der Verschmutzung des Meeres erzählte. Palan ist emeritierter Professor für Gujarati-Literatur und Autor von etwa fünfzig Büchern. Als ich ihn in seiner kleinen Wohnung besuchte, erzählte er mir, dass eine Zementfabrik schamlos ihre Abwässer in der Bucht entsorgte. Die Abflussleitung verlief deutlich sichtbar über den Strand und führte schließlich ins Meer. Nachdem die Firma dafür ordentlich unter Druck geraten war, hat sie die Röhre einfach mit Sand bedeckt.

»Kann nicht sein«, sagte ich.

»Kann doch sein«, entgegnete er entschieden. »Schauen Sie selbst«, fügte er hinzu und zeigte aufs Wasser, auf eine Stelle einige hundert Meter weit entfernt. »Können Sie den dunklen Fleck da sehen?«

Zuerst sah ich gar nichts. Die Sonne blendete mich. Um die Augen vor der Helligkeit zu schützen, setzte ich mein Basecap auf. Dann sah ich es: einen riesigen schwarzen Dreckfleck, der auf den Wellen dahintrieb wie die Bedrohung alles Lebenden in einem Horrorfilm über den Weltuntergang. Ich stellte mir vor, was der Glibber mit Fischen und Vögeln anstellte. Doch der

Hit, der Höhepunkt des Irrwitzes: Die Fabrik gehört der Familie Birla, Nachkommen jenes G. D. Birla, auf dessen Anwesen Gandhi seine letzten Lebenstage verbracht hatte. Wäre ich ein investigativer Journalist, hätte ich versucht, einen Sprecher der Firma oder einen der Birlas persönlich aufzutreiben und ein Riesentheater in den Medien zu veranstalten, um so den Behörden auf die Sprünge zu helfen. Mein Karma war das aber nicht. Also ist das Einzige, was ich tun kann, hier darüber zu schreiben und zu hoffen, dass die Leute aufwachen – und ihre Herzen sprechen lassen.

...

Einen Hoffnungsschimmer für Indiens verschmutzte Landstriche sehe ich in den leidenschaftlichen Individuen, die NGOs gründen, weil die GOs zu unbeweglich sind. Zu ihnen gehört meine Rechercheurin Prarthi Shah. So haben wir uns auch kennengelernt: Sie gehörte dem Team der Gujarat-Vidyapith-Uni an, das ich begleitet hatte, als es nahe der Stadt die Route des Salzmarsches nachvollzog. Sowohl von väterlicher als auch von mütterlicher Seite waren ihre Großeltern Anhänger des Mahatma im Kampf um Indiens Unabhängigkeit gewesen. Sie machte zunächst einen schüchternen, zurückhaltenden Eindruck, doch wie es der Zufall wollte, gingen wir, nachdem sich die Gruppe auf den Weg gemacht hatte, bald nebeneinander. Beiläufig erzählte ich ihr, wie traurig es mich machte, dass wir bei jedem Schritt auf Müll stießen, der einfach wild rumlag, am Straßenrand, bergeweise vor Läden und sogar auf der Fahrbahn. Sie antwortete mit einer lebhaften Tirade aus Zorn, Enttäuschung und Frust. Wie sich herausstellte, war Prarthi eine leidenschaftliche Umweltschützerin und alles andere als schüchtern. Sie hatte die Baroda Strickers gegründet, eine Jugendgruppe, deren Ziel es war, die junge Generation für ökologische

Fragen zu sensibilisieren, zu informieren und zum Handeln zu motivieren. Der Name der Gruppe wird auf deren Website erläutert: Beim Cricket ist es Aufgabe des Striker, den Ball zu schlagen. »Und genauso energisch wollen wir den Leuten das Thema Umweltschutz nahebringen.« Das hinzugefügte »c« steht für *Change*. Baroda ist der andere Name von Vadodara, Prarthis Heimatstadt. Die Gruppe organisiert Müllsammelaktionen, Baumpflanzprojekte und Ähnliches. Für mich war Prarthis beeindruckende Arbeit ein entscheidender Grund, sie als Rechercheurin zu engagieren. Das Engagement ihrer Gruppe und anderer kleiner Initiativen nicht nur in Indien, sondern überall auf unserem Planeten stellt einen schlagenden Beweis für den meistzitierten Gedanken der amerikanischen Kulturanthropologin Margaret Mead dar, der da lautet: »Zweifle nie daran, dass eine kleine Gruppe engagierter Menschen die Welt verändern kann – tatsächlich ist dies die einzige Art und Weise, in der die Welt jemals verändert wurde.«

. . .

Nachdem ich mich monate- und jahrelang mit dem Salzmarsch beschäftigt hatte, war es endlich an der Zeit, mich auf den Weg zu machen. Einerseits konnte ich es kaum erwarten, andererseits hatte ich etwas Angst vor meiner eigenen Courage. Letztlich wurden meine Erwartungen sowohl enttäuscht als auch übererfüllt.

Debashish hatte mir erklärt, dass es aufgrund der veränderten Infrastruktur – Häuser, die inzwischen auf der ursprünglichen Wegstrecke stehen, Autobahnen, die die früheren Schotterstraßen ersetzen, und überhaupt der ganze irre, lebensgefährliche Verkehr – praktisch kaum mehr möglich sein würde, Gandhis genauer Route zu folgen. Ich würde seinen Marsch nicht einmal annähernd nachvollziehen können. Außerdem überzeugte er mich, dass es heutzutage nicht sicher wäre, die Strecke allein zu gehen. Und wer würde sich mir überhaupt anschließen wollen? Freunde von mir hatten geklungen, als ob sie das täten; aus logistischen Gründen war daraus aber nichts geworden. Sogar Gandhi war nicht alleine gegangen.

Was die Zeit betraf, die ich für den Weg brauchen würde, hatte ich mich verschätzt – und konnte deshalb meine sonstigen Pläne, auch was die Flüge betraf, nicht einhalten. Also musste ich einen Kompromiss finden: An Tag eins würde ich mit Debashish und zwei Angehörigen seines Teams im Auto vom Sabarmati-Aschram an Gandhis erstem Zwischenstopp vorbei zu seiner zweiten Übernachtungsstelle fahren. Dort wollten wir uns mit einer Gruppe von Studenten der Gujarat Vidyapith treffen, die sich mit dem Salzmarsch beschäftigten. Das kam mir interessant vor. Von da aus würde ich zwar weiter im Auto mitfahren, zwischendurch aber wollte ich längere Strecken allein zu Fuß zurücklegen und mich anschließend wieder mit Debashish und seinem Team treffen. In den Dörfern, in denen meine Begleiter ihren Forschungen nachgingen, stiegen wir aus, gingen zu Fuß weiter und ließen uns später wieder einsammeln. Auf diese Weise konnte ich den ganzen Salzmarsch nacherleben und sehen, was es zu sehen gab. Nachdem ich zuvor nicht nur bei anderen, sondern auch bei mir selbst so große Erwartungen geweckt hatte – dass ich nämlich den *ganzen Salzmarsch* machen würde –, suchten mich Anflüge schlechten Gewissens heim. Von diesen typisch jüdischen Schuldgefühlen konnte ich mich allerdings schnell wieder befreien.

Kaum waren wir eine Viertelstunde auf der Straße, begriff ich, wovon Debashish gesprochen hatte: Zwischen den vielen Fußgängern, Motorrikschas, Autos, Bussen, LKW, Holzkarren, Fahrrädern, Kühen – eben dem normalen Wahnsinn des Straßenverkehrs in indischen Städten – wäre ich bei jedem Schritt in Lebensgefahr gewesen. Ich hätte trotzdem beim besten Willen nicht die Erfahrungen nachvollziehen können, die Gandhi auf seinem Marsch gemacht hatte. Unterwegs brachte mich Debashish zum Staunen: Was er alles leistete! Teils war er Detektiv, Soziologe, Enthüllungspublizist und Community-Builder, teils Anthropologe, Archäologe und Architekt, teils Historiker, Psychologe und Stadtplaner. Der Mann erinnerte mich daran, wie viele Hüte auch wir Presseleute aufhaben.

Aber eines war Debashish nicht: Fußgänger. Einmal begleitete er mich ein Stück des Weges, dabei wurde mir schnell klar, dass wir, was das anging, nicht zusammenpassten: Er spazierte am liebsten, während ich Gandhis Tempo vorlegte, also stramm ausschritt. In Dörfern war das Schlendern in Ordnung, weil es da vieles gab, was zum Innehalten und genaueren Hinschauen einlud. Bei meiner üblichen Geschwindigkeit wäre mir da manches entgangen – Dächer, Torbögen, Türknäufe, Fensterrahmen. Mehrere Male machte Debashish auf einem kleinen Platz halt und fing an, Gandhi zu zeichnen, wie er auf einem Balkon stand und das Wort an eine große oder kleine Versammlung richtete. Ich konnte nach drei Tagen die Dörfer, die wir gesehen hatten, kaum mehr auseinanderhalten.

Einige Momente allerdings gab es schon, von denen ich weiß, dass ich sie lange nicht vergessen werde: Irgendwo auf dem Land war ich ausgestiegen, um eine weitere Strecke zu Fuß zu gehen. In Indien ist es so gut wie unmöglich, sich irgendwohin zu stellen und vollkommene Stille zu erleben. Doch genau das war jetzt der Fall. Der Klang des Nichts verblüffte mich derart, dass ich die Aufnahmefunktion meines Handys aktivierte. Das Gerät in die Luft haltend, flüsterte ich: »Hört ihr das? – Ich auch nicht. Das ist der Sound der Stille – ausgerechnet in Indien! Ich nehme an, dass Gandhi 1930 hier auch so einen Moment hatte. Bestimmt!«

Das Lustige daran war, dass solche Augenblicke, von denen es einige gab, oft doch wieder vom Lärm eines vorbeirasenden Motorrads unterbrochen wurden oder vom Zirpen einer Hochspannungsleitung. Also unterbrach ich mich selber bei der Aufnahme und wartete, bis wieder ein Moment der Stille eintrat.

An einem anderen wichtigen Punkt meines einsamen Weges wurde mir klar, dass ich im Grunde meines Herzens ein Einzelgänger bin. Ich fühle mich mit mir allein pudelwohl. Inder dagegen sind selten für sich. Familie und Freunde scheinen immer drum herum zu sein. Sie scheinen Tumult und Chaos zu genießen. Oder sind diese vielleicht gewöhnt.

»Familienverband«, das bedeutet, dass Eltern mit ihren Kindern leben, wiederum mit deren Kindern, den Frauen und Kindern der Kinder, oft zwölf bis fünfzehn Personen unter einem Dach. Zu einem indischen Freund sagte ich einmal: Würden die Amerikaner auch so leben, bräuchten sie ein extra Zimmer für die Familientherapeutin.

Gandhi hatte auf dem Salzmarsch immer eine Gefolgschaft von etwa achtzig Personen bei sich. Verließ er ein Dorf, folgten ihm dessen Bewohner die halbe Strecke bis zur nächsten Gemeinde, wo sich deren Bewohner dem Tross anschlossen und die Leute aus dem ersten Dorf ausscherten und zu sich nach Hause zurückgingen.

Es war ein weiterer unvergesslicher Moment, als ich merkte, dass ich zwar versuchen konnte, wie Gandhi zu werden, aber nie Gandhi »sein« würde – und das auch gar nicht wollte.

Die Übernachtungen wurden von einer Eventagentur organisiert. Freundlich ausgedrückt waren unsere Unterkünfte rustikal, etwas komfortabler als Holzhütten, aber ohne allzu tolle Betten. Das Essen wurde in Privathaushalten gekocht und im Essraum gemeinsam verzehrt. Sorgen machten mir die sanitären Einrichtungen. Das ging vielleicht nur mir so. Aber ehrlich gesagt, kann ich mir keinen Westler vorstellen, der sich in einer solchen Umgebung wohlfühlen würde.

Die letzten zwanzig Kilometer des Marsches sind mir am lebhaftesten in Erinnerung geblieben. Ich hatte mich von Debashish verabschiedet, um mich der »Ziellinie« am Dandi Beach in meinem eigenen Tempo zu nähern. Aber Vijay, mein treuer Beschützer, bestand darauf, mit dem Wagen hinter mir her zu fahren. Einige Kilometer vor dem Strand steht ein Denkmal für Gandhi und seine Gefolgsleute. Ich lief schnell daran vorbei, so eilig hatte ich es, ans Meer zu kommen. Was war das für eine Erleichterung nach der langen Zeit; eine richtige Befreiung. Steif und müde, wie ich war, und trotz meiner Füße, die wie die Hölle brannten, gehörte dieser Augenblick doch zu den erfüllendsten Momenten, die ich je erlebt hatte.

Die fünfstündige Rückfahrt nach Ahmedabad schien kein Ende nehmen zu wollen, aber die Anziehungskraft, die von einem Bett mit einer echten Matratze und einer schönen langen Dusche ausging, trieb mich voran. Om sweet om, wo immer dieses Zuhause, dieses Home, auch gerade sein mag.

...

Bevor ich von Ahmedabad aus nach Mumbai zurückkehrte, machte ich einen Abstecher nach Udaipur, um die Familie Maharana Mewar zu besuchen, mit der ich fünfzehn Jahre zuvor zusammengearbeitet hatte. In deren luxuriösen Shiv Niwas Palace durfte ich es mir drei Tage lang gutgehen lassen, dann machte ich einen Abstecher zu einem der anderen Hotels der Mewars, dem Aodhi, einem urigen Boutiquehotel. Es liegt nicht einmal hundert Meter von der Festungsanlage Kumbhalgarh entfernt, deren Mauer mit sechsunddreißig Kilometern die zweitlängste der Welt ist (natürlich viel kürzer als die Chinesische Mauer).

Wie ich den Weg genoss! Zur Festung hoch und dann an der Mauer entlang. Die ganze Zeit über dachte ich keinen Moment lang an Gandhi; bis ich schließlich die Festungsanlage wieder verlassen wollte – und die Menschentraube sah, die sich um zwei, drei Polizisten gebildet hatte. Wie sich herausstellte, hatte sich ein Mord ereignet, direkt auf dem Gelände. Konnte ich nirgends hingehen, ohne dass die Gewalt ihre dunklen Schatten dorthin wirft?

Bei meiner Rückkehr nach Mumbai hatte ich noch zwei Missionen, bevor es für mich westlich, südlich, nördlich und dann noch mal weiter gen Westen gehen sollte. Die erste betraf die Beendigung des Buches, das ich als Ghostwriter für den gefeierten innovativen Koch Rahul Akerkar schrieb, und bestand aus abschließenden Interviews und einem tollen Essen. Dieses sollte eine schwere Herausforderung für meinen Vegetarismus darstellen, und ich sage gleich: Ich bin kläglich gescheitert. In seinem Restaurant standen allerlei Fleisch- und Geflügelgerichte auf der Karte. Nicht zuletzt, weil seine Frau Malini Vegetarierin ist, gab es zwar auch viele gemüsebasierte Gerichte, aber hey: Damit ich meine Aufgabe gewissenhaft erfüllen konnte, hatte ich gar keine andere Wahl, als mich durch das gesamte Degustationsmenü zu futtern.

Vor allem ein Gericht gab es da, dem ich beim besten Willen nicht widerstehen konnte: Buffalo Brisket, geschmorte Büffelbrust. Damit hatte mich der Gourmettempel! Meine Mutter – ich sollte hinzufügen: meine *jüdische* Mutter – war bei uns in der Familie nämlich berühmt für ihr Brisket. Allerdings nahm sie dafür kein Büffel-, sondern das gute alte Rindfleisch, und davon vorzugsweise das Flanksteak, den sogenannten Premium-Cut. In Europa darf dieses Gericht auf keiner jüdischen Festtafel fehlen, nicht zuletzt, weil es relativ preisgünstig ist. Rahuls jüdische Mutter hat deutsche Wurzeln, und sein Buffalo Brisket konnte es durchaus mit der Rinderbrust meiner Mom aufnehmen. Ich genoss es ohne den geringsten Anflug von Reue oder Schuldgefühl und ausschließlich zu Ehren der großen, bereits verstorbenen Köchin Lil Garfinkel.

Meine zweite Mission in Mumbai war der Besuch des heutigen Museums Mani Bhavan, Gandhis Wirkungsstätte und Lebensmittelpunkt zwischen 1917 und 1934, den entscheidenden Jahren für seine politische Entwicklung. Hier begründete er die Satyagraha-Bewegung, begann das Charkha regelmäßig zu bedienen und beschloss aus Protest gegen die grausame Haltung der Tiere, künftig keine Kuhmilch mehr zu sich zu nehmen.

In der Bibliothek steht eine Statue, die den Mahatma und einige seiner Anhänger zeigt. Ein mit zahlreichen Gandhi-Bildern versehenes Treppenhaus führt in die Fotogalerie im ersten Stock, in der Gandhis Leben von der Kindheit bis zu seiner Ermordung dokumentiert ist, ergänzt um einschlägige Zeitungsausschnitte.

In der zweiten Etage befindet sich der Raum, den Gandhi während seines Aufenthalts im Mani Bhavan bewohnte. Hinter einer schützenden Glaswand sind zwei seiner Spinnräder, ein Buch sowie auf dem Boden sein Bett zu sehen. Im Gang vor diesem Zimmer sind wiederum Fotos und Gemälde ausgestellt, die Gandhis Leben illustrieren.

Abgesehen von der Besichtigung des Hauses wollte ich mich hier mit Gandhis Urenkel treffen, dem ersten seiner Nachkommen, denen zu begegnen ich das Vergnügen haben sollte.

Notiz an mich: Solltest du noch einmal ein Buch über eine berühmte Persönlichkeit schreiben, interviewe nie – unter gar keinen Umständen! – einen ihrer Abkömmlinge in einer Bibliothek, die vierzigtausend Bücher über oder von besagter Person beherbergt.

Aber das Mani Bhavan, Museum und bedeutende Pilger-stätte für Gandhi-Fans, war genau der Ort, an dem ich Tushar Gandhi traf. Bei unserem ersten Gespräch war er siebenund-fünfzig Jahre alt. All die Bücher, Broschüren, Abhandlungen und anderen Schriften von oder über Mahatma Gandhi schüch-terten mich so ein, dass ich das Interview am liebsten abgebro-chen hätte, bevor ich auch nur die erste Frage stellen konnte. Diese vielen Werke – die Abermillionen von Wörtern, die sie enthielten – ließen mich mehr als einmal zweifeln, ob ich in der Lage sein würde, ihnen auch nur eine einzige Silbe hinzu-zufügen, eine Silbe, die etwas Neues über Gandhi zu erzählen vermochte. Wer war ich denn, dass ich dachte, irgendetwas, und sei es auch nur eine Kleinigkeit, zum Vermächtnis des großen Befreiers beitragen zu können? Ich durfte im besten Fall auf ein Plätzchen in Gandhis Umlaufbahn hoffen – als namenloser, schnell vergessener Meteor. Dann fiel mir ein dem Mahatma zugesprochener Satz ein (verlässliche Quellen gibt es für wenige seiner Zitate). Er ermutigte mich zwar nicht direkt, hielt aber doch meine Selbstzweifel in Schach: »Was immer du tust: Es wird unbedeutend sein. Wichtig ist nur, *dass* du es tust.«

Im Lesebereich der Bibliothek baute ich meinen Recorder auf, während Tushar mir gegenüber am Tisch Platz nahm. Ihn hatte ich mir, unter allen noch lebenden Abkömmlingen des Mahatma, bewusst als ersten Gesprächspartner ausgesucht, nicht zuletzt, weil er eine Art gandhisches Paradoxon darstellt.

Hitzköpfig, undankbar, kontrovers, zu nichts nütze, oppor-tunistisch. Das sind nur einige der Attribute, die dem Autor, Speaker und selbst ernannten »streitlustigen Gandhianer« Tus-har zugeschrieben werden. Einigen Leuten tritt er ordentlich auf den Schlips. Als ich der *New York Times* vorschlug, ein Por-trät über ihn zu verfassen, schrieb der Leiter des Büros in In-dien zurück: »Habe mich im Kreis von Personen umgehört, die sich hier gut auskennen. Demnach ist er ein Spinner und sonst gar nichts.«

Wie Tushar es bei unserem Treffen ausdrückte: »Wenn sich jemand mit mir anlegt, bringt mich das erst in Fahrt. Das ist schon mein ganzes Leben lang so.«

Ein Leben mit einer Menge Höhen und Tiefen.

In vielerlei Hinsicht ist er dem Mahatma unglaublich unähnlich. In anderen Fragen tritt er durchaus in die Fußstapfen seines Bapu (seines Vaters − so wie in »Vater der Nation«): Er nimmt nie ein Blatt vor den Mund, ist ein rebellischer, hartnäckiger Kämpfer für soziale Gerechtigkeit und die Interessen der Unterprivilegierten. Denken Sie sich fünfundsechzig Kilo weg (Tushar wog hundertzwanzig Kilo, der Mahatma fünfundfünfzig), den ungepflegten Bart, die laute Lache, Fleischkonsum und die Vorliebe für Alkohol − schon haben Sie seinen Urgroßvater. Allem Anschein nach löst jede seiner öffentlichen Äußerungen eine Diskussion über seine Absichten aus. Will er seine politischen Ambitionen vorantreiben? Geht es ihm nur um sein Ego? Oder hat er angesichts des Fehlens eigener Leistungen so wenig Selbstbewusstsein, dass er es für nötig hält, sich in den Medien künstlich aufzuplustern?

»Wann immer ich mit etwas an die Öffentlichkeit trete, rätseln die Leute, was ich im Schilde führe«, sagte er.

»Meine Agenda besteht darin, Gandhijis Botschaften lebendig zu halten, denn wir weichen doch immer mehr von seinen Idealen ab. Wir radikalisieren uns, werden zunehmend zu gedankenlosen Materialisten, spalten die Gesellschaft. Zu seiner Zeit war das auch schon so. Er hat dagegen angekämpft. Aber in den Bereichen, auf die er sich konzentrierte, geht es heute noch weit wilder zu. Denken Sie an die Ära Donald Trump und Satyagraha − das Festhalten an der Wahrheit. Damit tat sich dieser Mensch wirklich schwer! Und das Ethos, für das er steht, greift meines Erachtens sowohl im Osten als auch im Westen immer mehr um sich. Denken wir dann an Indien und den Rest der Welt. An den globalen Aufschwung des Terrorismus und an Gandhis Prinzip der Gewaltlosigkeit – Ahimsa. Und mit seinen übrigen Grundsätzen verhält es sich nicht anders.«

Viele Kritiker stoßen sich an Tushars Taktik, die öffentliche Aufmerksamkeit auf Themen zu lenken, die der Mahatma seinem Empfinden nach genauso gesehen hätte wie er – und auch auf einige, bei denen das wahrscheinlich nicht der Fall gewesen wäre. Seine konfrontative Art bringt ihn bis heute oft in Schwierigkeiten. Hier nur einige Beispiele:

- Nachdem sein Urgroßvater 1995 in einer trashigen TV-Talkshow von Fox India beleidigt worden war, veranlasste Tushars öffentliche Empörung das Parlament, die Redaktion der Sendung zu verklagen und einen Haftbefehl gegen Rupert Murdoch und vier weitere Fox-Beschäftigte zu beantragen. Der Vorwurf: Diffamierung des Mahatma.

- 2001 stand er kurz davor, CMG Worldwide (einer Firma, die geistiges Eigentum verwaltet und vermarktet) die Rechte an Mahatma Gandhis Bild zu verkaufen. Erst als dieses Unterfangen beim Rest der Familie auf strikte Ablehnung stieß, rückte er davon ab.

- Sein 2007 erschienenes Buch *Let's Kill Gandhi – A Chronical of His Last Days* – das diesen reißerischen Titel, wie mir der Autor versicherte, aus reinen Marketinggründen trug – wurde überwiegend verrissen; Tushar beeilte sich jedoch, mir zu versichern, dass es in der fünften Auflage vorlag.

- 2015 versuchte die Polizei im Punjab, Tushar wegen »herabwürdigender« Äußerungen über den verstorbenen Märtyrer Bhagat Singh zu verhaften, der sich während des indischen Unabhängigkeitskampfes für die Anwendung von Gewalt ausgesprochen hatte.

- Wenige Monate nach unserer Begegnung stürzte sich Tushar in die nächste Kontroverse. Als das staatliche Verbot des Verkaufs geschlachteter Rinder zu Lynchaktionen seitens sogenannter *Cow Protection Vigilantes* führte (extremistischer Hindus, die sich hauptsächlich gegen die Rindfleisch essende muslimische Minderheit in Indien wendeten), forderte der Privatmann Tushar den Obersten Gerichtshof auf zu intervenieren. Er wohnte drei Verhandlungen bei, aber die Lynchaktionen gehen weiter. Tushar opponiert immer noch dagegen.

So weit die überlieferten Fakten. Ich aber wollte einen Blick hinter die Schlagzeilen werfen, um herauszufinden, was diesen Mann umtreibt, der den Namen des Mahatma trägt – und damit eine anspruchsvolle Bürde, vor allem in moralischer Hinsicht.

Der am 17. Januar 1960 geborene Tushar Arun Gandhi ist der Sohn des Journalisten Arun Milal Gandhi, eines soziopolitischen Aktivisten mit indisch-amerikanischen Wurzeln, der heute im Staat New York lebt, wo er das M. K. Gandhi Institute for Nonviolence gründete, das er nach wie vor leitet. Er ist der Enkel von Manilas Mohandas Gandhi, dem zweiten Sohn Mahatma und Kasturba Gandhis, der den größten Teil seines Lebens in Südafrika verbrachte und Redakteur der Wochenzeitschrift *Indian Opinion* war.

Das dünne, kragenlose Kurzarmhemd, das er am Tag unseres Treffens trug, war dem korpulenten Tushar mindestens eine

Nummer zu klein. Früher sah man ihn oft mit einem dichten grauen Bart und sehr langen Haaren, die ihm bis auf die Schulter fielen oder im Nacken zu einem Pferdeschwanz gebunden waren. Inzwischen trägt er die Haare kurz und sein Bart ist ordentlich gestutzt. Seine Bewegungen sind langsam, und noch langsamer spricht er, ganz bewusst. Er wägt seine Worte so sorgfältig ab, als könnte ihm jede noch so geringe Abweichung vom Credo seines Urgroßvaters angekreidet werden, was er schon öfter erlebt hat. Manchmal aber gibt er auch Dinge von sich, die keinen Zweifel daran lassen, dass ihm die Meinungen anderer gleichgültiger nicht sein könnten.

Um eine Verbindung zwischen Bapu und Tushar herzustellen, bat ich ihn, mich zu der Stelle im Museum zu führen, die ihn am meisten anspricht, an der er sich seinem Urgroßvater am nächsten fühlt und mehr von ihm inspiriert wird als an anderen Orten. Ohne zu zögern, erhob er sich und ich folgte ihm. Auf dem Weg in den zweiten Stock kamen wir an einem großen Raum vorbei, als ich plötzlich wie gebannt stehen blieb. Schulkinder, die in Reih und Glied vor einer anderen Gruppe von Schülern standen; hinter ihnen saßen an langen Tischen die Lehrkräfte. Mit ihren hohen Stimmchen rezitierten sie auswendig gelernte Passagen aus dem Schriftwerk Gandhis. Mit goldigen Handbewegungen und einstudiertem Sprechrhythmus gab sich jedes Kind größte Mühe, seinen Text so schön und verständig wie nur möglich vorzutragen. Wie mir Tushar erklärte, handelte es sich um einen alljährlichen Wettstreit verschiedener Schulen. Gesponsert wird er von zwei Organisationen, die sich der Verbreitung von Gandhis Lehren verschrieben haben. Ob die Kinder aber auch verstanden, was sie da nachplapperten? Oder von einem pädagogischen Standpunkt aus gefragt: Würde das, was sie hier lernten, auch im Erwachsenenalter noch Bestand für sie haben? Würden diese jungen Menschen die Veränderung *sein*? Würden sie sich an Gandhis Idealen orientieren; etwas zur Realisierung seiner gesellschaftlichen Visionen beitragen? Momentan sah es nicht danach aus – *noch* nicht.

Während ich noch darüber nachdachte, erreichten wir den obersten Stock und blieben vor einem Raum stehen, dessen eine Wand durch eine dicke Glasscheibe ersetzt worden war. Hier hatte Mahatma Gandhi siebzehn Jahre lang gelebt, die Bedienung des Charkha-Spinnrades erlernt und Schritt für Schritt die Grundlagen der späteren Unabhängigkeitsbewegung Indiens entwickelt. Dieses Zimmerchen, an dem seit Auszug des Mahatma nichts verändert wurde, war genauso spartanisch wie die anderen von ihm, die ich schon gesehen hatte: auf dem Boden eine dünne Baumwollmatratze als Bett, daneben ein flaches Schreibpult, sein geliebtes Charkha vor der Wand, ein kleiner Balkon, von dem aus er auf die von Bäumen gesäumte Wohnstraße herabschauen konnte.

Solche ehemaligen Wohn- oder Arbeitsräume hatte ich in Museen schon einige gesehen. Während meiner Schulzeit in West Orange, New Jersey, haben wir zum Beispiel das Originallabor des genialen Thomas Edison besichtigt, der Ende des neunzehnten Jahrhunderts so wichtige Dinge erfand wie die Glühlampe, den Phonographen oder die Filmkamera. Damals presste ich die Stirn an das Glasfenster, das Einblick in den Raum gab – der exakt noch so war wie zu der Zeit, als Edison darin mit seinen Drähten und Apparaturen hantiert hatte. Was für eine Inspiration: allein der Gedanke an diesen Mann, einen echten Menschen aus Fleisch und Blut, der siebzig Jahre zuvor hier gelebt hatte, in meiner Heimatstadt! Er hätte mich beinahe davon überzeugt, dass ich alles würde erreichen können, was ich mir in den Kopf setzte.

Für Tushar hatte das Zimmer im Mani Bhavan eine andere Bedeutung. »Dieser Raum ist vielleicht der symbolträchtigste in ganz Indien«, sagte er. »Als Martin Luther King, der Anführer der US-Bürgerrechtsbewegung, 1959 Gast der indischen Regierung war, wollte er als Erstes hierher. Damit meine ich: Er kam direkt vom Flughafen. Zu der Zeit hatte das Zimmer noch alle Wände, das war also noch bevor die Glasscheibe eingebaut wurde, sodass niemand genau weiß, was er darin gemacht hat. Aber seinen Angaben nach hat er meditiert.«

Während sich King viele Stunden lang in Gandhis früherem Zimmer aufhielt, meditierte er vielleicht über die Frage, wie er dessen Erkenntnisse im Kampf für seine Vision einer gleichberechtigten US-Gesellschaft würde nutzen können.

Weiter sagte Tushar:

»Schließlich kam der Direktor und sagte, er müsse jetzt gehen, weil Mani Bhavan für den Tag geschlossen wurde. King aber fragte, ob er einfach nur dableiben dürfe, in diesem Raum: ›Ich würde gerne länger in Gandhis Haus sein. Können Sie das arrangieren?‹ Das versetzte natürlich alle in Panik. Für den angesehenen Staatsgast war selbstverständlich die beste Suite im nahe gelegenen Taj Mahal Palace Hotel gebucht worden. Doch nach einigem Hin und Her schaffte man schließlich unter anderem eine Liege in ein dem Raum gegenüberliegendes Zimmer. Drei Tage später schrieb Martin Luther King ins Gästebuch: ›Hier konnte ich Gandhi nahe sein. An diesem Ort habe ich seine Energie gespürt. Jetzt fühle ich mich gestärkt, um nach Amerika zurückkehren und den Kampf für die Rechte meines Volkes weiterführen zu können.‹«

Fünf Jahrzehnte später wurde in dem Haus ein weiterer berühmter Amerikaner empfangen, wie mir Tushar erzählte, für den Gandhis Zimmer eine besondere Bedeutung hatte. 2010 besuchten der damalige US-Präsident Barack Obama und seine

Frau Michelle das Zuhause des Mannes, den Obama als Inspirationsquelle bezeichnet – und damit meint er nicht King, wie man denken könnte, sondern den kleinen indischen Mann mit der Nickelbrille.

Als Obama Senator in Illinois war, hing immer ein Bild des Mahatma in seinem Büro. »Hätte es Gandhi und seine Botschaft an Amerika und die Welt nicht gegeben, würde ich heute vielleicht nicht als Präsident der Vereinigten Staaten vor Ihnen stehen«, hat er einmal erklärt. Und auf die Frage, mit wem er am liebsten einmal zu Abend essen würde, antwortete er: »Mit Mahatma Gandhi.« Ins Gästebuch von Mani Bhavan schrieb er: »Diese Stätte der Erinnerung an Gandhis Leben, die besichtigen zu dürfen ich die Ehre hatte, erfüllt mich mit großer Hoffnung und Inspiration. Er ist ein Held, nicht nur in Indien, sondern für die ganze Welt.«

Während Tushar und ich noch vor dem Zimmer des Mahatma standen, bombardierte ich ihn geradezu mit Fragen.

»Welche Erinnerung ist die früheste, die Sie an diesen Ort haben?«

»Da muss ich noch sehr jung gewesen sein«, antwortete er. »Jedenfalls brachten meine Eltern alle Gäste aus anderen Teilen Indiens oder auch aus dem Ausland hierher, und ich war immer dabei.«

»Und was genau empfinden Sie hier?«

»Um ehrlich zu sein – natürlich bin ich mir der Würde dieses Ortes bewusst. Aber besonders nahe bin ich meinem Urgroßvater hier nicht; wahrscheinlich, weil ich den Raum nie betreten konnte. Wo meine Emotionen dagegen richtig hochkommen, ist im Birla House in Delhi, wo er die letzten hundertvierundvierzig Tage seines Lebens verbracht hat und schließlich auch ermordet wurde. Dort erheben der Zorn und die Rachegelüste in mir ihr hässliches Haupt. Dort fühle ich mich ihm näher.

Dann höre ich ihn mit mir sprechen und sagen: ›Keine Gewalt, Tushar! Denk dran: Das ist unsere Botschaft, unser Vermächtnis.‹ Aber der Zorn bleibt. Paradoxerweise veranlasst gerade er mich zu inneren Zwiegesprächen mit meinem Urgroßvater. Zum Glück setzt er sich aber immer durch. Als wäre er der Engel auf meiner rechten Schulter – während mein innerer Teufel auf der linken hockt, zurückschlagen will und immer den Kürzeren zieht.«

···

Die letzten Tage in Indien verbrachte ich in Mumbai, um mich noch einmal mit Rahul, dem Koch, zu treffen und meine Recherchen in Sachen Gandhi fortzusetzen.

Es war der 3. Februar 2020. Auf unserer Fahrt durch die Stadt saßen Rahul und seine Frau Malini vorn in ihrem SUV, ich hinten. Beide sind brillante Naturwissenschaftler; sie hat am Londoner Imperial College ihren Bachelor in Mikrobiologie gemacht, er trägt einen Master-Titel der Columbia University im Fach Biochemietechnik. Sie sprachen von neuesten Berichten über ein Virus, das soeben von China aus nach Indien und den Rest Asiens gewandert war – und sich von da aus westlich ausbreiten würde. Ich konnte der Unterhaltung kaum folgen, für mich hörte sie sich an wie ein hochwissenschaftliches Fachgespräch über einen gänzlich unbedeutenden mikrobiologischen Bazillus. Ich vernahm das Wort »neu« und dachte nur, dass alles Neue schnell veraltet und deshalb unwichtig ist. Weshalb ich mich auch wieder meinen Gedanken überließ, in denen es um »Bedeutenderes« ging: nämlich die Frage, wie ich sicherstellen könnte, dass ich den Flieger nicht verpasste, der am nächsten Morgen in aller Frühe gehen sollte.

Unbesorgt machte ich mich auf den Weg nach Südafrika – mit Zwischenstopp und Übernachtung in Istanbul. Dort traf ich

Elizabet Kurumlu, eine türkische Reiseleiterin, die mir bei einem früheren Aufenthalt die Stadt gezeigt hatte. Außerdem ist Elizabet Dokumentarfilmerin. Als sie sich einiges Material aus Indien angesehen hatte, das ich vielleicht für ein Filmchen über meine Reise verwenden wollte, bot sie mir an (oder habe ich sie da reingequatscht?), mich nach Südafrika zu begleiten und sowohl meine Interviews zu dokumentieren als auch die Reisen, die ich im Land unternehmen wollte. Das war am 4. Februar. Wir wollten uns gerade ein Taxi schnappen, als vier oder fünf Fahrgäste aus China den Wagen verließen. Elizabet packte mich am Arm und zog mich weg. Sie hatte die Nachrichten über den »Bazillus« verfolgt, über den sich Rahul und Malini in ihrem SUV unterhalten hatten. Ihren Informationen nach kam das neue Virus aus Wuhan, der Hauptstadt der Provinz Hubei. Liz war einfach nur extrem vorsichtig, viel vorsichtiger als ich. Denn es war praktisch noch nichts bekannt. Doch als ich am 11. März 2020 von Südafrika kommend wieder in San Francisco landete, erklärte die Weltgesundheitsorganisation ein gewisses SARS-CoV-2-Virus (bekannter unter der Bezeichnung Covid-19) für pandemisch – nach 118 000 Erkrankungen mit 4291 Todesfällen in 114 Ländern.

Das also war das »neue Coronavirus«, von dem ich fünf Wochen zuvor gehört hatte. Anschließend begab sich die Welt in den »Lockdown«, und das Tragen von Masken wurde zwingend vorgeschrieben oder doch wenigstens dringend empfohlen. Geschäfte gingen pleite. Alle kannten jemanden, der dem tödlichen Virus zum Opfer gefallen war. Und doch spaltete es die Gesellschaft – in eine Gruppe von Menschen, die Covid für nichts Ernstes hielten und keine Masken trugen, und die anderen, die größte Vorsicht walten ließen, um sich und ihr Umfeld zu schützen.

Die Menschen wollten wissen, was sie tun konnten. Doch einige hörten nicht einmal auf die alarmierenden Informationen von Experten wie Anthony Fauci, dem Leiter des National Institute of Allergy and Infectious Diseases und wichtigsten medizinischen Berater von Donald Trump – und weigerten sich in ihrer Verwirrung, die von den Fachleuten empfohlenen Maßnahmen zu ergreifen, um Leben zu schützen. Schließlich starben bis November 2022 sechs Komma dreiundsechzig Millionen Menschen an Covid.

Da ich mich großflächig mit Gandhi beschäftigte, lag es für mich nahe, in seinen Schriften nach hilfreichen Hinweisen zu suchen, so hypothetisch oder theoretisch sie auch sein mochten. Ich hatte gehört oder gelesen, dass er selbst 1918 um ein Haar der tödlichen Influenza-Pandemie – besser bekannt als Spanische Grippe – erlegen wäre, die weltweit fünfzig Millionen Menschen das Leben kostete. In Indien starben annähernd achtzehn Millionen an der Bombay-Influenza beziehungsweise dem Bombay Fever, wie die Spanische Grippe dort genannt wurde: mehr als in jedem anderen Land der Erde. (Kein Wunder, dass Rahul und Malini sich so besorgt gezeigt hatten.) Zahlreiche Experten, die sich mit der Corona-Pandemie befassten, versuchten auch herauszufinden, wie die Welt mit der Masseninfektion Anfang des zwanzigsten Jahrhunderts umgegangen war. Ich fragte mich, wie Gandhi hatte überleben können. Denn vielleicht könnte ich mir seine Methode für die aktuelle Situation abgucken.

Aber alles, was ich las beziehungsweise hörte, war falsch oder ungenau, wie unter anderem einer seiner Enkel versicherte, Gopalkrishna Gandhi. Im Zuge seiner Karriere im diplomatischen Dienst war er von 2004 bis 2009 Gouverneur von Westbengalen. Er ist Gründungsdirektor des Nehru Centre des Indischen Hochkommissariats in London. In einem Artikel für die indisch-englische Tageszeitung *Telegraph* stellte er korrigierend fest: »Als die Pandemie über den Globus fegte [...] (war Gandhiji) [...] tatsächlich krank, sehr krank sogar, dem Tod näher als dem

Leben. Aber er litt nicht an jener tödlichen Grippe, [...] sondern an einer schweren Infektion des Bauchraumes«, die sich als Dysenterie – eine Form der Darmentzündung – erwies.

Gopalkrishna teilte seine persönlichen »Annahmen« bezüglich der Frage, wie wohl sein Großvater auf Covid reagiert hätte: »Wenn es um Krankheiten und Epidemien ging, war Gandhi in Bestform und fand vielleicht etwas eigentümliche, aber präzise, praktische, allerdings auch anspruchsvolle ›Lösungen‹, in deren Mittelpunkt die Durchsetzung hygienischer Maßnahmen stand. Obwohl von seinem scharf entwickelten Gespür für die Funktionsweise des physischen Körpers angetrieben, war er keineswegs beratungsresistent – vielmehr suchte er den Rat von Medizinern sowohl ›westlicher‹ als auch ›traditioneller‹ Prägung. Wovon er gar nichts hielt, waren auf Aberglauben, Ritualen oder anderen Formen der Irrationalität beruhende Allheilmittel.«

Nachdem er noch einmal betont hatte, dass er nur spekulieren könne, gab er folgende Hinweise:

1. Eine Bevölkerung, die die legitime Autorität ihrer Regierung anerkennt und auf deren Gewissenhaftigkeit vertraut, sollte die Empfehlungen von Experten und offiziellen Stellen respektieren und sie genau befolgen, insbesondere in Fragen von Hygiene und Desinfektion.

2. Zugleich sollte die Regierung die gesammelten Erfahrungen und die praktische Vernunft von uns, den Regierten, anerkennen und in wichtigen Fragen, insbesondere im Hinblick auf eventuell geplante Einschränkungen, unsere Meinung einholen. Die Behörden müssen wissen, ob und gegebenenfalls wie solche Maßnahmen den Personen, denen sie helfen sollen, womöglich schaden. Staatliche Regeln werden am ehesten befolgt, wenn sie Raum lassen für klar

definierte Ausnahmen wie etwa für Wohnungslose, Arbeits-
lose, Alleinstehende oder Menschen mit körperlichen oder
geistigen Einschränkungen. Wenn sogar die Briten mitten
im Ersten Weltkrieg in der Lage waren, auf die Satyagraha-
Bewegung in Kheda zu reagieren, wird dies auch den heute
Regierenden möglich sein.

3. Völlig nutzlose wirtschaftliche, politische, religiös-sektiere-
rische Idole sollten wir durch die wahren Helden und Heldinnen dieser Krise ersetzen – Ärzte und Ärztinnen, Pflege-
personal und Laborkräfte, die in diesem Flächenbrand die
tapferen Feuerwehrleute darstellen, die sich selbst in Lebensgefahr bringen und mit unermüdlichem Eifer am Werk sind.

Für mich hören sich diese Richtlinien so vernünftig an, dass sie
selbst dem letzten Dödel einleuchten müssten. Mehr möchte ich
zu diesem Thema nicht mehr sagen – außer vielleicht das: In Indien, Südafrika und England habe ich mich teilweise auf engem
Raum mit viel zu vielen Menschen befunden, mich aber nie mit
Covid angesteckt.

...

Gandhi ging. Er ging viel und er ging oft.

Vielen Berichten zufolge legte er fast vierzig Jahre lang im
Schnitt täglich achtzehn Kilometer zurück.

Die meisten Menschen schaffen in zwanzig Minuten for-
schen Gehens etwa eins Komma sechs Kilometer. Gandhi aber
war kein typischer Mensch – auch nicht, was seine Statur betrifft.
Mit seinen einssiebenundsechzig waren seine Schritte sicher kürzer als meine (ich bin einsachtundsiebzig). Solche Unterschiede
aber machte er dadurch wett, dass er schneller ging als der typi-
sche Homo sapiens. Auf den sepiafarbenen Clips der *Mahatma*

Gandhi Footage Collection, die ich mir angeschaut habe, ist er in rekordverdächtigem Geher-Tempo unterwegs.

Sie benutzen ein Pedometer? Dann dürfte es Sie interessieren, dass der Mahatma etwa zweiundzwanzigtausend Schritte pro Tag gegangen ist. Was bei seinem Tempo knapp drei Stunden entsprach. Wer hat heutzutage noch so viel Zeit? Aber wahrscheinlich hätte Gandhi schon dafür gesorgt, dass wir sie uns nehmen. Dem Ehrenwerten Gopal Krishna Gokhale, einem Führungsmitglied des Indischen Nationalkongresses und Gandhis Mentor, ist er mit dem Vorwurf, er sei zu selten zu Fuß unterwegs, ordentlich auf die Nerven gegangen. »Ihr macht ja noch nicht einmal Spaziergänge«, hieß es 1930 in einem Brief an ihn, den der Mahatma seinem persönlichen Sekretär Mahadev Desai diktierte und der später in *The Diary of Mahadev Desai* veröffentlicht wurde. »Ist es dann überraschend, dass Ihr ständig kränkelt? Sollte etwa ein öffentliches Amt keine Zeit für körperliche Ertüchtigung lassen?«, fragte er. Dass ihn Gokhales Antwort, er habe tatsächlich keine Zeit, nicht überzeugte, ist kaum der Erwähnung wert. Denn wo er auch war und soviel er auch zu tun hatte: Gandhi selbst ließ sich keinen Gang entgehen.

Wie wichtig das Gehen ist, wurde ihm früh klar. Als er 1888 zum Jurastudium nach England kam, wo er bis 1891 blieb, wohnte er zunächst zur Miete bei einer englischen Familie. Als sein Geld hinten und vorn nicht reichte, beschloss er, seine Ausgaben zu halbieren. Er suchte sich woanders ein Zimmer – das dem Anspruch Genüge tun musste, nicht weiter als eine halbe Stunde Fußmarsch von seinem Arbeitsplatz entfernt zu sein. So sparte er Fahrtkosten und verhalf sich zu einem täglichen Spaziergang von zwölf bis sechzehn Kilometern. In seiner Autobiografie schrieb er: »Vor allem diese Gewohnheit bewahrte mich während meiner Zeit in England fast gänzlich vor Erkrankungen und stärkte mich auch körperlich.«

Als er nach seiner Zeit in London nach Bombay zurückkehrte, lebte er in Girgaon im Süden der Stadt, nahm aber so gut wie nie eine Kutsche oder die Straßenbahn. Stattdessen ging er den fünfundvierzigminütigen Weg zum Gericht zu Fuß – und zurück auch. So sparte er Geld; was wichtig war, weil er als Anwalt kaum Arbeit hatte. Die Spaziergänge im frischen, kühlen England hatte er geliebt, an die Hitze in Bombay musste er sich erst wieder gewöhnen. Doch selbst als er mehr Geld verdiente, blieb er bei seinen Fußmärschen.

In Südafrika ging er regelmäßig mit seinem Freund Hermann Kallenbach spazieren. Im Zuge des Satyagraha führte er dort einen mehr als zwanzig Kilometer langen Protestmarsch gegen die weißen Minen- und Plantagenbesitzer an.

Selbst während er sich 1924 in Bombay von einer Blinddarm-OP erholte, machte er täglich einen vierzigminütigen Strandspaziergang. Als er sich 1931 für die zweite britisch-indische Round-Table-Konferenz in London aufhielt, stand er um vier Uhr früh auf, betete eine Stunde lang und lief anschließend durch die menschenleeren Straßen der Stadt.

Gandhis bekanntester Fußweg aber ist und bleibt natürlich der große Salzmarsch, den er unternahm, als er schon über sechzig war. Bei dieser Gelegenheit lief er aus Protest gegen das Salzgesetz in vierundzwanzig Tagen vom Sabarmati-Aschram bis zum Strand von Dandi, wie erwähnt dreihundertfünfundachtzig Kilometer. Es war dieser Marsch, der die Grundfesten der britischen Herrschaft in Indien erschüttern sollte.

Gandhis Anhänger halten das Gehen für einen bedeutenden Aspekt seines Lebens: »Die kilometerlangen Wanderungen, die er täglich unternahm, waren Teil seines Ethos, und sein anmutiger Gang trug erheblich zu seinem Charisma bei«, schrieb der Autor und Dozent Madhav Nayar in *The Hindu*. »Dieses Gehen war bei Gandhi Ausdruck seines Weltbildes und spiegelte seine tiefsten Überzeugungen wider. Auf einer Ebene war es ein Versuch, die mechanischen Rhythmen der industriellen Zeit zu stören, wenn nicht gar zu *zerstören* und sich wieder mit dem natürlichen Gang der Dinge zu verbinden. Es repräsentierte Vorwärtsbewegung, Fortschritt und die persönliche Entwicklung des an der Wahrheit Festhaltenden.«

Ich persönlich habe das Gehen früher gehasst; also das *sportliche* Gehen. Noch mehr hasste ich das Wandern – ewig lange Fußmärsche auf der Flucht vor hungrigen Moskitos in unerbittlicher Mittagshitze. Ich erinnere mich noch an einen Tag im Sommerlager, als ich etwa zehn war und wir mit schweren Tornistern zu einer Wanderung aufbrachen. Ich konnte mich nur schwer zurückhalten, nicht lautstark zu revoltieren oder blind davonzurennen.

Mein Erweckungserlebnis in Sachen Gehen hatte ich mit Mitte vierzig als Chefautor bei Rodale Press, einem für seine Gesundheits- und Fitnessmagazine sowie entsprechende Bücher bekannten Verlag. Um die Behauptungen der von mir interviewten Ärzte untermauern zu können, musste ich mich in unsere umfangreiche Bibliothek einschlägiger Fachliteratur stürzen. Bei der Arbeit an einem Buchkapitel, das ich schreiben sollte, stieß ich auf Studien, die bewiesen, dass schon zwanzigminütiges strammes Gehen (kein Schlendern) sowohl für die körperliche als auch für die psychische Gesundheit gut ist. Weil ich damals weder Zeit für noch Interesse an umfassenden Übungseinheiten hatte, fand ich diese Information ziemlich hilfreich. Gehen war praktisch. Ich brauchte dafür nur gute Schuhe, einen Bürgersteig oder Waldweg – und Spaß an der Sache. Das war das Schwierige: die Überwindung des inneren Schweinehunds.

Bald fing ich an, in der Mittagspause zu gehen. Bis dahin hatte ich nicht gewusst, dass auf dem Grundstück der im idyllischen Osten von Pennsylvania gelegenen Firma eigens zu diesem

Zweck Pfade angelegt worden waren. So wurde ich zum Geher. Ich brauchte keine wissenschaftlichen Beweise mehr, um mich vom gesundheitlichen Nutzen des sportlichen Gehens zu überzeugen: Es machte den Kopf frei und brachte mich – beziehungsweise meine Herzfrequenz – auf Touren. Ich tat mir etwas Gutes und brauchte dafür weder StairMaster, Laufband, Gewichte, Schläger, Bälle oder irgendein anderes Sportgerät. Was hinzu kam: Wählte ich die richtige Strecke, regten Aussichten, Gerüche und Geräusche sogar die körpereigene Produktion des Glückshormons Dopamin an.

Angetrieben von meiner Selbstverpflichtung, einige von Gandhis Ritualen zu übernehmen, und dem Wunsch, mich auch auf Reisen sportlich zu betätigen, fing ich an, regelmäßig zu walken. Zunächst legte ich größten Wert darauf, Tagebuch über die Kilometer und Schritte zu führen, die ich pro Tag schaffte. Ich baute Ausdauer auf und verbesserte meine Kondition. Innerhalb weniger Monate brachte ich es auf die berühmten zehntausend Schritte, die damals unter gesundheitlichen Aspekten als tägliches Minimum galten. Das entsprach acht Kilometern und stellte damit nicht mehr als die Hälfte von Gandhis Tagespensum dar. Forschende der University of Sydney und der Syddansk Universitet in Dänemark hatten herausgefunden, dass besagte zehntausend Schritte täglich das Risiko einer Demenzerkrankung um etwa fünfzig, die Gefahr, Krebs zu bekommen, um circa dreißig und das Risiko von Herz-Kreislauf-Erkrankungen um ungefähr fünfundsiebzig Prozent senkten.

Ich verabschiedete mich von der Idee, Rekorde aufstellen zu müssen. Es ging nicht um einen Wettkampf. Es waren keine Medaillen zu gewinnen und es lockte auch kein Siegertreppchen. Es ging nur um mich. Um mich, meinen Geist und meinen Körper. Bald freute ich mich schon auf meine Walks, blickte von Mal zu Mal seltener auf den Schrittzähler. Dann wurden sie zu einem festen Bestandteil meines Alltags. Heute sind sie meine *Sadhana*, so der Sanskrit-Ausdruck für die tägliche spirituelle Praxis; die mit Achtsamkeit und dem Ziel spiritueller Weiterentwicklung ausgeführte disziplinierte Kapitulation des Egos. Dabei ist man ganz für sich und tut das alles auch nur für sich selbst. Ich walke und denke, atme tief ein und aus, sauge alles in mich ein, was Natur und Menschheit zu bieten haben, bin einfach nur im Hier und Jetzt.

Im Rahmen der Achtsamkeitsmeditation, die ich in Retreats kennengelernt hatte, war ich mit dem »achtsamen Gehen« vertraut gemacht worden – langsam einen Schritt vor den anderen setzen, dabei bewusst wahrnehmen, wie der Fuß mit der Ferse zuerst auf dem Boden aufkommt. Eine meiner unvergesslichsten Gehmeditationen fand unter der Anleitung des inzwischen verstorbenen Thich Nhat Hanh statt, in seinem südfranzösischen Retreat-Center Plum Village. Wie herrlich das war! Inmitten von Lotosteichen und Obstbäumen zusammen mit den anderen Teilnehmenden das Gelände zu durchstreifen. »Bei der Gehmeditation geht es zuerst darum, Körper und Geist in friedvolle Harmonie miteinander zu bringen«, erklärte uns der Meister anschließend.

Dieses Gefühl habe ich noch immer, sogar wenn ich auf den Straßen meiner oder jeder anderen Stadt unterwegs bin, und trotz der Sirenen von Feuerwehr und Polizeiwagen. Denn ich finde: *Peace is every step*, wie eines der Bücher von Thich Nhat Hanh heißt. Jeder Schritt ist Frieden.

KAPITEL 3

Wahrheit: Die Antwort auf alle Fragen

Viele, insbesondere unkundige Menschen, möchten Sie dafür
bestrafen, dass Sie die Wahrheit aussprechen, dass Sie recht haben,
dafür, dass Sie Sie sind. Entschuldigen Sie sich nie dafür,
dass Sie recht haben oder Ihrer Zeit um Jahre voraus sind.
Wenn Sie wissen, dass Sie recht haben: Machen Sie den Mund auf;
sagen Sie Ihre Meinung. Selbst wenn Sie eine Minderheit
von gerade mal einer Person sind, bleibt die Wahrheit
immer noch die Wahrheit.
Mahatma Gandhi

Um die Wahrheit zu sagen – was für ein guter Kapitelbeginn! –, habe ich mich mit dem Anfang dieses Buches ziemlich schwergetan, weil mir klar war, dass ich das Thema Wahrheit sehr früh würde behandeln müssen. Schließlich war es eines der ersten Prinzipien, die Gandhi für sich und andere aufgestellt hatte. Aber die Wahrheit – genau wie Wahrhaftigkeit – ist eine schwer fassbare, flüchtige Angelegenheit, abhängig von Sachlage, Definition und Zeit. Über die Wahrheit zu schreiben, die sich von einem Augenblick zum nächsten verändert, zwischen diesem Satz und dem folgenden, ist nicht ohne. Denn schließlich muss der letzte Satz, der, den ich gerade geschrieben habe, noch Bestand haben, wenn Sie ihn lesen. Möglichst sogar noch länger. Da sich die Wahrheit aber mit der Zeit ändert, war das eben vielleicht auch eine Lüge.

Um mein Selbstvertrauen zu stärken und dieses ganze Experiment in die Gänge zu bringen, mache ich mir den Rat eines meiner ersten Schreib-Gurus zu eigen, den des amerikanischen Schriftstellers Ernest Hemingway, der in seinen postum erschienenen Erinnerungen *Paris – ein Fest fürs Leben* schrieb: »Da stand ich und blickte über die Dächer von Paris und dachte bei mir: ›Mach dir keine Sorgen. Du hast schon immer geschrieben und wirst auch jetzt wieder schreiben. Das Einzige, was du tun musst, ist einen einzigen wahren Satz zu schreiben. Den wahrhaftigsten Satz, der dir bekannt ist.‹«

Meiner lautet: Ich lüge. Sie lügen.

Wir lügen, um die Gefühle anderer zu schonen; zum Selbstschutz und um nicht bestraft zu werden; um andere zu verletzen. Wir belügen uns selbst – das heißt dann Selbsttäuschung. Diese letzte Form des Lügens richtet womöglich den größten Schaden an, und das nicht nur bei der eigenen Person.

»Die Wahrheit sagen, die ganze Wahrheit und nichts als die Wahrheit« stellt für uns Menschen eine unverrückbare Gegebenheit dar. Genau wie die Annahme, das Lügen sei unmoralisch. Denn warum sonst würde es in den Zehn Geboten aufscheinen, die im Grunde den moralischen und ethischen Kompass der jüdisch-christlichen Welt darstellen. Aus vielen Versen des Korans geht hervor, dass Ehrlichkeit mehr bedeutet als den Verzicht darauf, die Unwahrheit zu sagen. Im muslimischen Glauben stellt Wahrhaftigkeit die Übereinstimmung des Äußeren mit der Innenwelt dar und markiert den Grundpfeiler eines menschlichen Charakters. Für das Verständnis von Buddhisten, die sich dem Edlen Achtfachen Pfad verbunden fühlen, gehören zur Wahrheit rechte Rede und rechtes Denken.

Manche von uns sagen die Wahrheit und bemühen sich um Wahrhaftigkeit. Andere weniger.

Gandhi hoffte, wir würden beides wertschätzen – verstand aber unter Wahrheit nicht unbedingt das Gegenteil von »anderen die Hucke volllügen«. Im Zentrum seiner Moralphilosophie stand die Wahrhaftigkeit. Gegenüber der ursprünglichen Formulierung »Gott ist Wahrhaftigkeit« zeigt Gandhis späteres Diktum »Wahrhaftigkeit ist Gott« in aller Deutlichkeit, in welch hohem Maße sie für ihn an Bedeutung gewonnen hatte. Er verwendete den auf das Sanskrit-Wort *sat* zurückgehenden Hindu-Begriff *Satya*, der sich übersetzen lässt mit: absolute Wahrheit, wahre Essenz, Wirklichkeit, unveränderlich, das Unverfälschte. Oder auch: Das, was jenseits zeitlicher, räumlicher, persönlicher Unterschiede liegt und das Universum in seiner ganzen Beständigkeit durchdringt. Das Präfix *sat*, das sich in den altindischen Schriften häufig findet, steht oft für gut, wahr, tugendhaft, seiend, existierend, dauernd, essenziell. In den Veden und späteren Sutras entwickelt sich das Wort *Satya* zu einer ethischen Vorstellung von Wahrheit und Wahrhaftigkeit und bezeichnet eine wichtige Tugend. Grammatikalisch – und die Grammatik sagt ja oft mehr aus als alles andere – ist *sat* das Partizip Präsens von »sein«. Sein oder nicht sein ist in Wahrheit gar nicht die Frage, weil wir alle *sind* – also alle existieren. Nach diesen Definitionen und Parametern *sind* wir die Wahrheit – einfach aufgrund unseres Seins und vollkommen unabhängig davon, ob wir die Wahrheit sagen beziehungsweise an eine Höhere Wahrheit glauben.

Gandhi lebte die Wahrheit durch sein Tun, seine Gedanken, Schriften und Worte. In seiner Beziehung zu Menschen, zur

Umwelt, zu Tieren, seiner spirituellen Praxis, zu allem, dem er im Leben begegnete. Dass er in all seinem Handeln und in allen Interaktionen an der Wahrheit festhielt, hatte unweigerlich und unwiderruflich zur Folge, dass er ein moralisches Leben führte. In einem Artikel für die in Neu-Delhi erscheinende Fachzeitschrift *Social Scientist* schrieb der Philosophieprofessor R. C. Pradhan unter dem Titel »Making Sense of Gandhi's Idea of Truth«: »Wahrhaftigkeit ist insofern ein moralisches Bindeglied zwischen zwei Handlungen, als sie diese mit den Etiketten ehrlich, aufrichtig und ethisch tadellos versieht. Eine Handlung beruht dann auf Wahrhaftigkeit, wenn sie moralischen Prinzipien entspricht und im Geiste des Festhaltens an der Wahrheit verrichtet wird. Aus der Gesamtheit aller auf Wahrheit und Wahrhaftigkeit beruhenden Handlungen erwächst Gandhi zufolge jenes moralische Leben, das einen integralen Bestandteil der gelebten Spiritualität des Menschen darstellt.«

Gandhi selbst schrieb in seiner Autobiografie: »Die Wahrheit ist von Natur aus selbstevident. Sobald man die Spinnweben der Unwissenheit entfernt, von der sie umgeben ist, erstrahlt sie in ihrer Klarheit.«

Er bekannte aber auch, der Wahrheit noch längst nicht nahegekommen zu sein: »Ich bin nur ein Sucher der Wahrheit. Ich nehme für mich in Anspruch, einen Weg zu ihr gefunden zu haben. Behaupte, dass ich stets bemüht bin, sie aufzuspüren. Aber ich muss zugeben, dass ich sie bis heute noch nicht gefunden habe. Im Vollbesitz der Wahrheit zu sein bedeutet, sich selbst und das eigene Schicksal zu erkennen. Bedeutet, anders ausgedrückt: Perfektion.«

Mindestens einmal ist Gandhi vom Weg abgekommen und hat gelogen. Das geht jedenfalls aus dem Online-Archiv der gemeinnützigen Stiftung Bombay Sarvodaya Mandal/Gandhi Book Centre hervor. Demnach hat er als Junge einem seiner

Brüder Geld gestohlen, um es seinem anderen Bruder zu geben, damit dieser seine Schulden begleichen konnte. Doch quälte ihn sein schlechtes Gewissen danach so sehr, dass er seinem Vater einen Brief schrieb und den Diebstahl gestand. Als der Vater anfing zu weinen, statt ihn zu bestrafen, »wurde Mohandas' Herz mit Scham und Reue erfüllt. Die Tränen seines Vaters bewegten ihn sehr, und diesmal legte er das stumme Gelübde ab, nie wieder etwas Unredliches zu tun. Dieses Ereignis stellte einen Wendepunkt in seinem Leben dar, und von da an versuchte er stets, sich immer gut und ehrlich zu verhalten.«

Bevor ich den Versuch unternahm, Gandhis moralischen Prinzipien zu folgen und dabei gleich mit dem wichtigsten anzufangen, musste ich mich erst mal durch die vielen Varianten, Variationen und Variablen der Ehrlichkeit, Wahrheit, Wahrhaftigkeit hindurchkämpfen und entscheiden, nach welcher ich mich richten wollte – oder auch nicht. Da gibt es so vieles: die absolute Wahrheit, die ultimative Wahrheit, die relative Wahrheit, bedingte/beschränkte Wahrheit sowie objektive, normative, subjektive und komplexe Wahrheiten. Seit dem Altertum oder vielleicht sogar schon seit Anbeginn der Menschheitsgeschichte versuchen sich die Weisen an der Definition von Wahrheit und Wahrhaftigkeit. Doch zu welchem Ergebnis ihre Anstrengungen sie auch geführt haben oder führen, Einigkeit besteht darin, dass Wahrheit die zentrale Säule jedes Glaubenssystems und jeder Gesellschaft mit einem moralischen Gewissen ist. Anders ausgedrückt: das Herzstück dessen, was viele als Religion bezeichnen.

Gandhi glaubte nicht, dass wir Sterblichen auch nur die geringste Chance hätten, die absolute Wahrheit zu erreichen. In einer Rede unter dem Titel »Wahrheit und Gewaltlosigkeit« sagte er 1927: »Nur Gott allein kennt die absolute Wahrheit [...] Der Mensch, ein endliches Wesen, kann die absolute Wahrheit nicht kennen. Wir kennen nur die relative Wahrheit, können uns nur an die Wahrheit halten, wie wir sie sehen. Dieserart Suche nach der Wahrheit kann niemanden in die Irre führen.«

Gandhi war sehr nachsichtig mit uns fehlerbehafteten Menschen, die wir versuchen, nicht vom Pfad der Wahrhaftigkeit abzukommen. In seiner Autobiografie schrieb er:

»Man kann, glaube ich, trotz bester Absichten Fehler begehen. Die aber richten weder in der Welt Schaden an noch schädigen sie einen Menschen. Gott bewahrt die Welt vor den Folgen unbeabsichtigter Irrtümer von Menschen, die in Furcht vor ihm leben […] Diejenigen, die sich von meinem Beispiel haben in die Irre führen lassen, hätten nicht anders gehandelt, wenn sie nie von mir gehört hätten. Denn in letzter Konsequenz wird der Mensch von seinem eigenen inneren Antrieb geleitet, auch wenn es mitunter so aussehen mag, als würde er sich nach anderen richten […] Ich bin fest davon überzeugt, dass es nicht zu einem einzigen meiner mir bekannten Fehler absichtlich gekommen ist. Was für den einen offensichtlich falsch ist, mag dem anderen wie pure Weisheit vorkommen. Er kann gar nicht anders, nicht einmal, wenn er halluzinierte. So muss es auch mit Menschen wie mir sein, die womöglich unter Wahnvorstellungen leiden. Gott wird ihnen sicher verzeihen, und die Welt sollte Nachsicht mit ihnen haben. Am Ende setzt sich die Wahrheit durch. Der gerechten Sache schadet die Wahrheit nie. Das Leben ist im Grunde ein Ziel. Die Aufgabe besteht im Streben nach Perfektion, mithin nach Selbsterkenntnis. Wir dürfen nicht zulassen, dass unsere Ideale durch die Schwächen oder Fehler, die wir haben, verflacht werden. Ich bin mir meiner Schwächen und Fehler schmerzlich bewusst. Täglich richte ich einen stummen Hilfeschrei an die Wahrheit und bitte sie, mich von diesen Schwächen und Fehlern zu befreien.«

Das alles hat mich enorm erleichtert. Ich bin nämlich schmerzhaft unvollkommen. Wann immer jemand im Raum versehentlich etwas kaputtmacht, verschüttet, anbrennen lässt, über etwas stolpert, etwas sagt, was irgendwie »daneben« ist, oder sich sonst wie blamiert, bin garantiert ich es. Meine Liebsten und die, die mir am nächsten stehen, wissen das und akzeptieren mich trotzdem. »Perry ist ein bisschen schrullig«, sagen sie. Für meine Begriffe bin ich ein Trampel; ein Missgeschick, das nur darauf wartet, eintreten zu dürfen. Meine Chancen, in den erleuchteten Zustand der absoluten Wahrheit zu gelangen, waren also höchstens mikro-minimal. Versuchen aber wollte ich es trotzdem.

Andererseits hörte sich die Suche nach der ultimativen und absoluten Wahrheit genauso einfach wie schwierig an – so schwierig wie der Versuch, ein Tröpfchen Quecksilber vom Boden aufzuklauben. In *Satyagraha in South Africa* schrieb Gandhi: »Die Instrumente für die Suche nach der Wahrheit sind ebenso simpel wie kompliziert. Einem hochmütigen Menschen mögen sie ziemlich unmöglich erscheinen; einem unschuldigen Kind ziemlich möglich. Der Wahrheitssucher sollte demütiger sein als der Staub. Die Welt zerdrückt den Staub unter den Füßen. Der nach der Wahrheit Suchende jedoch sollte so demütig sein, dass selbst der Staub ihn zermalmen könnte. Erst dann und nicht vorher wird er einen Blick auf die Wahrheit werfen können.«

»Sogar die Vorstellung einer objektiven Wahrheit schwindet allmählich«, schrieb George Orwell sinngemäß in *1984*. »Lügen gehen in die Geschichte ein.«

Kurz gesagt spukten mir die folgenden vorläufigen Definitionen im Kopf herum, wobei mir stets klar war, dass verbale Ehrlichkeit sich selbst und anderen gegenüber der erste Schritt auf dem Weg zu wahrer Wahrhaftigkeit ist.

Relative Wahrheit. Die Wahrheit im Verhältnis zu etwas anderem. Beispiel: Das Haus auf der linken Straßenseite – hängt davon ab, wo man sich in Bezug auf Haus und Straße befindet.

Bedingte Wahrheit. Eine Wahrheit, die von etwas anderem abhängt. Bei der Frage, ob sich das Haus auf der linken Straßenseite befindet, kommt es auf den Standpunkt des Betrachters an. Vielleicht handelt es sich um ein Haus, vielleicht aber auch nicht. Sätze, die ein »Vielleicht« oder andere Relativierungen beinhalten, sind in der Regel Ausdruck einer bedingten Wahrheit.

Objektive Wahrheit. Laut *Stanford Encyclopedia of Philosophy* ist die wissenschaftliche Wahrheit objektiv, wird von Beweisen untermauert und im Idealfall allgemein anerkannt. Eine objektive Äußerung beruht auf Fakten. Es besteht eine direkte Entsprechung in der Wirklichkeit, unabhängig von Gefühlen oder Meinungen. Sie ist »evidenzbasiert«, das heißt: unter strengen Bedingungen experimentell und in randomisierten, kontrollierten Studien bewertet sowie bestenfalls in wissenschaftlichen Fachzeitschriften veröffentlicht worden.

Subjektive Wahrheit. Diese hängt von der jeweiligen Meinung und Sichtweise ab. Sätze, die Formulierungen wie »glaube« oder »meine ich« enthalten, sind wahrscheinlich subjektiv. Gute Beispiele dafür finden sich regelmäßig in den TV-Talkshows.

Ultimative und **absolute Wahrheit**. Diese beiden Formen der Wahrheit sind schwer zu erklären oder auseinanderzuhalten. Vielleicht lassen sich die Begriffe auch, wie von einigen Seiten vermutet wird, gegeneinander austauschen. Da Gandhi aber meinte, dass mindestens eine der beiden Wahrheitsformen ohnehin nicht zu erreichen sei, gebe ich gern zu, dass es mir schwerfällt, die Unterschiede aufzudröseln. Anders ausgedrückt: Wenn unter »relativer Wahrheit« die Art und Weise zu verstehen ist, in der wir normalerweise die Welt sehen – als Ort voller verschiedener, voneinander isolierter Dinge und Geschöpfe –, gelangen wir in dem Moment zur ultimativen Wahrheit, in dem wir erkennen, dass die Dinge und Geschöpfe nicht voneinander getrennt sind. Die Aussage, dass es keine voneinander getrennten Dinge oder Geschöpfe gibt, bedeutet nicht, dass nichts existiere. Es bedeutet, dass es keine Unterscheidungen gibt. Das Absolute ist die nicht-manifestierte Einheit aller Dinge und Lebewesen.

Einer anderen Weltanschauung zufolge setzt sich jedes Wissen aus zwei Wahrheiten zusammen. Im sechsten Jahrhundert vor unserer Zeitrechnung wurde Siddhartha Gautama einem buddhistischen Sutra zufolge in dem Moment zum »Erweckten«, in dem er vollumfänglich die Bedeutung der beiden Wahrheiten erkannte – der konventionellen (relativen) und der ultimativen (absoluten) Wahrheit. Die Kenntnis der konventionellen Wahrheit vermittelt uns, wie die Dinge nach herkömmlichem Verständnis sind, und verleiht unseren in der Praxis des Lebens gewonnenen Erkenntnissen einen sprachlich und begrifflich passenden Rahmen. Dagegen zeigt uns die ultimative Wahrheit das wahre Wesen der Dinge und führt uns damit letztlich über die Grenzen aller begrifflichen und sprachlichen Konventionen hinaus.

Eine gewisse Einsicht verdanke ich ausgerechnet dem George-Lucas-Film *Star Wars: Episode III – Die Rache der Sith*: Anakin Skywalker im finalen Showdown mit seinem Mentor Obi-Wan Kenobi.

Anakin: »Wenn ihr nicht auf meiner Seite steht, dann seid ihr mein Feind.«

Obi-Wan: »Nur ein Sith kennt nichts als Extreme.«

Mit anderen Worten: Die Sith sehen das Leben als Entweder-oder, schwarz oder weiß. Dazwischen gibt es nichts.

Denjenigen, die *Star Wars* nicht kennen (gibt es so was überhaupt?), sei gesagt: Die Sith sind die Erzfeinde der Jedi; hier steht der Urböse gegen den Urguten. Das Handeln der Jedi, die sich für Wächter des Friedens halten, beruht auf einem Kodex der Selbstlosigkeit und bewussten Opferung des eigenen Lebens für die Freiheit von anderen. In ihrer Lebensphilosophie hat das Ich keinen Platz. Für einen Jedi ist *Identität* bei Weitem nicht so wichtig wie seine *Verantwortung*. Das erinnert stark an die Weltanschauung und Lebensführung Gandhis, und was er auch seinen Mitmenschen ans Herz legte. Für die Sith dagegen stellen ihre Gefühle eine unmittelbare Kraftquelle dar, und die setzen sie zu ihrem eigenen Nutzen ein. Mit Angst, Zorn und Leidenschaft manipulieren sie die Welt nach ihren Wünschen. Ihre Kraft halten sie für die Einzige, die zählt, und sie tun alles, verbiegen sogar die Macht nach ihrem Willen, um sie zu übernehmen. Sith – die Antithese zu Gandhis Lebensweise.

Was das aber alles mit der Wahrheit zu tun haben soll? Die Antwort liegt in dem eben genannten Wort *Macht*. Es erinnert mich an das, was Gandhi, wie ich glaube, mit dem Satz »Wahrhaftigkeit ist Gott« ausdrücken wollte. Ergänzen Sie in der folgenden Erklärung eines *Star-Wars*-Bloggers doch bloß einmal das Wort Macht durch Wahrheit oder Gott: »Die Macht stellt eine Energie dar, die in allem existiert, was es gibt. Sie *ist* in allem. Alles Lebendige im Universum entstammt der Macht, und alles Lebendige wird zu ihr zurückkehren. Und obwohl die Macht alles umfasst, ist sie mehr als bloß ein kosmisches Konstrukt, denn sie verfügt über einen eigenen Willen. Sie strebt fast ausschließlich nach Balance, Gleichgewicht, Ausgeglichenheit.«

Für mich hört sich das nach Gott/Wahrheit/Wahrhaftigkeit an. Es klingt auch nach Buddhismus: »Nichts existiert je gänzlich für sich; alles steht in Beziehung zu allem anderen«, erklärte der Buddha seinen Schülern. Die Ähnlichkeit ist nicht überraschend, denn der Filmemacher und *Star-Wars*-Schöpfer George Lucas soll sich früher mit östlichen Philosophien beschäftigt und bestimmte Erkenntnisse daraus auch in die Drehbücher eingebracht haben. So heißt es jedenfalls in einem Artikel, der unter dem Titel »Space Buddhism: The Adoption of Buddhist Motifs in Star Wars« in *Contemporary Buddhism* erschien. Dieser wurde nicht von einem Fan-Blogger geschrieben, sondern von Christian Feichtinger, dem Vorsitzenden der *International Astronautical Federation*.

Fazit: Gandhi hätte, glaube ich, *Star Wars* ein Like gegeben. Für die Bollywood-Adaptionen der Filme wäre er der perfekte Yoda gewesen.

· · ·

Schauen wir uns das Ganze jetzt aus der Perspektive eines anderen amerikanischen Films an.

Ich bin ein großer Fan von *Galaxy Quest* aus dem Jahr 1999. Dabei handelt es sich um eine Parodie auf und Hommage an Science-Fiction-Filme und -Serien, insbesondere *Star Trek*. Ich hätte (genau wie Sie wahrscheinlich) nicht gedacht, dass der Streifen einmal in einem Buch über Gandhi eine Rolle spielen würde. Aber hier ist er. Und das aus gutem Grund …

Eines Abends, als ich mir den Film zum geschätzt dreiundzwanzigsten Mal anguckte, traf es mich wie ein Sternschnuppenschauer aus dem All: »Das ist ein Film über Wahrheit!« Mitwirkende der einst überaus populären, nun aber lange schon abgesetzten TV-Serie *Galaxy Quest* werden hier bei einem Fan-Treffen von netten Außerirdischen angesprochen, die die Sendungen seinerzeit empfangen konnten. Da sie diese für wahre Dokumente der Zeitgeschichte halten, haben sie sich für ihr Raumschiff ein Modell aus der Serie zum Vorbild genommen und es eins zu eins nachgebaut. Aber noch entscheidender: Sie haben sich die Werte, Tugenden, Credos und das häufig wiederholte Motto der Sendung zu eigen gemacht: »Niemals aufgeben, niemals kapitulieren!«

Die friedvollen Aliens vom Planeten Thermia sind überaus wissbegierig und lehnen jegliche Gewalt ab, obwohl sie im Notfall in der Lage sind, sich zu verteidigen. Auch halten sie die Schauspieler für echte Weltraumhelden. Denn so etwas wie das Lügen ist ihnen völlig unbekannt.

Die Kommunikationsoffizierin (gespielt von Sigourney Weaver) kann es kaum fassen: »Verhält sich auf eurem Planeten niemand anders, als es der Realität entspricht?«, fragt sie.

Der menschliche Commander (Tim Allen) versucht mit einfachsten Worten, den Außerirdischen das Leben auf der Erde zu erklären: »Wir täuschen ... Wir lügen ... Auf unserem Planeten täuschen wir, um die Leute zu unterhalten.«

Klar, das ist Science-Fiction ... und obendrein eine Parodie. Muss es ja auch sein – denn wer könnte sich eine Gesellschaft vorstellen, in der es keine Lügen gibt?

Wie wäre das Leben auf einem Planeten, auf dem das ganze Phänomen der Unwahrheit unbekannt ist? Bräuchten wir dann überhaupt einen Mann namens Mohandas Gandhi, der uns ermahnt, nicht vom »Weg der Wahrheit« abzukommen?

Was wäre, wenn wir nie etwas verheimlichen müssten – weder unsere Motive, Niederlagen, Fehler noch unsere Schwächen oder unsere machiavellistische Tendenz, evidenzbasierte und wahrnehmbare Aktionen oder Feststellungen zu unserem Vorteil zu manipulieren? Was wäre, wenn wir einander wirklich glauben würden – und *aneinander* glauben könnten? An uns selbst? An ein höheres Wesen, wie immer wir es/sie/ihn auch nennen mögen? Was für eine Freiheit! Aber zugleich welche Belastung! Würden wir unseren Werten jederzeit treu bleiben, moralische Erbauungssprüche nicht nur nachplappern, sondern ihnen gemäß handeln, von ihnen überzeugt sein, sie aussprechen – es wäre eine in der Menschheitsgeschichte unerreichte Errungenschaft.

Wer würde auch nur den Vorschlag machen, die Gesellschaft entsprechend zu organisieren? Nun, früher war das durchaus schon der Fall. Im Buddhismus spricht man wie gesagt vom Edlen Achtfachen Pfad, der in fast allen Lebenslagen »rechten« Verhaltensweisen: rechte Anschauung, rechte Absicht, rechte Rede, rechtes Handeln, rechter Lebenserwerb, rechte Anstrengung, rechte Achtsamkeit und rechte Sammlung (Konzentration). Diesen sogenannten Mittleren Weg schlug Siddhartha Gautama, der Buddha (wörtlich: der Erwachte), seinen Zeitgenossen circa sechshundert Jahre vor Christi Geburt vor. In der Bergpredigt versuchte Jesus später im Grunde dieselben Grundsätze festzuschreiben. Wiederum etwa sechshundert Jahre danach wies der Prophet Mohammed im Koran die Muslime an, auch dann die Wahrheit zu sagen, wenn es den eigenen Interessen zuwiderläuft; niemanden zu täuschen oder zu betrügen. Allah rief die Muslime auf, in Wort und Tat wahrhaftig zu sein, sowohl im Privaten als auch in der Öffentlichkeit.

Hat eine dieser Initiativen genügend Erdlinge dazu gebracht, sich zu verhalten wie die Thermianer? Nicht genug jedenfalls, um geheime Schweizer Bankkonten zu sperren, den Ehebruch abzuschaffen, Politiker vom Lügen abzuhalten oder irgendeines der anderen Täuschungsmanöver zu beenden, die die Menschen täglich begehen. Anders als in *Galaxy Quest* haben sich die Menschen immer tiefer in den Kaninchenbau aus Lug und Betrug zurückgezogen – und dabei jeden Anflug einer auf glaubwürdiger Wahrheit beruhenden Kultur mitgenommen. Wobei ich es fast nicht glauben kann, dass ich hier das Adjektiv *glaubwürdig* vor *Wahrheit* stellen muss; aber das zeigt nur, wie bodenlos die Tiefe ist, in die unser Glaube an die Wahrheit schon gefallen ist.

Seit es Erdlinge gibt, lügen sie. Die ersten Lügner finden wir in der jüdisch-christlichen Entstehungsgeschichte des Garten Eden, in der und in dem eine gewisse (auch als Teufel bekannte) Schlange und eine gewisse Frau namens Eva konspirierten, um einem gewissen Adam eine Lügengeschichte über die Früchte des Baumes der Erkenntnis von Gut und Böse zu erzählen. Dadurch, dass Eva »von der Frucht« aß und Adam überzeugte, es ihr gleichzutun, gewannen beide die Erkenntnis, die sie »Gott gleich« machte – was diesem, gelinde ausgedrückt, nicht gefiel.

Wie es in der Genesis heißt, dem ersten Buch der hebräischen Bibel und des christlichen Alten Testaments, vertreibt Gott die beiden aus dem paradiesischen Garten und verflucht sie; Adam dazu, dass er seine Bedürfnisse künftig nur durch harte Arbeit »im Schweiße seines Angesichts« würde befriedigen können, und Eva zu heftigem Gebärschmerz. Das alles nur, weil die Schlange das junge Paar austrickste und belog. Die Schlange aber bekam auch ihr Fett weg: Gott verurteilte sie und alle ihre Nachkommen dazu, auf dem Bauch zu kriechen und Staub zu fressen. Von da an ging's bergab, die Sünde – nicht irgendeine Sünde, sondern (jedenfalls für Anhänger des christlichen Glaubens) die *Erbsünde* –, die jeder Mensch von Geburt an mit sich herumträgt. Nicht einmal »gute Werke« vermögen sie auszulöschen.

Auch wenn wir in der Geschichte von Adam und Eva nur eine Metapher sehen, spricht sie doch Bände über unser Verhältnis zu Lüge und Täuschung: Von Anbeginn der Menschheit an galten beide als Tabu – als Geht-gar-nicht.

Forschungsergebnisse legen die Vermutung nahe,
dass Lügen relativ bald nach der Entstehung der Sprache aufkamen.
Die Fähigkeit, ohne die Anwendung körperlicher Gewalt
auf andere einzuwirken, stellte im Wettbewerb um Ressourcen
und Paarungspartner vermutlich einen Vorteil dar,
vergleichbar mit der Evolution von Täuschungsstrategien
im Tierreich, etwa den Fähigkeiten zur Tarnung.
Yudhijit Bhattacharjee im *National Geographic Magazine*, Juni 2017

Das Lügen kann schon im Kleinkindalter anfangen, und neueren psychologischen Erkenntnissen zufolge handelt es sich dabei um eine normale Etappe in der kognitiven Entwicklung des Menschen. Studien haben eine große Bandbreite von Gründen für unser Lügen zutage gefördert; im Vordergrund stehen dabei Motive wie Selbstschutz, verbesserte Selbstdarstellung, mitunter aber auch Altruismus und Höflichkeit. Am häufigsten wird gelogen, um einen Fehler oder ein Vergehen zu vertuschen, sich einen finanziellen beziehungsweise persönlichen Vorteil zu verschaffen, ein positives Selbstbild zu vermitteln oder einen Spaß zu machen. Interessant finde ich eine Studie des University College London. Ihr zufolge wurde bei Scans der Amygdala (der vor allem für die Verarbeitung von Emotionen, insbesondere Angst, bekannten Partie des Hirns) herausgefunden, dass die emotional negative Reaktion einer lügenden Person mit jeder weiteren Unwahrheit nachlässt. Mit anderen Worten: Das Gehirn gewöhnt sich an den Stress des Lügens, sodass die Betreffenden ihre Lügenmärchen ohne zusätzliches

Unbehagen fortsetzen und gar noch steigern können. Wir alle lügen manchmal. Allerdings besteht dabei die Gefahr, dass es sich zu einer Angewohnheit auswächst.

> Die Geringschätzung von Fakten, das Ersetzen von Vernunft
> durch Emotion und die Zersetzung der Sprache
> verringern den Wert der Wahrheit.
> **Michiko Kakutani: *Der Tod der Wahrheit***

Es war keineswegs Donald Trump, der den Begriff Fake News prägte, obwohl er sich dessen rühmte und darauf, wie er sagte, auch »sehr stolz« war. Zwar trug er entscheidend dazu bei, den Ausdruck so zu verbreiten, dass wir ihn in unseren Wortschatz aufgenommen haben, doch erfunden hat er ihn nicht; das war natürlich, wie könnte es auch anders sein, gelogen. Schon bevor Trump das inzwischen geflügelte Wort in seine schmutzigen Pfoten bekam, hatte Craig Silverman, ein ehemaliger Redakteur bei *BuzzFeed*, die Fake News populär gemacht. Erstmals benutzte er den Ausdruck 2014 im Rahmen eines Forschungsprojekts, das er an der Columbia University durchführte.

Eigentlich aber datiert der Begriff aus dem späten neunzehnten Jahrhundert. Zeitungen und Zeitschriften brüsteten sich seinerzeit mit ihm, um ihren hohen journalistischen Anspruch zu betonen und die Produkte der Konkurrenz abzuwerten. 1895 etwa prahlte die Zeitschrift *Electricity*: »Wir drucken keine Fake News nach.« Und 1896 machte im kalifornischen San José ein Zeitungsverleger einen anderen mit den Worten nieder: »Er ist es gewohnt, sich in Fake News zu ergehen [...] Wenn er keine Nachrichten hat, die er verbreiten könnte, erfindet er eben welche.«

Die Problematik reicht sogar noch weiter zurück: Schon die führenden Denker der Renaissance sahen sich durch allgegenwärtige Fake News und wissenschaftliche Fehlinformationen vor ein ernstes Dilemma gestellt. Der Philosoph Francis Bacon beschrieb in *Novum Organum* als Erster jenes psychologische Phänomen, das vielen unserer Sorgen in Sachen Vertrauen und Wahrheit zugrunde liegt und erst viel später mit dem Begriff »Bestätigungsverzerrung« belegt wurde. (Auf so einen eleganten Ausdruck konnten nur Philosophen und Linguisten kommen!) In seinem Buch schrieb Bacon, der menschliche Verstand neige dazu, »bejahenden« (positiven) Befunden größeres Gewicht beizumessen als negativen. Demnach »greift der Mensch« mit großer Wahrscheinlichkeit »begierig nach jeder Tatsache, und sei sie noch so unbedeutend, die seine Theorie bestätigt; stellt aber die weit stärkeren Fakten, die gegen sie sprechen, infrage oder ignoriert sie«. Bacon untersucht in seinem Buch auch Faktoren, die dazu führen können, dass das Denken auf Abwege gerät, etwa aus falscher Philosophie und Wissenschaft entlehnter Irrglaube, verschiedene »gerade moderne Methoden« sowie eine unpräzise Sprache: »Eine schlechte und unpassende Wortwahl verhindert auf erstaunliche Art und Weise das Verständnis.«

Aber zurück zu Trump und der Frage, warum das in Gandhis Sinne von Bedeutung ist. Die Medien taten sich zunächst schwer damit, Trumps Lügen Lügen zu nennen. Stattdessen benutzten sie verharmlosende Ausdrücke wie *inkorrekt, beirrend, Desinformation, irrtümlich, unwahr.* Und schließlich *mit den Tatsachen unvereinbar.* Woher kam diese Zögerlichkeit? In den Redaktionen dürften Überlegungen wie die folgenden angestellt worden sein: Kann man eine Äußerung des Präsidenten, wie offensichtlich falsch sie auch sein mag, für eine »Lüge« halten? Schließlich setzt dieses Wort definitionsgemäß Wissen um die Unwahrheit des Gesagten und bewusste Täuschungsabsichten voraus. Oder um die Frage anders zu formulieren: Woher soll die Presse wissen, was sich in Trumps Kopf abspielt – auch wenn er schon wiederholt eindeutig unwahre Sachen gesagt hat? Außerdem: Würde es nicht an Vaterlands- oder gar Hochverrat grenzen, das Staatsoberhaupt einer Lüge zu bezichtigen, selbst wenn es eine sein könnte? Allemal aber wäre es schlechter Stil. Frevel! So kostbar ist die Wahrheit – oder sollte es jedenfalls sein.

Dass *alternative Fakten* in unseren Sprachgebrauch vordrangen, dafür haben wir Kellyanne Conway, der damaligen Beraterin des US-Präsidenten zu danken (oder nicht zu danken). Sie hatte den Begriff in einem Fernsehinterview verwendet, in dem sie die falschen Angaben verteidigte, die Sean Spicer, der Pressesprecher des Weißen Hauses, in Bezug auf die Zahl der Teilnehmer bei Trumps Amtseinführung gemacht hatte. Chuck Todd gegenüber erklärte sie auf NBC: »Sie sagen, es handele sich um eine falsche Behauptung, und Sean Spicer, unser Pressesprecher, hat dazu alternative Fakten vorgelegt.«

Es geht auch gar nicht nur um Fake News, es gibt auch (auf dem Mist von Klimawandel-Leugnern und Impfgegnern gewachsene) Fake-Wissenschaft und Fake-Geschichte (zu deren Urhebern neben Vertretern der »Auschwitz-Lüge« auch Prediger »weißer Überlegenheit« gehören); es gibt von russischen Trolls generierte Fake-Amerikaner auf Facebook sowie Fake-Follower und »Likes« auf Social Media, bei deren Urhebern es sich um Bots handelt.

Während Trumps Regierungszeit gab es so viele Lügen, dass die *Washington Post* Protokoll über sie führte und sie täglich veröffentlichte. So kamen innerhalb der vier Jahre 30 573 Unwahrheiten zusammen, was einem Output von durchschnittlich etwa einundzwanzig falschen Behauptungen pro Tag entsprach. Als Folge dessen, was mitunter als Trumps pathologisch verlogenes Wesen bezeichnet wurde, entstand ein Welleneffekt, der die Gesellschaft durchdrang und den Menschen das Gefühl gab:

Okay, wenn der Präsident der Vereinigten Staaten lügt – und damit durchkommt – kann ich doch auch …

In ihrem 2018 erschienenen Buch *Der Tod der Wahrheit* konzentriert sich die ehemalige Chefrezensentin der *New York Times* Michiko Kakutani zwar hauptsächlich auf Donald Trump, lässt aber keinen Zweifel daran, dass er das Lügen nicht erfunden hat. Vielmehr gibt sie uns allen eine Mitschuld an dieser Entwicklung: »Trump steht symbolisch für eine Dynamik, die seit Jahren unter der Oberfläche schwelte und ein perfektes Ökosystem dafür hat entstehen lassen, dass Veritas, die Göttin der Wahrheit [...] todkrank werden konnte.«

Brian Stelter, Medienkommentator von CNN, sprach die Befürchtung aus, der tatsachenbasierte Journalismus könne zu einer »bedrohten Spezies« werden. Im Herbst 2017 ging CNN sogar so weit, Werbespots in eigener Sache zu produzieren und zu senden, weil das Vertrauen in die Nachrichtenberichterstattung derart gesunken war. In einem Clip war auf weißem Hintergrund unzweifelhaft ein roter Apfel zu sehen. Aus dem Off sagte der Sprecher dazu: »Dies ist ein Apfel. Einige Leute behaupten womöglich, es handele sich um eine Banane. Vielleicht schreien sie ›Banane, Banane, Banane‹, wieder und immer wieder. Vielleicht schreiben sie das Wort Banane sogar in Großbuchstaben – sodass man schon anfängt, tatsächlich zu glauben, es handele sich um eine Banane. Das stimmt aber nicht. Dies ist ein Apfel.«

Gesundheitlich wirkt sich das Lügen negativ aus und verkürzt die Lebenszeit des Lügners. Die Psychologie-Professorin Deirdre Lee Fitzgerald bringt das Lügen mit einem erhöhten Risiko in Verbindung, an Krebs, Fettleibigkeit, Angststörungen oder Depressionen zu erkranken, an Süchten beziehungsweise Abhängigkeiten zu leiden oder mit der Arbeits- oder Beziehungssituation unzufrieden zu sein. Zu lügen stresst; es ist sowohl körperlich als auch emotional belastend, da eine Unwahrheit die nächste nach sich zieht und so ein nervenzerreißender Kreislauf von Lügen entsteht, der sich immer schwerer kontrollieren lässt.

Die Verschleierung von Täuschungsmanövern aus der Vergangenheit kann sogar für die Bevölkerung ganzer Nationen traumatisch sein. Diese Problematik hat in den letzten drei Jahrzehnten in mehr als vierzig Ländern zur Gründung von Wahrheits- und Versöhnungskommissionen geführt. Sowohl Nelson Mandela als auch Desmond Tutu zeigten sich nach dem Ende der Apartheid in Südafrika entscheidend von Gandhis Denken beeinflusst. Leider – aber auch nicht unerwartet – bedienen sich Regierungen dieser Prozesse, indem sie vorgeben, heikle Phasen in der Geschichte ihres Landes verarbeitet und überwunden zu haben, obwohl sie das Problem in Wirklichkeit nur aussitzen wollen.

· · ·

Das Volk hat dasselbe Recht auf Wahrheit wie auf Leben,
Freiheit und die Suche nach dem Glück.
Epiktet (ca. 50 – ca. 138)

Es sah also ganz so aus, als hätte die Wahrhaftigkeit in der Schlacht um Wahrheit, Gerechtigkeit und etwas Konkretes, an das wir uns halten, etwas Reales, auf das wir uns alle verständigen können, den Kürzeren gezogen. Da die Menschheit darüber hinaus von Anbeginn an log, fragte ich mich, welche Hoffnung es für die wahre Wahrhaftigkeit überhaupt noch geben mochte. Was die beiden Wahrheiten miteinander zu tun haben? Ich glaube, dass simple Ehrlichkeit auf dem Weg zur Wahrhaftigkeit den ersten Schritt darstellt. Während wir nach der Wahrheit streben, so wie es Gandhi sich erhoffte, ist es besonders wichtig, in eigener Sache und uns selbst gegenüber wahrhaftig zu sein. Als großer Shakespeare-Fan dürfte der Mahatma unter dem Eindruck der folgenden Zeilen aus *Hamlet* gestanden haben.

> Dies über alles: Sei dir selber treu,
> Und daraus folgt, so wie die Nacht dem Tage,
> Du kannst nicht falsch sein gegen irgendwen.
>
> **Hamlet, erster Akt, dritte Szene**

Ganz aber hat sich Gandhi nicht auf Shakespeare verlassen. Denn in seinem Buch *Towards New Education* schrieb er: »Eure ganze Gelehrsamkeit, euer Shakespeare- und Wordsworth-Studium wären vergebens, würdet ihr nicht zur gleichen Zeit an eurem Charakter arbeiten und die Kontrolle über eure Gedanken und Handlungen erlangen.«

Aha! Die Kontrolle meiner Gedanken und Handlungen. Da liegt der Hase im Pfeffer.

Die ambivalente Beziehung, die ich zu Wahrheit und Wahrhaftigkeit habe, entstand gar nicht lang nach meinem Erscheinen hier auf der Erde. Wenn ich als kleines Kind ins Bett gemacht hatte, belog ich meine Eltern und behauptete trotz überprüfbarer Beweise: »Das war ich nicht.« Ich log auch, als ich in meinem Zimmer aus Zündhölzern ein Blockhäuschen gebaut und mit einem Streichholz in der Mitte der Hütte ein Feuer entzündet hatte, um Spaß an der Flamme zu haben. Nur entstand dadurch ein Brandfleck auf dem Fußboden. Um das Malheur zu vertuschen, legte ich einen Läufer über die verräterische Stelle – und hatte den Vorfall schon beinahe vergessen, als ich eines Tages ein empörtes »Perry, komm sofort hierher!« aus meinem Zimmer hörte. Ich meine mich erinnern zu können, dass ich noch ein Weilchen versuchte, mich rauszureden, aber vergebens. Auch hier wieder: sichtbarer Beweis.

Da ich aber schnell lernte, verlegte ich mich bald auf solche Lügen, für die es keinen Gegenbeweis gab – und die schon gar keine sichtbaren Spuren hinterließen. Interessierten sich die Eltern für meine schulischen Leistungen, sagte ich »gut«, während sie in Wirklichkeit bestenfalls mittel waren. Mit dieser Lüge kam ich durch – bis das Zeugnis mich verriet. Damit machte ich weiter bis zu meinem letzten Tage am College, das ich mit bescheidenem Erfolg abschloss.

Andere Lügen folgten. Große. Kleine. Belanglose Lügen: »Ich habe fünf Kilo abgenommen.« (Obwohl es nur zweieinhalb waren.) Potenziell folgenreiche: »Klar, der Scheck ist längst raus.« (Obwohl ich ihn noch nicht einmal ausgestellt hatte.) Und schließlich die, die beinahe zu meinem zweiten Vornamen wurde: »Ja, ich komme bestens voran.« (Obwohl ich mich in Wahrheit noch mit dem ersten Absatz des Artikels herumschlug.) Ich log bei der Frage, wann und an wen ich meine Unschuld verloren hatte. Und das so oft, dass ich mir meine Lüge schließlich selbst abkaufte. Sie wurde zur Wahrheit – und niemand hat sie je in Zweifel gezogen.

Ich lüge, was meine Körpergröße betrifft. Ich behaupte, eins achtundsiebzig zu sein, während es nur eins *siebenundsiebzig* sind. Das hört sich vielleicht erbarmenswert kleinkariert an, aber so sind Männer nun mal. Eine in *Personality and Social Psychology Bulletin* veröffentlichte Untersuchung von Online-Dating-Profilen ergab, dass die Körpergröße bei Männern zu den häufigsten Falschangaben gehört. In meinem ersten Buch, *In a Man's World*, habe ich darauf hingewiesen, dass es für Männer sogar einen gewissen finanziellen Anreiz gibt, in dieser Angelegenheit zu lügen: Einer Studie zufolge verdienen Männer mit einer Größe von mindestens eins dreiundachtzig im Schnitt acht Prozent mehr als Männer, die nur bis zu eins siebenundsechzig messen. Ich kann froh sein, wenn es bei mir überhaupt noch eins sechsundsiebzig sind – angesichts der physiologischen Realität, dass die Bandscheiben in der Wirbelsäule mit zunehmendem Alter kleiner werden. Aber nachprüfen möchte ich es auch nicht.

Ich lüge auf Dating-Seiten bezüglich meines Alters. Ich bin damit davongekommen, weil mein Vater, der selbst noch in den mittleren und hohen Siebzigern jugendlich wirkte, mir seine guten Gene vererbt hat. Zur Rechtfertigung meiner Schummelei sagte ich mir: »Ich kenne Typen meines Jahrgangs, die viel älter aussehen und bedeutend weniger Energie haben als ich.« Letztlich aber bin ich doch aufgeflogen. Jemand hatte sich die Mühe gemacht, mich so lange zu googeln, bis die Wahrheit ans Licht kam.

Ich belüge das Finanzamt. Also nicht so direkt, aber – ich zahle, was mein Steuerberater, ein lieber Freund von mir, der meine Finanzen in- und auswendig kennt, gerade noch rechtfertigen kann.

Ich belüge Leute, die mich fragen, wie es mir geht. Darauf antworte ich mit »Gut«. Die Wahrheit wäre viel komplexer und die meisten interessieren sich ohnehin nicht so genau für meine wahre Befindlichkeit.

Dies sind aber alles harmlose Schummeleien im Vergleich zu den Märchen, die ich mir selbst erzähle: Dass es mir gut geht. Dass ich finanziell gar nicht so schlecht dastehe. Dass es mich nicht groß stört, Single zu sein. Dass ich mit meiner beruflichen Situation sehr zufrieden bin und akzeptiere, dass ich nie zu den Großen auf meinem Gebiet zählen werde. Dass ich mich mit der zusehends größer werdenden kahlen Stelle auf meinem Kopf abgefunden habe – die ebenfalls ein Erbe meines Vaters ist. Früher habe ich immer gesagt, ich sei rundum mit meinem Körper zufrieden, obwohl ich lieber größer und schlanker wäre, gern ein markantes Kinn und dichtere Augenbrauen hätte.

Allerdings bin ich (wie alle bestätigen) mit strahlend blauen Augen gesegnet, einem genetisch rezessiven Merkmal, über das nur acht Prozent der Weltbevölkerung verfügen.

Ich lüge, was mein Selbstbewusstsein angeht. Ich gehe draufgängerisch unter die Leute – und unterschlage damit die Wahrheit: dass ich nämlich nicht allzu viel von mir halte. (Ich verrate Ihnen jetzt ein Geheimnis: Sobald ich eine Schreibblockade habe, was nicht gerade selten vorkommt, krame ich alte Artikel oder Links zu Veröffentlichungen von mir hervor, um mich davon zu überzeugen, dass ich es kann. Schließlich konnte ich es schon unzählige Male zuvor.)

Ich belüge mich selbst, wenn es um den gesellschaftlichen Nutzen meines Schreibens geht. Statt mich, was sinnvoller wäre, ehrenamtlich etwa für den *Boys Club* zu engagieren, mache ich mir vor, ich würde den Leuten mehr helfen, wenn ich sie über die menschliche Natur und darüber informiere, wie sie das Beste daraus machen können. »Aber Perry, kennst du etwa keine Autorinnen und Autoren, die neben ihrem Beruf auch noch genügend Zeit und Muße finden, um sich ehrenamtlich zu betätigen?«

Doch meine größte Lüge – diejenige, zu der ich jeden Morgen nach dem Aufwachen greife – habe ich mir bis zuletzt aufgehoben. Sie kennen das bestimmt auch. Sobald wir die Augen aufschlagen, erfinden wir uns neu. Tag für Tag. Um die Lüge zu verstärken, dass wir – dieses Amalgam aus Fleisch und Knochen, Organen und Adern, aus Verstand und etwas Subtilem, das wir Seele nennen – jemand sind. Also jemand Spezielles. Wir legen unsere Rüstung an – Jeans und T-Shirt, Anzug, Rock oder was auch immer – und präsentieren eine Persönlichkeit, die sich aus Selbstwahrnehmung, *gewünschter* Selbstwahrnehmung und Fremdwahrnehmung – beziehungsweise der Vorstellung, die wir von dieser haben – zusammensetzt. Das alles ist ein Fantasiegespinst, eine Projektion unseres unsicheren Egos und hat mit unserem wahren Selbst nichts zu tun. Bei Gandhi, glaube ich, war das anders; er kannte so etwas bestimmt gar nicht – sondern wachte morgens als Gandhi auf und ging abends als Gandhi wieder zu Bett.

Ob mir die Wahrheit mal ins Gesicht geflogen ist? Und ob! Wir kennen sie doch alle, die alte Geschichte: Die Partnerin (oder der Partner) fragt uns, ob ihr Outfit sie dick macht. Darauf, so weiß ich heute, gibt es nur eine einzige richtige Antwort. Sie lautet: »Du siehst gut aus. Aber wie gefällst du dir selbst? Wie fühlt es sich an? Von hier aus betrachtet jedenfalls siehst du fantastisch aus.« Ich kam darauf nach ein paar Fehlversuchen.

Die Wahrheit zu sagen ist mir nicht immer gut bekommen. Ich war zutiefst davon überzeugt, die – beinahe schon moralische – Pflicht zu haben, den Leuten meine Meinung ins Gesicht zu sagen, egal in welcher Angelegenheit. »Das tut ihnen im ersten Moment vielleicht weh, auf lange Sicht aber können sie davon nur profitieren.« So oder so ähnlich muss ich gedacht haben. Gutgetan hat es niemandem, weder mir noch den anderen. Ich weiß noch: Als ich einmal mit meiner neuen Flamme und deren Freundin unterwegs war, fragte ich besagte Freundin, was sie denn gegen den leichten Flaum auf ihrer Oberlippe unternehme. Noch bevor ich ihr erklären konnte, dass meine Schwester sich unerwünschte Härchen im Gesicht hatte weglasern lassen, rollte meine Liebste schon mit den Augen und wäre offenbar vor lauter Fremdscham und weil sie echt sauer auf mich war, am liebsten im Erdboden versunken. Später schimpfte sie mich ordentlich. Ich begann damit, mir nach Möglichkeit kritische Bemerkungen zu verkneifen, die ich mir zwar zu denken erlaubte, die aber nichts auf meiner Zunge zu suchen hatten. Noch später hörte ich sogar damit auf, sie zu denken.

Ein Mensch, der sich selbst belügt und beim Lügen zuhört,
kommt an einen Punkt, an dem er keine Wahrheit mehr erkennt –
weder in sich selbst noch in seinem Umfeld –,
und so verliert er jeglichen Respekt vor sich und anderen.
Und da er keinen Respekt mehr hat, hört er auch auf zu lieben.
Dostojewski: *Die Brüder Karamasow*

• • •

Wie ich das schaffen sollte: das Ruder herumzureißen, den kalten Entzug zu wagen und vom Lügenheld zum Wahrheitsfreak zu werden? Die Chancen standen hundert zu eins gegen mich.

Die ersten Schritte waren leicht. Ja, ich korrigierte mein Alter auf den Dating-Seiten. Ich bekannte mich mir selbst und anderen gegenüber zu meinem Gewicht. Dito zu meiner Körpergröße.

Danach wurde es schwerer. Auf die Frage, wie es mir gehe, sagte ich die Wahrheit und nicht mehr das, was mein Gegenüber vermeintlich hören wollte. Wie mir bald auffiel, kamen die Leute mit dieser Ehrlichkeit nicht gut klar. »Was sage ich nun darauf?«, hörte ich sie förmlich denken. »Soll ich mich jetzt auch beklagen und jammern wie Perry eben?«

Ich gab mir große Mühe, meine passiv-aggressive Veranlagung (mehr zu diesen Versuchen im nächsten Kapitel) im Zaum zu halten. Wenn sich ein Redakteur nach den Fortschritten meiner Arbeit erkundigte, sagte ich nicht mehr »Alles bestens« wie in den vergangenen Jahren.

Dann richtete ich den Blick auf mich und mein Ich. Ich nahm mir die Zeit, in den Spiegel zu gucken und meinen gesundheitlichen, emotionalen, geistigen und seelischen Zustand einzuschätzen. Und das, wohlgemerkt, ohne rosarote Brille.

Aber auch ohne die dreckverschmierte. Ich mache mir zu oft etwas vor. Romantisiere meine Situation, um mich – je nach Laune und Umständen – entweder mehr lieben oder mehr hassen zu können. Warum kann ich nicht ohne Bewertung hingucken, auf meine lange Nase, das kaum existente Kinn, die kahle Stelle auf dem Kopf, die außer mir kaum jemand sieht? Außer, ich mache mir auch hier was vor. Warum kann ich meinen Körper nicht mögen, statt mir die Pfunde vorzuwerfen, die ich schon ewig verlieren will? Warum sehe ich meine strahlend blauen Augen nicht? Die mühsam erworbene Weisheit, die sich in den Fältchen rund um ebendiese Augen niederschlägt? Mein warmes Lächeln? Warum bin ich mir manchmal beim Blick in den Spiegel sicher, dass ich meinem Filmidol Paul Newman zum Verwechseln ähnlich sehe? Warum kann ich nicht Freude darüber empfinden, dass ich stehen, atmen und einigermaßen stringent denken kann? Und die entscheidende Frage: Warum kann ich mir meine Artikel und Bücher nicht anschauen und mich darüber freuen, dass ich seit Jahren mein Geld mit einer Tätigkeit verdienen darf, von der ich mir nie hätte träumen lassen, dass ich sie je würde zum Beruf machen können – statt mich über den Umstand zu grämen, dass ich kein großer Autor bin?

Auf der Suche nach Antworten wendete ich mich Gandhi und seinem Wahrheitsbegriff zu. Glücklicherweise lässt er uns in dieser Hinsicht Spielraum:

Wie aber soll man die Wahrheit erkennen, die an den Stein der Weisen erinnert oder an die wunscherfüllende Kuh? Durch aufrichtige Hingabe und Gleichgültigkeit allen anderen Dingen des Lebens gegenüber, antwortet die Bhagavad Gita. Doch bei aller Hingabe: Was dem einen als Wahrheit erscheinen mag, können andere als unwahr empfinden. Den Suchenden aber braucht das nicht zu beunruhigen. Bei ernsthaftem Bemühen wird er erkennen, dass die einzelnen Wahrheiten wie die zahllosen, scheinbar unterschiedlichen Blätter ein und desselben Baumes sind. Erscheint nicht auch Gott selbst den verschiedenen Individuen gegenüber in verschiedenen Aspekten? Und doch wissen wir, dass Er sich immer gleich bleibt. Wahrhaftigkeit aber ist die richtige Bezeichnung Gottes. Deshalb ist auch nichts dagegen einzuwenden, dass jeder Mensch seine eigene Wahrheit lebt, seine eigene Wahrhaftigkeit. Im Gegenteil: Es ist sogar seine Pflicht. Und sollte es einmal zu einem Fehler kommen, wird dieser durch das Streben nach Wahrhaftigkeit automatisch korrigiert. Denn diese Suche nach der Wahrheit beinhaltet *Tapas* – strenge geistige Disziplin, im Extremfall bis in den Tod. Für Egoismus ist nicht der geringste Platz. Bei einer derart selbstlosen Suche nach der Wahrheit kann niemand lang in die Irre gehen. Begibt er sich auf den falschen Pfad, kommt er ins Stolpern und wird auf diese Weise wieder auf den rechten Weg geleitet. Das Streben nach Wahrheit und Wahrhaftigkeit ist wahre *Bhakti* (Hingabe). Der Weg zu Gott. Für Feigheit gibt es auf ihm keinen Raum, ebenso wenig für Niederlagen. Die Wahrheit ist der Talisman, der sogar den Tod in ein Einfallstor zum ewigen Leben verwandelt.

Also gut. Zu Wahrheit und Wahrhaftigkeit zu gelangen wird für mich kein Spaziergang werden, aber nicht aus den Gründen, die ich mir vorgestellt hatte. Ich hatte gedacht, das Problem wäre mein spiritueller Hintergrund: Im jüdischen – einem monotheistischen – Glauben erzogen, habe ich mich ausgiebig im Hinduismus der (wie manche sagen) Millionen Göttinnen und Götter umgetan, um danach zum praktizierenden Buddhisten zu werden. Der Buddhismus ist, wie der Buddha erklärt, eigentlich gar keine Religion, sondern eine Glückspsychologie, die keinen Gott nach jüdisch-christlichem Verständnis kennt. Gandhis Philosophie schließlich lässt Raum für all die verschiedenen Glaubensrichtungen. Doch wie sich herausstellt, habe ich ein Problem mit dem Glauben selbst – nicht nur mit dem Vertrauen auf welchen Gott auch immer, sondern vor allem mit meiner Bereitschaft, auf der Suche nach der Wahrheit keinen Stein auf dem anderen zu lassen.

Mit der Frage, ob oder wie ich damit klarkomme, beschäftige ich mich eingehend im zehnten Kapitel, dem über den Glauben.

Für den Moment und vielleicht für immer muss ich auf *meine Wahrheit* vertrauen. Im Buddhismus habe ich gelernt, dass sich die Wahrheit permanent verändert: Was in diesem Moment wahr ist, muss es im nächsten schon nicht mehr sein. Die Beschäftigung mit Gandhi hat mich auf eine tiefere Ebene der Wahrheit verwiesen – und mich an einen Spruch aus meinem Jahrbuch von der Rutgers University erinnert, der auf ein Schullied aus dem neunzehnten Jahrhundert zurückgeht und lautet: »Sich ständig verändernd und doch ewig gleich.«

· · ·

Wer bin ich? Wo bin ich? Und was will ich hier? Worin besteht meine Aufgabe auf der Erde?

So lauten die ersten Fragen, die sich jeder wissbegierige Mensch stellt, dem auch nur ein Jota an Selbsterkenntnis gelegen ist. Ebendiese Fragen stehen im Mittelpunkt der großen Religionen, von wissenschaftlichen Untersuchungen und jeder aufrichtigen persönlichen Suche. Meine Suche nach Wahrheit und Wahrhaftigkeit jedenfalls wird auch von diesen Fragen angetrieben.

Oft stellen sie sich an entscheidenden Wendepunkten im Leben und in bestimmten Phasen der menschlichen Entwicklung, wenn zum Beispiel das Baby erkennt, dass es nicht Teil der Mutter beziehungsweise nicht physisch mit ihr verbunden ist – was etwa im vierten oder fünften Lebensmonat der Fall ist. Für den Schweizer Psychiater C. G. Jung stellte die sogenannte Individuation – der Punkt, an dem sich ein Mensch seiner selbst bewusst wird – einen wichtigen Schritt auf dem Weg der Entdeckung der eigenen Bestimmung und des Lebenssinns dar.

Ich hatte meinen ersten »Ich bin ja ich«-Moment schon früh. Von Natur aus introspektiv veranlagt, habe ich schnell angefangen, meine Gedanken zu beobachten, und mich über all die seltsamen Dinge gewundert, die sich bei mir im Oberstübchen abspielten. »Denke nur ich so, wie ich denke?«, habe ich mich gefragt. Zuerst glaubte ich: »Ja, auf jeden Fall.« All die verrückten gedanklichen Berg-und-Tal-Fahrten, die bizarren Bewusstseinsströme, diese ganzen irren Phantasmagorien – solche verrückten Gedankenspielchen betrieb bestimmt nur ich. Mit der Zeit aber fiel mir auf, dass zwar nicht alle Leute das Gleiche dachten wie ich, aber doch bemerkenswert Ähnliches. Denn wie sonst wäre es möglich gewesen, dass sie über dasselbe lachten oder weinten wie ich?

Davon ausgehend gelangte ich zu der Überzeugung, dass ich vor allem das bin, was ich denke – abgesehen von den Milliarden Zellen plus Gewebe, Knochen, Muskeln und Organen, die in ihrer Gesamtheit als »mein Körper« einen beachtlichen Teil meines »Ich-Seins« darstellen.

Die nächsten Fragen, die sich die Menschen stellen, sind: Wo bin ich? Was hat es mit dieser Welt auf sich, in die ich da hineingeboren wurde? Was hält sie im Kern zusammen? Wodurch sind wir Menschen in diesem komplizierten, verwobenen

sozialen Gefüge verbunden? Nach dem Verlassen des Mutter-
leibs treten wir in eine merkwürdige Welt aus Luft und Schmerz,
Gelächter und vielen Gestalten ein, die mehr oder weniger so
aussehen wie wir selbst. Die Kreise, in denen wir uns bewegen,
werden größer: Ausgehend von der Mutterbrust geht es in Vaters Arme, dann von der Krippe in ein Zimmer, ein Haus, eine
Straße, Gemeinde, ein Land … Aus Büchern erfahren wir, wie
die großen Wissenschaftler uns die Welt erklären: Isaac Newton (Schwerkraft), Edwin Hubble (Kosmos), Charles Darwin
(natürliche Auslese alias Ursprung der Arten), Galileo Galilei
(Sterne und Planeten), Aristoteles (Biologie).

Und dann kommt das, was für mich, und auch für Gandhi,
die bedeutendste Frage ist: Wofür bin ich da? Worin besteht
meine Bestimmung? Ein Gradmesser besteht darin, was ich auf
der Welt und für die Welt tue.

Sehr lange, genauer gesagt seit ich mit sechs in der ersten
Klasse war, hätte ich mich als Trommler identifiziert. Meine
Bestimmung und meine Hauptaufgabe im Leben, mein Allein-
stellungsmerkmal, dachte ich, sei das Trommeln. Meine Mutter sagt sogar, ich hätte schon ihren Bauch als Basstrommel genutzt. An und für sich wäre das, wie andere Mütter bestätigen
werden, nichts Besonderes – nur dass meine Mom immer steif
und fest darauf bestanden hat, dass meine Tritte sie in einem
unerschütterlichen Vierviertelakt traktiert hätten – inklusive
synkopiertem Backbeat.

Was die Entwicklung meiner Identität angeht, gab es einen
prägenden Moment, als die Lehrerin in der Fünften jemanden
suchte, der sich vor die Klasse stellte und auf dem Klangholz
den Takt hielt, während die anderen Schüler und Schülerinnen ein einfaches Kinderlied singen sollten. Alle deuteten auf
mich, auch die Lehrerin. Für mich war das das Größte. Ein entscheidender Moment. Mit einem Mal war ich wer. Der Typ,

der alles zusammenhielt – und das für meine Begriffe nicht nur rhythmisch, sondern auch im übertragenen Sinn/metaphorisch. In jedem Fließtext fielen mir die Worte Trommel, Trommler, Schlagzeug oder Schlagzeuger sofort ins Auge. Es ging noch weiter: Als einer von fünf Trommlern wurde ich ins New Jersey All-State Orchestra der Highschools gewählt. Außerdem leitete ich die Trommler der *Marching Band* an der Rutgers und trat während des Studiums, aber auch nach dem Abschluss noch mit einem Jazztrio und anderen Bands auf. (Letzteres tue ich nebenher bis zum heutigen Tag.)

Mit zweiundzwanzig konnte ich mir jedoch keine berufliche Zukunft als Schlagzeuger mehr vorstellen – und fing an, im Schreiben eine ernsthafte Alternative zu sehen. Dass ich gut mit Wörtern umgehen kann, hatte sich schon länger angedeutet. Doch selbst nachdem ich acht Jahre als Redakteur für verschiedene Zeitungen und Zeitschriften geschrieben hatte, wäre ich nicht auf die Idee gekommen, diese Arbeit als meine innerste Bestimmung, meine Lebensaufgabe zu betrachten. Das änderte sich erst, als mein erstes Buch – *In a Man's World* – erschien. Knapp hundert rührende Leserbriefe habe ich daraufhin von Männern erhalten, die mir ihre Erfahrungen anvertrauten. Das hat mich so bewegt, dass mir klar wurde: Wenn ich anderen mit meinen Texten helfen konnte, sich selbst besser zu verstehen, dann sollte das eben mein Beitrag sein, der Dienst, den ich den Menschen leisten kann: mein Lebenszweck, meine Bestimmung.

Erst jetzt blickte ich zurück – dachte an die Hausarbeit in der zweiten Klasse, für die ich drei Sternchen bekommen hatte; an den Highschool-Aufsatz, dem ich die Teilnahme an einem innerstädtischen Schüleraustausch verdankte; an die lustigen Karten für meine Eltern; an den Essay, der mir die Aufnahme in die Graduate School sicherte. Vor allem aber dachte ich an den

Stolz, mit dem mich diese Leistungen erfüllten. Erst jetzt, im Rückblick, erkannte ich all die Vorzeichen, die ich aufgrund meiner einseitigen Orientierung auf das Trommeln zuvor übersehen hatte.

Und Gandhi? Wann, wo und wie hat er seine Bestimmung gefunden? Würde ich das herausfinden, könnte es vielleicht nicht nur mir helfen, sondern auch andere bei ihrer Suche unterstützen.

Für die meisten fand das Ereignis, das in Bezug auf seine Berufung zu Gandhis Weckruf werden sollte, am 7. Juni 1893 im südafrikanischen Pietermaritzburg statt. An dem Tag saß der vierundzwanzigjährige Junganwalt mit gültiger Fahrkarte in einem Eisenbahnabteil, das allein Weißen vorbehalten war, und wurde unter Anwendung von Gewalt rausgeschmissen. Der Bahnbeamte hatte Gandhi für Schwarz gehalten und ihm deshalb zur Last gelegt, gegen die Gesetze der Rassentrennung verstoßen zu haben. Allein in dem kleinen düsteren Wartebereich sitzen zu müssen, in den man ihn verbannt hatte, dürfte er als demütigend und verletzend empfunden haben. Die Szene hat sich so prägend auf Gandhis Biografie ausgewirkt, dass heute am Bahnhof von Pietermaritzburg ein kleines Museum steht, das dem Beginn seines aktiven Eintretens für Gewaltlosigkeit gewidmet ist. Die Formulierung »rechtschaffene Empörung« untertreibt die Gefühle, die in einem Mann mit so klaren Prinzipien vorgegangen sein müssen.

Denkbar, wenn nicht sogar wahrscheinlich wäre, dass ihm die erlittene Behandlung ordentlich Feuer unter dem Hintern gemacht hat. Eine andere Sicht auf diesen Vorfall hat sein Enkelsohn Arun Gandhi: »So entscheidend war dieser Moment gar nicht für ihn«, sagte er mir, als ich ihn zu Hause in Rochester, New York, besuchte.

»Viele Leute denken, das wäre der Moment gewesen, in dem ihm die Notwendigkeit des gewaltlosen Widerstands und so weiter dämmerte. Ich glaube aber, das war nur der Tropfen, der das Fass bei ihm zum Überlaufen brachte. Mit der Zeit hat sich da einiges aufgestaut: in Indien seine Erfahrungen mit den Vorurteilen gegen die Unberührbaren, dann England, wo er selbst Gegenstand von Vorurteilen war und den ganzen Hass und das alles miterlebt hat. Ihm wurde klar, dass das viel tiefer ging. Die ganze Negativität, die wir heute beobachten können, reicht tiefer, als es den Anschein hat; sie ist uns längst in Fleisch und Blut übergegangen. Für Gandhi war die Sache in Maritzburg lediglich eine Bestätigung seiner Empfindungen. Er sprach von einer Kultur der Gewalt.«

Da wurde mir klar, dass man die eigene Bestimmung nicht in einem einzigen Aha-Moment erkennt. Sie kann sich, wie es wohl bei Gandhi der Fall war, mit der Zeit herausbilden. Ich brauchte vielleicht nur die Scheuklappen abzulegen und auf Fingerzeige zu achten.

Der Sinn des Lebens, könnte man sagen, besteht darin, die eigene Bestimmung, den Lebenszweck zu finden – und damit die eigene Wahrheit. Das hat sogar noch einen weiteren Vorteil: Wie eine über elf Jahre durchgeführte, von einer Behörde des US-Gesundheitsministeriums finanzierte Studie ergeben hat, besteht ein enger Zusammenhang zwischen Lebenszweck und Langlebigkeit. Aus der Untersuchung geht hervor, dass diejenigen Menschen länger und besser leben, die ihren Lebenszweck kennen, die genau wissen, warum sie morgens aufstehen, und klare Ziele benennen können. Der Grund: Menschen, die wissen, was sie froh und zufrieden macht, haben offenbar eine »rechte Einstellung«. Die Aktivitäten und Gruppen, in denen sie sich engagieren, verhelfen ihnen zu einem bereichernden, befriedigenden Umfeld.

Im Rahmen eines von *National Geographic* finanzierten Projekts ermittelte Dan Buettner die (von ihm als Blue Zones bezeichneten) Landstriche der Welt, in denen besonders viele Hundertjährige leben. Eine Vorstellung davon, warum sie morgens aufstehen, ist ein integraler Teil ihrer Kultur. Die Bewohner Okinawas sprechen in diesem Zusammenhang von *Ikigai* (Lebenssinn); auf der costa-ricanischen Halbinsel ist vom *Plan de Vida* (Lebensplan) die Rede. Es könnte sein, dass dieses Gefühl der Sinnhaftigkeit zur Verringerung des Risikos beiträgt, an Alzheimer oder Arthritis zu erkranken beziehungsweise einen Schlaganfall zu erleiden.

Was aber hat das Auffinden des individuellen Daseinszwecks mit der Wahrheit und einer moralischen Lebensführung zu tun? Wenn ich Gandhi richtig verstanden habe, *ist* unsere Bestimmung unsere Wahrheit, der Grund, weshalb wir auf diesem Planeten gelandet sind – in dieser Uniform, mit genau dieser Persönlichkeit und exakt diesem Ego. Die Bestimmung muss den Test der Wahrheit bestehen. Beispiel: Angenommen, Sie schlagen eine gewisse Richtung ein und halten diese für Ihre Bestimmung. Dann aber stellen Sie fest, dass sich die Dinge nicht wie erhofft entwickeln. Sie haben in Ihrem tiefsten Inneren das Gefühl, dass etwas nicht stimmt. Vielleicht war Ihr Grund, gerade diese Richtung einzuschlagen, das Bedürfnis nach Ruhm und Ehre oder danach, »gut dazustehen« – und jetzt ist dieser Weg von Stacheldraht, Hindernissen und Pech gekennzeichnet.

Was meinen Berufswunsch Schlagzeuger angeht, begannen meine Alarmglocken zu schrillen, als ich bei mehreren Castings durchfiel. Oder als sich die Mitglieder eines Jazzensembles, mit dem ich auf Tour war, eines Abends in einem Club eine Band anhörten und der Leiter mir am nächsten Tag erzählte, er wünschte, ich könnte auch so spielen, anstatt die anderen im

Grunde auszubremsen. Das war ein harter Schlag für mein Ego, aber nötig, damit ich mich endlich auf meine eigentliche Berufung konzentrierte. Nebenbei Schlagzeug zu spielen, macht mir aber immer noch großen Spaß und ist Teil meiner Persönlichkeit. Nur eben nicht meine Lebensaufgabe, nicht meine wahre Bestimmung. Mit anderen Worten: Man muss viele Steine umdrehen, um sie zu finden, die persönliche Bestimmung. Manchmal macht sie sich auch lauter bemerkbar, als es Ihrem Verstand lieb ist.

Sollte Ihr Lebenszweck allerdings darin bestehen, Beziehungen oder anderer Leute Eigentum zu zerstören, Unfrieden zu stiften, gegen die Regeln des Anstands und der Höflichkeit zu verstoßen, kurz gesagt: sich wie ein echtes Herzchen zu verhalten, wäre es nicht in Gandhis Sinne. Ob solche unerwünschten Lebensinhalte aber unmoralisch und verwerflich sind? In einer Welt relativer Realitäten wohl nicht. Denn wer legt denn fest, was gut und was schlecht ist? Solche Entscheidungen bleiben dem Großen Richter vorbehalten – nicht uns vorurteilsbehafteten Menschen –, und irgendwelche Vorurteile haben wir ja alle.

Als entscheidender Faktor der Markenidentität hat die Frage der moralischen Bestimmung sogar Eingang in die Geschäftswelt gefunden. Nikos Mourkogiannis, Professor an der Cass Business School, definiert sie als »Wert, der das vielen Menschen angeborene Gefühl für alles Richtige und Erstrebenswerte anspricht«. Ob Ihr Beruf in Übereinstimmung mit Ihren moralischen Zielen steht, können Sie herausfinden, indem Sie sich die folgenden Fragen stellen: Welchen übergeordneten Sinn hat meine Arbeit? Wem oder was ist damit geholfen, dass ich meinen Job gut mache? Inwiefern bewirke ich in meiner beruflichen Rolle Gutes für die Welt? Was steckt hinter meinen Pflichten?

Würden wir alle unserer moralischen Bestimmung folgen, wäre die Welt eine viel bessere. Wir würden darauf vertrauen können, dass jede Entscheidung in ihrer eigenen Wahrhaftigkeit begründet ist und keinen egoistischen Motiven entstammt. Ohne Moralvorstellungen würden wir zu einem chaotischen Haufen verkommen, so wie die englischen Jungen, die in William Goldings Roman *Herr der Fliegen* auf einer Insel landen und ohne die Aufsicht von Erwachsenen plötzlich grausames Verhalten entwickeln.

Mehr noch: Zahlreiche Forschungsergebnisse der letzten Jahre zeigen, wie zentral Moralvorstellungen für unsere Persönlichkeit sind. Dem *Journal of Personality and Social Psychology* zufolge ergab eine Studie, dass beim Kennenlernen einer Person »Charakter« (und damit Moral) die entscheidendste Komponente der »Eindrucksbildung« ist. Im Rahmen einer anderen Erhebung schlussfolgerten Wissenschaftler, wie die Fachzeitschrift *Cognition* berichtet, dass moralische Werte »als wichtigster Teil der Identität, des Ichs und der Seele gelten können« – entscheidender als jede andere geistige Fähigkeit. Mit anderen Worten: Unsere Moral ist fundamentaler Teil dessen, wer wir sind und wie wir interagieren.

Unsere moralischen Grundsätze bilden den Leitfaden, an dem wir uns in schwierigen Lebenssituationen orientieren können. Sie setzen sich aus einfachen, vernünftigen Handlungsweisen zusammen, die sich eigentlich von selbst verstehen – jedenfalls, wenn wir in Utopia leben würden.

Stellen Sie sich – wie John Lennon in seinem ikonischen Song »Imagine« – eine Welt voller Menschen vor, die ehrlich sind, wahrhaftig und sich an den höchsten moralischen Prinzipien orientieren. Menschen, die – so Lennons Vision – im Heute leben, in Frieden und als Einheit, als einvernehmliche »Bruderschaft«. Einige mochten ihn für einen Träumer halten, fügt er hinzu, doch sei er keineswegs der Einzige … Was mich betrifft: Ich bin ganz bei John. Gandhi war, glaube ich, auch so ein Träumer. Ich frage mich nur, was die beiden – der eine Jahrgang 1869, der andere 1940 – wohl dachten, wie weit wir es bis zum heutigen Tag schon gebracht haben würden.

Wie Gandhi – wahrhaftig

Ziele sind schön und gut, aber wie lassen sie sich angesichts von Versuchungen, Ablenkungen, Disziplinlosigkeit und normaler menschlicher Schwäche hochhalten? Welche Verantwortung übernehmen Sie für die Realisierung Ihrer hehren Ideale? So schwer ist das gar nicht. Sollten Sie Probleme damit haben, zu Ihrer Wahrheit und Ihrer Bestimmung zu finden, warten Sie nicht, bis Sie dreißig sind, so wie ich und Gandhi. Hier ist eine Liste mit Anregungen, die Ihnen auf die Sprünge helfen können.

- **Schreiben Sie sich Ihre Ziele auf.** Eine Studie der Dominican University in Kalifornien hat ergeben, dass Menschen ihre Ziele mit zweiundvierzig Prozent höherer Wahrscheinlichkeit erreichen, wenn sie sie aufschreiben. Machen Sie innere Inventur. Führen Sie sich Ihre Ideale, Grundsätze, Ansprüche und Moralvorstellungen vor Augen. Denken Sie dann an Ihre körperlichen, emotionalen und geistigen Talente, Stärken und Fähigkeiten. Verschaffen Sie sich Klarheit darüber, was Sie wirklich zur Welt beitragen wollen. Dass Sie nahe dran sind, merken Sie an Ihrer starken emotionalen Reaktion auf eines der Ziele, die Sie sich notiert haben. Fassen Sie die Ergebnisse Ihrer Suche in einer Erklärung Ihres persönlichen Lebenszwecks zusammen. Folgen Sie bei der Entscheidung, was Sie tun und mit wem Sie Ihre Talente teilen möchten, Ihrer Intuition.

- **Suchen Sie sich einen Partner**, jemanden, mit dem Sie sich über Ihre Bestimmung und den Plan zu deren Umsetzung unterhalten können. Dabei kann es sich um einen

Freund, eine Freundin, Angehörige, Lover oder eine Kollegin handeln. Nutzen Sie Ihre Ehrlichkeit als Resonanzdecke für Ihren Aktionsplan.

- **Achten Sie auf Ihre Instinkte.** Lassen Sie Ihr Bauchgefühl sprechen, insbesondere wenn Sie etwas tun wollen, was nicht im Einklang mit Ihrem persönlichen Moralkodex steht.

- **Sprechen Sie mit einem Profi.** Sprechen Sie mit einer Psychologin oder einem Psychologen. Diese Menschen können Ihnen helfen, Sie an Ihre grundsätzlichen Wertvorstellungen zu erinnern, um darauf basierende Entscheidungen zu treffen. Sie können Ihnen helfen, sich zu vergeben, sollten Sie davon abweichen. Die Psychologie bietet Ihnen einen wert- und vorurteilsfreien Resonanzraum für Ihre Überlegungen.

- **Halten Sie sich an die goldene Regel.** Behandeln Sie andere so, wie auch Sie selbst behandelt werden wollen – mit einer großen Portion Empathie.

- **Bleiben Sie sich und Ihrer Wahrheit treu.** Stehen Sie für sich ein. Teilen Sie anderen alles mit, was diese zu ihrer eigenen Entscheidungsfindung brauchen können.

- **Halten Sie Wort.** Versprechen Sie nichts, was Sie nicht einlösen können. Tun Sie alles, was Sie zusagen. Ziehen Sie es durch. Wenden Sie Ihre Kompetenzen an. Nutzen Sie Ihre Leidenschaften als Sprungbrett für Ihre Lebensgestaltung. Neben (oder vielleicht gerade wegen) der Befriedigung, die es verschafft, Gutes zu tun, erkranken hilfsbereite Menschen seltener an Krebs, haben weniger Herz-Kreislauf-Erkrankungen und Depressionen. Außerdem müssen sie weniger Geld für ihre Gesundheit ausgeben.

- **Stellen Sie die Momente, auf die Sie stolz sind, zur Schau.** Widmen Sie Ihren Leidenschaften, Leistungen und allem, worauf Sie sonst stolz sind, einen Platz in Ihrer Wohnung. So haben Sie jedes Mal ein schönes Gefühl, wenn Sie daran vorbeikommen, und werden daran erinnert, wie wichtig Sie für diese Welt sind.

KAPITEL 4

Gewaltlosigkeit:
Make Love, Not War

Wenn ich verzweifle, erinnere ich mich daran,
dass sich in der gesamten Geschichte der Weg der Wahrheit
und Liebe immer durchgesetzt hat. Es gab Tyrannen und Mörder,
und eine Zeit lang mag es so aussehen, als wären sie unbesiegbar,
am Ende aber scheitern sie immer. Denk daran: immer.

Mahatma Gandhi

War« heißt einer der populärsten Songs, die nach Angaben vieler Best-of-Charts je geschrieben wurden. Ursprünglich gesungen hat ihn Edwin Starr. Die Temptations und Bruce Springsteen haben ihn gecovert. Der Text fasst das Endergebnis von Krieg zusammen: viele Tote, Macht- und/oder Grenzverschiebung – bis der nächste Krieg ausbricht.

Diesen Song hätte auch Gandhi gut rocken können – mit einer eigenen Cover-Version. Als Refrain wäre für ihn vielleicht eine Zeile infrage gekommen, die ihm wie erwähnt oft zugeschrieben wird: »Auge um Auge – und die ganze Welt wird blind sein.«

Doch was haben »War« oder etwa auch Gandhis Friedensbemühungen (sowie die von Hunderten Organisationen und Institutionen überall auf der Welt, die »Frieden«, »Gewaltfreiheit« oder »Gandhi« im Namen führen) erreicht, um Kriege zu verhindern? Wenn Sie sich in der heutigen Welt umschauen, werden Sie zustimmen, dass es auf diese Frage nur eine Antwort gibt: nichts.

Es war überaus optimistisch von Gandhi, zu denken, er könnte sich an die Spitze einer Bewegung setzen, die nicht nur für den Frieden eintrat, sondern auch einen entsprechenden Aktionsplan vorlegte. Die Leute hörten ihm zu, ja – eine Zeit lang. Dann warf jemand einen Stein, beleidigte einen anderen oder rempelte versehentlich absichtlich den »Feind« an.

Der Kreislauf der Gewalt kennt kein Ende. Beweis gefällig? Schauen Sie sich nur die Überschriften in den Zeitungen oder im Fernsehen oder bei anderen Nachrichtenanbietern irgendeines Tages in irgendeinem Jahr an.

Als Mensch, dessen Religion mindestens seit Lebzeiten des römischen Politikers und Philosophen Cicero Zielscheibe von Verfolgung und antisemitischen Hassaktivitäten ist, empfinde ich Mitgefühl mit allen marginalisierten und unterdrückten Minderheiten. Was meine Protesterfahrungen angeht, bin ich der Anwendung von Gewalt nie so nahe gekommen wie bei einer Demo 1969 in Washington, als die Polizei am Dupont Circle Hunderte von uns mit Tränengas beschoss. Wir gehörten zu der halben Million Menschen, die sich dem »Moratorium to End the War in Vietnam« angeschlossen hatten, das die Beendigung des Vietnamkriegs forderte. Als die Rauchschwaden näher kamen, rannten wir kopflos in alle Richtungen davon. Obwohl ich die Situation als lebensbedrohlich empfand, galten meine Gedanken den Männern und Frauen, deren Leben im vietnamesischen Dschungel tatsächlich in Gefahr war, und an die vielen, die dort den Tod fanden.

Als fromme buddhistische Gesellschaft haben die Vietnamesen schwer gelitten, auch emotional. Denken wir nur an den Mönch Thich Quang Duc, der sich aus Protest gegen den Krieg verbrannte – und damit gegen das buddhistische Gebot verstieß, kein fühlendes Wesen zu töten.

Vietnam veröffentlichte erst 1995 die offizielle Schätzung der Kriegstoten: zwei Millionen Zivilpersonen auf beiden Seiten sowie eins Komma eins Millionen nordvietnamesische und Vietcong-Kämpfer. Das US-Militär geht von zweihundert- bis zweihundertfünfzigtausend Getöteten aufseiten des südvietnamesischen Militärs aus. Als 1982 in Washington das Vietnam Veterans Memorial eingeweiht wurde, waren die Namen von 57 939 Angehörigen der US-Streitkräfte in die Wand gemeißelt worden, die getötet wurden oder infolge des Krieges als vermisst galten. Viele Namen sind in den folgenden Jahren hinzugekommen, sodass die Gesamtzahl jetzt bei mehr als 58 200 liegt.

Auch andere Länder haben aufgrund des Vietnamkriegs Tote zu beklagen: Südkorea mehr als viertausend, Thailand etwa dreihundertfünfzig, Australien über fünfhundert und Neuseeland an die drei Dutzend.

Zur Erklärung seiner Politik des gewaltfreien Protests verwendete Gandhi häufig den von einem Sanskrit-Wort abgeleiteten Begriff *Ahimsa*, wobei *himsa* »Schmerzen verursachen« heißt und die Vorsilbe »a« für »nicht« steht. Im erweiterten Wortsinn bedeutet Ahimsa »universelle Liebe und universelles Mitgefühl«. In der Praxis bezeichnet Ahimsa den Verzicht auf physische oder psychische Gewalt gegenüber allen lebenden Wesen. Ahimsa ist gleichbedeutend mit Vergebung, göttlicher Liebe und Opferbereitschaft. Oder kurz gesagt mit Gewaltlosigkeit im Tun und Denken, körperlich und seelisch.

Von diesem Ideal sind wir offenbar weiter entfernt als je zuvor.

Das Wort Satyagraha prägte der Mahatma, nachdem ein Verwandter von ihm 1906 einen von Gandhis südafrikanischer Zeitung *Indian Opinion* gesponserten Benennungswettbewerb gewonnen hatte. Er veränderte das Siegerwort in Satyagraha (von Sanskrit Satya – »Wahrheit« und Agraha – »höfliches Beharren«; Satya leitet sich von *sat* ab, was »seiend« bedeutet).

Für Gandhi beinhaltete Satyagraha weit mehr als passiven Widerstand: »Wahrheit (Satya) impliziert Liebe, und Festigkeit (Agraha) erzeugt und dient deshalb als Synonym für Kraft«, schrieb er in *Satyagraha in South Africa*. »Deshalb nannte ich die Bewegung in Indien bald Satyagraha, also ›aus Wahrheit und Liebe geborene Kraft‹ beziehungsweise Gewaltlosigkeit, und gab in dem Zusammenhang den Ausdruck ›passiver Widerstand‹ auf; diesen vermieden wir sogar in englischen Texten oft und verwendeten stattdessen lieber das Wort ›Satyagraha‹ selbst oder einen gleichbedeutenden englischen Ausdruck.«

Er nannte es auch Liebes- oder Seelenkraft.

Später widersprach er der Annahme, seine Vorstellung des zivilen Ungehorsams sei den Schriften Henry David Thoreaus entlehnt, insbesondere dessen Essay »Civil Disobedience« aus dem Jahr 1849:

»Die Aussage, meine Vorstellung des zivilen Ungehorsams beruhe auf den Schriften von Thoreau, ist falsch. Der Widerstand gegen die Obrigkeit war schon weit fortgeschritten, bevor ich den Aufsatz von Thoreau über zivilen Ungehorsam in die Hände bekam. Damals war die Bewegung aber unter der Bezeichnung passiver Widerstand bekannt. Da mir das nicht reichte, hatte ich für die Gujarati-Leser das Wort Satyagraha geprägt. Als ich dann den Titel von Thoreaus großartigem Aufsatz las, habe ich ihn aufgegriffen, um den englischen Lesern unsere Bestrebungen näherzubringen. Dann jedoch wurde mir klar, dass auch der Begriff ziviler Ungehorsam die Bedeutung unseres Kampfes noch nicht umfassend genug beschrieb. Deshalb entschied ich mich für die Formulierung ›ziviler Widerstand‹. Gewaltlosigkeit war immer integraler Bestandteil unseres Kampfes.«

Den signifikanten Unterschied zwischen Satyagraha und passivem Widerstand erklärte Gandhi im Jahr 1920 in einem ausführlichen Brief wie folgt:

»Früher habe ich die Begriffe ›passiver Widerstand‹ und ›Satyagraha‹ synonym verwendet. Doch seit sich die Lehre des Satyagraha weiterentwickelt hat, ist ›passiver Widerstand‹ nicht mehr gleichbedeutend damit. Denn wie etwa im Falle der Suffragetten lässt der passive Widerstand Gewalt zu und gilt allgemein als Waffe der Schwachen. Darüber hinaus beinhaltet der passive Widerstand nicht zwangsläufig das volle, unbedingte Festhalten an der Wahrheit. Deshalb unterscheidet er sich von Satyagraha in drei entscheidenden Punkten: Satyagraha ist eine Waffe der Starken; es lehnt Gewalt unter allen Umständen ab und besteht immer auf der Wahrheit.«

Obwohl der Ausdruck Satyagraha manchen Ohren fremd sein mag, beschreibt er Gandhis Freiheitsbegriff meiner Meinung nach am besten. In puncto Markenidentität sind die Bezeichnungen »Gewaltlosigkeit« und »gewaltlos« für alle PR-Fachleute ein Albtraum. Eine der wichtigsten Regeln im Einmaleins der Öffentlichkeitsarbeit lautet: keinesfalls Wörter wie *nein, kann nicht, wird nicht, ist nicht* oder *niemals* verwenden, genauso wenig wie die Vorsilben *nicht-, un-, anti-* oder auch *-losigkeit.* Das gilt auch für alle anderen negativen Wörter. Warum? Weil sie uns dazu zwingen, zuerst an das zu denken, wovon wir uns abwenden sollen. Der Ausdruck »Gewaltlosigkeit« pflanzt uns den Gedanken an Brutalität wieder in den Kopf. Sodass wir uns unwillkürlich vorstellen, wie sich Gewalt anfühlt, wie sie aussieht, sich anhört, wie sie riecht. Manche halten das für nicht so schlecht – so, wie manche ihrem Hund die Schnauze ins »Geschäft« stupsen. Ich finde das nicht richtig. Genauso wenig wie Gandhi offenbar. Doch welches einzelne Wort benennt das Gegenteil von Gewalt? Friede? Harmonie? Liebe? Kumbaya?

Terminologische Irreführung darf keine Ausrede für die Unfähigkeit unserer Gesellschaft sein, Gandhis Vision einer friedlichen Welt zu realisieren. Wäre ich jedoch sein PR-Mann, würde ich eine Rebranding-Kampagne einleiten.

...

Auf dem Gandhi-Portal gibt es eine Geschichte mit dem Titel »Gandhis erste Lektion in Gewaltlosigkeit«. Erinnern Sie sich noch an seine Lügen-Story? Diese hier knüpft daran an. Im weiteren Verlauf stellt ein Junge seiner Mutter eine Frage: »Aber Mutter, warum hat denn Mohandas' Vater so bitterlich geweint? Warum hat er ihn nicht verhauen oder ihn auf andere Art und Weise bestraft?«

»Die Tränen sind ihm gekommen, weil ihn Mohandas' Mut und seine Wahrhaftigkeit tief bewegt hatten. Schläge wären längst nicht so wirksam gewesen wie sein sanftes, stilles Leiden. Dieses Leiden und die Liebe seines Vaters hinterließen bei Mohandas einen viel tieferen Eindruck, als es jede körperliche Züchtigung vermocht hätte.«

Was mit folgenden Worten beschrieben wird: »Mohandas' erste Lektion war die Gewaltlosigkeit. Und genau mit dieser Waffe bekämpfte er später die Briten und erreichte die Befreiung seines Heimatlandes.«

Dieser Moment – sein erstes Erwachen in Sachen Gewalt-losigkeit – hat sich seinem Wesen unauslöschlich eingeprägt. Diese Erinnerung wurde nicht nur Teil seiner Identität, son-dern legte den Samen für eine Strategie, die später zur Basis seines gewaltfreien Widerstands gegen jede Form von Unter-drückung wurde. Auf der so wichtigen, weil prägenden emo-tionalen Ebene empfand er ein schrecklich schlechtes Gewis-sen; er schämte sich und machte sich vor allem große Vorwürfe wegen seines Diebstahls. Diese Reuegefühle verschärften sich später noch, als Mohandas sich daran erinnerte, wie er seinen im Sterben liegenden Vater verließ, um mit seiner Frau Kas-turba zu schlafen.

Womöglich entstammte sein Engagement für die Gewalt-losigkeit dem lebenslangen Versuch, sich von dieser Schuld zu befreien. Ich bin nicht der Erste, der diese Vermutung aus-spricht. In einem Aufsatz für die 2008er Frühjahrsausgabe der buddhistischen Zeitschrift *Tricycle* schrieb der Autor Mark Kurlansky: »Schon allein aufgrund der nie enden wollenden Schuldgefühle, die Gandhi hatte, weil er sich mit seiner Frau vergnügte, während sein Vater starb, hätte Freud seine Freude an ihm gehabt. Gandhis Leben war ein ständiger Beleg für Freuds These, der zufolge wir nie glücklich sein können, weil das innere Wesen des Menschen seinem Gewissen widerspricht. Oder, wie Freud es ausdrückte, das Ich sich im Krieg mit dem Über-Ich befindet.«

Man könnte auch argumentieren, Gandhis Selbstverpflich-tung auf ein gewaltfreies Leben sei bruchlos mit seinem hin-duistischen (insbesondere jainistischen) Glauben verbunden, mit seinem Vegetarismus, der Entscheidung, einen Tag in der Woche zu schweigen, sowie mit seiner bewussten Nichtanhaf-tung an materielle Besitztümer. Solche Dinge gehen einem ge-waltfreien Leben oft voraus. Oft! Gandhi führte neben seinem öffentlichen Wirken auch im Privaten ein asketisches Leben, in dem Gewalt in keiner Form einen Platz hatte.

Ich dagegen bin kein Asket und habe durchaus so meine Erfahrungen mit Gewalt gemacht – einfach, weil ich in US-Städten lebe. Die Form der Gewalt, die ich ausübe, gehört zu den schlimmsten, auch wenn sie nicht aus Schuldgefühlen meinem Vater gegenüber resultiert. Nur notdürftig von trügerischem Charme überdeckt, brodelt und rumort sie unter der Oberfläche, um aus heiterem Himmel zuzuschlagen – mit dem scharfen Messer des Sarkasmus. Weil niemand weiß, wann sie ausbricht, und man deshalb unvorbereitet und umso verletzlicher ist, tut diese Gewalt besonders weh.

Dem Vernehmen nach war ich, wie schon erwähnt, bereits vorgeburtlich ein Zappelphilipp, dessen Tritte seiner Mutter das Leben schwer machten. Was ich aber noch nicht erzählt habe: wie wütend ich versucht habe, mir den Weg frei zu trampeln. Für mich motorisch veranlagtes Kind war nicht genug Platz in der Gebärmutter. Ich konnte meinen Frust über den langen Aufenthalt in dieser Enge nicht unterdrücken. Was unerfüllte Wünsche angeht, führen Frust und Ungeduld oft zu Gewalt: *Lasst mich hier raus!* Das war der erste Akt meiner Rebellion gegen die herrschenden Verhältnisse. Damit drückte ich meinen Zorn auf Gesetze des Lebens aus, deren ich mir zu der Zeit noch nicht bewusst war, den ich in diesem vorgeburtlichen Stadium nicht anders als mit Tritten hätte bekunden können. Angehörige gesellschaftlicher Minderheiten, die unterdrückt, geschunden, untergebuttert, (real oder im übertragenen Sinne) angespuckt, geschlagen, verspottet, verarscht, Opfer eines Völkermordes oder anderer systembedingter Gräuel werden, können das nachempfinden.

Als Kleinkind tobte ich meine Wut auf dem Küchenfußboden sitzend an Töpfen und Pfannen aus und nervte damit meine Mutter beim Kochen. Mit zehn, elf ließ ich in den langweiligen

Sommern im ländlichen Amerika meiner aufkommenden gewalttätigen Natur freien Lauf, indem ich aus den Furchen zwischen Kies und Rasen Weberknechte herausklaubte, sie nach hinten auf die Terrasse trug und ihnen ein Bein nach dem anderen aus dem Leib zog. Dabei beobachtete ich voller Staunen, dass sich die Gliedmaßen sogar nach ihrer Entfernung aus dem Körper noch bewegten. Vor mir selbst rechtfertigte ich diese Akte der Gewalt mit der Neugier eines künftigen Entomologen. Zugleich fühlte ich mich wie ein tyrannischer Dennis, der Geschöpfe beherrschen und quälen konnte, die irgendwie nicht zu den fühlenden Wesen gehörten. Dieser letzte Teil beruhigte mein Gewissen. Ich hatte keine Ahnung, dass sie tatsächlich zu den fühlenden Wesen im buddhistischen Sinn gehörten. Kein einziges Mal dachte ich, dass ich einen Akt der Gewalt beging. Das tat ich aber.

Ich war der Junge, der sämtliche Figuren und Steine vom Spielbrett fegte – beim Scrabble, Monopoly, Schach oder Dame –, sobald ich sah, dass ich verlieren würde. Ich hasste meine Schwestern und meinen Vater, wenn sie mich besiegten. Der Spruch »Nur sprechenden Menschen kann geholfen werden« war zu der Zeit noch nicht in den elterlichen Sprachgebrauch vorgedrungen. Zorn und Verlegenheit hatten sich, wie Daniel Goleman, der Psychologe und Autor des berühmten Buches *Emotionale Intelligenz*, es wohl ausdrücken würde, meiner Amygdala bemächtigt.

Meine innere Feindseligkeit ließ ich zum Beispiel an meiner wehrlosen Schwester aus, die zwar drei Jahre älter war als ich, aber klein und schmal – und die es überhaupt nicht lustig fand, wenn ich sie auf dem Rücksitz unseres Autos so lange mit Tritten drangsalierte, bis sie schrie: »Mom, Perry tritt mich!« Dann kratzte sie mich am Arm. Derartige Blessuren trug ich viele davon; abgeschreckt haben sie mich nicht.

In der Hoffnung, meine Aggressionen damit in sozial verträglich Formen lenken zu können, kaufte mir mein Vater einen Sandsack und Boxhandschuhe. Das war seine Variante des »Auf-ein-Kissen-Einschlagens«; eines psychologischen Ansatzes, der als *Catharsis Theory* bekannt ist und umgangssprachlich »Dampf ablassen« meint. Nach einer Hochphase in den Siebzigern wurde diese Theorie später weithin widerlegt. Einer von dem Psychologen Brad Bushman und seinem Team 2002 an der Iowa State University durchgeführten Studie ist sogar zu entnehmen, dass das »Rauslassen« von Wut Aggressionen sogar fördert.

Später – und das habe ich nicht meinem Dad zu verdanken – entdeckte ich die Kunst des Sarkasmus, den Psychologen als den »Verteidigungsmechanismus der Sublimierung« bezeichnen würden. Ich würde es anders sagen und sehe darin eine Art Beleidigungs-Erstschlag – bevor der andere überhaupt daran denkt, irgendwas Schlaues zu sagen. Sarkasmus dient mir als Deckmäntelchen zur Verhüllung meiner Unsicherheit. Er ist eines der besten Beispiele für passiv-aggressives Verhalten.

Gandhi hat den Sarkasmus genutzt, um zu provozieren und den Finger in gesellschaftliche Wunden zu legen. Am besten gefällt mir folgende Geschichte: Während eines Aufenthalts in London antwortete er einem westlichen Journalisten auf die Frage »Wie finden Sie die westliche Zivilisation?« mit den Worten: »Ich halte sie für eine gute Idee.« Das war zu einer Zeit, als die britischen Herrscher ihre kolonialen Untertanen in Indien überaus unzivilisiert behandelten.

...

Mit seinem Meisterwerk »Masters of War« aus dem 1963 erschienenen Album *The Freewheelin' Bob Dylan* legte der bedeutende amerikanische Folksänger das stärkste Plädoyer für die

Frucht- und Sinnlosigkeit aller von politischen oder Kapitalinteressen sanktionierten und finanzierten Kriege vor.

Der Krieg – im Sinne militärischer Auseinandersetzungen auf dem Schlachtfeld – ist beileibe nicht der einzige Gewaltverursacher. Seit ich an diesem Buch schreibe, dominiert in Amerika fast täglich ein neuer Akt der Waffengewalt die Schlagzeilen und senkt sich wie ein düsterer Schleier von Trauer und Schrecken über die Menschen. In unserer alltäglichen Umgebung, in Schulen, Synagogen und Supermärkten, entstehen so ständig neue Kriegsgebiete.

»Die Welt ist gefangen in einer Kultur der Gewalt, einer Kultur, die sich so tief in uns verwurzelt hat, dass alles um uns herum gewalttätig ist: Sport, Unterhaltung, Sprache, Beziehungen, Religion – alles ist gewalttätig.«

Das waren die beunruhigendsten Worte, die ich auf meinen Reisen in Gandhis Fußstapfen gehört habe. Sie hätten mich aus jedem Mund kommend betrübt, umso mehr aber, als sie von einem Mann stammten, der dreißig Jahre lang für die *Times of India* geschrieben und eine Organisation gegründet hat, die sich dem Studium der Gewaltlosigkeit widmet. Aber das Erschreckendste war, dass diese Wörter aus dem Mund von Arun Gandhi kamen.

Zu einem ähnlichen Schluss wie Arun war ich – vom Standpunkt der soziokulturellen Anthropologie aus – vor einigen Jahren gekommen. Nämlich als ich in Mumbai im Chhatrapati-Shivaji-Museum vor einer Vitrine stand. Ich starrte auf die ersten bekannten Kriegswaffen der Weltgeschichte. »Dieses Gemorde geht schon lange so«, dachte ich mir. »Seit der Mensch sich und die Angehörigen seines Stammes von anderen – von *jedem* anderen – unterscheiden kann.« Der andere ist sein Feind, der Rivale im Kampf um Essen, Trinken, Territorium oder, im Falle von Männern, um die Mutter seiner Nachkommen.

Ich musste an die Eingangssequenz von Stanley Kubricks Film *2001: Odyssee im Weltraum* denken, der 1968 herauskam, als das Jahr 2001 noch Lichtjahre entfernt schien. Diese fesselnde Szene fängt den Moment ein, in dem die Affen erkennen, dass sich ausgetrocknete Knochen nutzen lassen, um Fremde – andere Tiere, die sich am selben Wasserloch bedienen wollen – zu töten oder abzuschrecken. Wenn der Affe einen Knochen in die Luft schleudert und dieser sich in einen Raumflugkörper in einer Umlaufbahn verwandelt, fünfzig Millionen Jahre später, gibt es niemanden, dem die metaphorische Botschaft entgeht.

...

Gewalt tritt in vielerlei Gestalt auf. Einem von einer Unterbehörde des US-Gesundheitsministeriums herausgegebenen Bericht zufolge gehören dazu: Gewalt in Ehe und Partnerschaft, sexuelle Gewalt, Kindesmisshandlung, Mobbing, suizidales Verhalten, Misshandlung und Vernachlässigung alter Menschen. Bedauerlicherweise haben diese Delikte dramatisch zugenommen. Mit seinen Hetzreden gegen vermeintliche Feinde ist es Donald Trump vor, während und nach seiner vierjährigen Amtszeit im Weißen Haus praktisch im Alleingang gelungen, das Mobbing weit nach vorn zu bringen. Trotz der »Be Best«-Kampagne (etwa: Gib dein Bestes) seiner Frau Melania. Ob sein aggressiver Stil unmittelbar zu jener handfesten Gewalt geführt hat, die nach seiner Wahlniederlage beim Sturm seiner Anhänger auf das Kapitol am 6. Januar 2021 verübt wurde – diese Frage kann jeder für sich beantworten. Für mich persönlich besteht kein Zweifel daran, dass er der Katalysator war. Die Bilanz dieses Tages: fünf Tote, hundertneununddreißig verletzte Polizeibeamte und ein Sachschaden von geschätzten dreißig Millionen Dollar.

Ganz weit oben auf der Liste begangener Gewalttaten stehen sexuelle Belästigungen. Die Zeichen sprechen für einen Anstieg. Eine Kommission, die den Auftrag hatte, die Diskriminierung im Beruf zu beenden, berichtete von einer deutlichen Zunahme einschlägiger Anklagen in den zwei Jahren nach Aufkommen der #MeToo-Bewegung. Sollte diese Steigerung das Resultat erhöhter Sensibilität für das Thema und größeren persönlichen Mutes sein, derartige Übergriffe anzuzeigen – okay, das steht zu hoffen. Aber können Sie sich vorstellen, wie die Situation ausgesehen haben muss, bevor diese Bewegung entstanden ist?

Einer Zusammenstellung des indischen National Crime Records Bureau zufolge nimmt dort die Anzahl der Fälle sexueller Belästigung und Vergewaltigung zu. Der Bericht wies für 2021 gegenüber dem Vorjahr dreizehn Komma zwei Prozent mehr Verbrechen gegen Frauen aus. Dazu gehörten Vergewaltigungen, Belästigungen, Säureangriffe, Grausamkeiten seitens des Ehemanns oder seiner Verwandten sowie häusliche Gewalt.

Die Prinzipien und Methoden der Gewaltlosigkeit, die im Zuge von Gandhis Kampf um die Unabhängigkeit Indiens bekannt und berühmt wurden, haben in den darauffolgenden Jahrzehnten durchaus nachgewirkt. Wie wir alle wissen, spielten im Kampf um Gleichstellung und Gerechtigkeit die Grundsätze der Gewaltfreiheit und des zivilen Ungehorsams für Martin Luther King und Nelson Mandela eine zentrale Rolle. Wie aber ist es heute um die Versuche bestellt, den Status quo zu verändern? Sind Gandhis Konzepte auch in jüngster Zeit noch erfolgreich, und wenn nicht: Was ist da schiefgegangen?

Eine Bewegung, die sich den Köpfen der Amerikaner eingeprägt und die Medien intensiv beschäftigt hat, war Occupy Wall Street, als im September 2011 – erst in New York, dann bald auch in weiteren Städten – Parks und andere Örtlichkeiten besetzt wurden, um nach der globalen Finanzkrise gegen den Einfluss des Kapitals auf die Politik, gegen die Bankenrettung und die soziale Ungleichheit zwischen dem einen Prozent der Topverdiener und den übrigen neunundneunzig Prozent der amerikanischen Bevölkerung zu protestieren. Die Kampagne sollte sich an den Sit-ins im Kampf um Bürgerrechte in den Sechzigern orientieren. Im November 2011 hatte die New Yorker Polizei die ursprünglichen Demonstranten gewaltsam vertrieben.

Im Herbst 2011, auf dem Höhepunkt der Bewegung, äußerte sich Guillaume Marceau, einer der Organisatoren von Occupy, gegenüber der indischen *Economic Times* mit den Worten:»Der Geist Mahatma Gandhis ist hier überall zu spüren. Occupy Wall Street ist eine gewaltfreie Bewegung.« Er fügte hinzu, dass Occupy sich an der methodischen und spirituellen Führung klassischer gewaltfreier Anführer orientiert – wie etwa Gandhi. *Forbes India* gegenüber berichtete Marceau:»Die Community hier bemüht sich – mit großem Erfolg –, dieses Bekenntnis zur Gewaltlosigkeit zu bekräftigen: Tag für Tag.«

Doch bei den Hunderten von Protesten überall auf der Welt und ohne zentrale Führung war es unvermeidlich, dass es zu Konfrontationen mit der Polizei kam. Auch wenn die Aggressionen ursprünglich von den Ordnungsmächten ausgingen, hatten aufgebrachte Reaktionen einiger Aktivisten doch zur Folge, dass sich das Bild vom friedvollen Protest in der Öffentlichkeit auf Dauer nicht aufrechterhalten ließ. Schließlich endete die Bewegung, die mit einem solch naiven Optimismus begonnen hatte, jählings in einer Nacht-und-Nebel-Aktion der New Yorker Polizei. Auf Anweisung von Bürgermeister Michael Bloomberg wurden die Protestierenden verhaftet, ihre Besitztümer kurzerhand zerstört und das Gelände geräumt. Obwohl es Occupy gelungen ist, die Botschaft der Bewegung – unter anderem die Kritik an der sich immer weiter öffnenden Einkommensschere – nicht nur in Amerika zu transportieren, sondern in der ganzen Welt, gilt die Initiative weithin als gescheitert, weil sie ihr Hauptziel nicht hat erreichen können.

In ähnlicher Weise schien sich Black Lives Matter nach der Ermordung George Floyds im Sommer 2020 zu einer Bewegung von anscheinend beispielloser Durchschlagskraft zu entwickeln. Als überall auf der Welt Menschen aus Protest auf die Straße gingen, sah es so aus, als hätte ein neues Kapitel begonnen und einen Prozess echter Wiedergutmachung eingeleitet. Stattdessen brandmarkten konservative Kräfte die Protestierenden als »Aufrührer« und lösten einen ausgesprochenen Backlash aus. Zu einem der blutigsten Zusammenstöße kam es in Portland, Oregon. Auch in vielen anderen Ländern wurde die Bewegung aufgegriffen und auf die eine oder andere Art fortgeführt. Gandhis Erbe wurde in diesem Zusammenhang zum Gegenstand von Auseinandersetzungen, als Protestierende Ehrenmale des Mahatma zerstörten, weil sie ihm Rassismus zum Vorwurf machten.

Warum also ist der friedliche Protest heutzutage offenbar im Scheitern begriffen, während er für Gandhi und seine Anhänger doch eine so starke Waffe darstellte? 2017 schrieb Micah White, einer der Initiatoren von Occupy Wall Street, einen Artikel für den *Guardian*, der die Überschrift »Occupy und Black Lives Matter sind gescheitert. Wir können entweder Kriege gewinnen oder Wahlen« trug. Darin schrieb er: »Aktivisten gehen davon aus, dass wir nur genügend Menschen auf die Straße bringen müssten, damit wir, das Volk, auf irgendwie magische Weise Macht über die gewählten Repräsentanten gewinnen können. Das ist ein nettes Narrativ. Nur leider stimmt es nicht mehr […] Das Volk als Souverän ist tot, und Proteste stellen hoffnungslose Versuche dar, den Leichnam zu reanimieren. Jetzt ist es an der Zeit, eine andere Methode auszuprobieren.«

White schlägt aber nicht etwa Krieg vor, sondern Menschen in Machtpositionen zu bringen, die in der Lage sind, Veränderungen durchzusetzen. Gewicht verleiht diesem Gedanken die unglaubliche Welle von Frauen und *People of Color*, die seit 2020 in wichtige Ämter gewählt wurden.

Daraus ließe sich womöglich der Schluss ziehen, dass die Tradition des gewaltlosen Protests kein Allheilmittel für alle gesellschaftlichen Missstände darstellt. Wie Gandhi gehofft hatte, wäre Selbstregierung ein wichtiges Instrument für den Zusammenhalt der Gesellschaft. Er sprach sich für die Teilhabe aller an der Demokratie aus – und schloss Frauen, Reiche wie Arme, Vertreter aller Hautfarben und Kasten ein. Gewaltlosigkeit ist aber nicht nur die Abwesenheit von etwas. Wir müssen auch positive Maßnahmen einbringen. Ob es sich nun um eine weltweite Protestbewegung handelt oder um die innere Transformation eines einzigen Menschen: Um eine Veränderung zu bewirken, reicht es nicht, Störendes zu benennen und auszuschalten; wir müssen die entstehende Leerstelle mit besseren Optionen ausfüllen. Oder wie Gandhi zusammenfassend sagte: Gute Ziele lassen sich nicht mit zweifelhaften Mitteln erreichen.

• • •

Während sich ganze Kulturen, Nationen, Stämme und andere Gruppierungen, von Xenophobie getrieben (der Angst vor oder dem Hass auf das als fremd Empfundene), auf Kämpfe und kriegerische Auseinandersetzungen verlegen, habe ich beschlossen, einen neuen Pfad zur Erlangung inneren Friedens einzuschlagen.

Er begann damit, dass ich eine Weile auf den Empfang von CNN und anderen Nachrichtensendern verzichtete, die viel über Gewalt berichteten – allein schon in ihren Talkshows. Ich boykottierte die Fernsehdebatten während des Präsidentschafts-wahlkampfes 2020, in dem Bulldogge Donald Trump gegen Pudel Joe Biden antrat – weil ich wusste, was für ein hässlicher, beinahe blutrünstiger Rüdenkampf das werden würde. Während meines langsamen, aber konsequenten Entzugs vermisste ich zunächst die Nachrichten; sogar das beim Konsum heiß-gehasster schlechter, verstörender Meldungen hochschießende Adrenalin. Dann legte sich eine Art Frieden über mich. Weil mir klar wurde, dass ich auch weiterleben konnte, ohne mit Freunden über Politik und Weltgeschichte zu diskutieren. Die Unterhaltungen hatten mich sowieso des Öfteren geärgert. Das Leben würde weitergehen, sogar besser. Die Erde würde sich weiterdrehen, auch ohne meine Beteiligung.

Als ich wieder anfing mit Nachrichten-Gucken, hatte sich die Weltlage leider nicht verbessert. Eher im Gegenteil. Jetzt aber konnte ich sie mir mit einem gewissen Abstand anschauen, objektiver, weniger nervös. Eine Zeit lang aus dem Dunstkreis der Gewalt herauszutreten, sich von entsprechenden Gesprä-chen und Einflüssen fernzuhalten, gibt uns den nötigen Frei-raum, der es uns ermöglicht, inneren Frieden zu finden. Ha-ben wir ihn erlangt, können wir uns mit größerer Klarheit und Entschiedenheit wieder auf die brutale Welt einlassen. Wie ich herausgefunden habe, hat Gandhi sich ähnlich verhalten: Er hat eine Weile keine Zeitungen gelesen. Aus dem selben Grund hat er an einem Tag in der Woche nicht gesprochen.

Als Nächstes verkniff ich es mir, Football-Spiele und an-dere Kontaktsportarten anzuschauen. Ich war seit Jahren ein-gefleischter Fan der San Francisco 49ers und interessierte mich auch für die Mannschaften der Gegenden, in denen ich einmal gelebt hatte (zum Beispiel die New England Patriots und die New York Giants). Mir war aber aufgefallen, dass ich hinsicht-lich der physischen Gewalt auf dem Spielfeld abgestumpft war.

Meine Mutter hatte recht: Wann immer wir zusammen Sport guckten, hatte sie bei jedem krassen, brutalen Tackle »die Unmenschlichkeit der Menschen untereinander« beklagt. Dabei war American Football früher sogar noch aggressiver. Der *Washington Post* zufolge starben zwischen 1900 und 1905 mindestens fünfundvierzig Football-Spieler; viele von ihnen an inneren Verletzungen, Genick- beziehungsweise Wirbelsäulenbrüchen oder Schädel-Hirn-Traumata aufgrund »unnötiger Härte«. Nach öffentlichen Protesten rief Präsident Theodore Roosevelt 1905 zu einer Reform der Regeln auf, um das Spiel ungefährlicher zu machen. Die Helmpflicht aber wurde erst Jahrzehnte später eingeführt: 1939.

Und doch erlitten weiterhin Spieler schwerste Kopfverletzungen – die Präsident Barack Obama 2014 veranlassten, Veränderungen zu verlangen. Einer 2017 im *Journal of the American Medical Association* veröffentlichten Studie zufolge hatten neunundneunzig Prozent der verstorbenen Spieler der National Football League (NFL), deren Gehirn bei einer Autopsie untersucht wurde, an chronisch-traumatischer Enzephalopathie (CTE) gelitten, einer fortschreitenden Erkrankung des Hirns, zu deren Symptomen Gedächtnisverlust, Verwirrung, Beeinträchtigung des Urteilsvermögens, Probleme mit der Impulskontrolle, Aggressionen, Depressionen, Ängste, Suizidalität, Parkinson und mitunter fortschreitende Demenz gehören.

In den letzten zwei Jahren, in denen ich der NFL abgeschworen habe, gab es natürlich Momente, in denen ich die Kameraderie mit den anderen Fans und den Gemeinschaftsgeist beim Bejubeln der lokalen Helden vermisste. Ob mir aber auch der mit Testosteron vermischte Adrenalinschub, das spezielle Essen, das es am Spieltag in Unmengen gibt, und der rechtschaffene Zorn über eine für mein Team nachteilige Schiri-Entscheidung oder eine verpasste Chance fehlten? Ein bisschen vielleicht, vor allem aber fehlen mir die Begleitumstände: die saisonalen Veränderungen wie etwa das wechselnde Licht vom Sommer über den Herbst hin zu den düster-gemütlichen Tagen der Superbowl.

Die Brutalität auf dem Feld greift traurigerweise auch auf das Privatleben der Spieler über; chronisch-traumatische Enzephalopathie bei Profisportlern wird unter anderem mit Körperverletzung und häuslicher Gewalt in Verbindung gebracht. Aus Studien geht hervor, dass Gewalt im Spiel auch die Wahrscheinlichkeit aggressiven Verhaltens bei den Zuschauern erhöht. Dass sich Hooligans auf den Tribünen in die Haare bekommen oder sogar Offizielle und Sportler attackieren ist keine Seltenheit. Schon Hunderte von Fans sind bei der Zelebration von Fußballspielen ums Leben gekommen oder verletzt worden.

Was das Spiel selbst betrifft, ist American Football nicht die einzige Sportart, bei der wir Gewalt und Aggression als normalen Bestandteil akzeptieren. Besonders Eishockey ist berühmt-berüchtigt für seine »Körperkontakte«. Für Attacken auf dem Eis, die an Straftaten denken ließen, sind Spieler schon strafrechtlich belangt worden. Was während des Spiels als Gewalt gilt und was nicht, entscheiden die jeweiligen Sportligen und -offiziellen. Zur Verhinderung von Brutalität und schweren Verletzungen setzen die Verbände auf Strafen wie Sanktionen, Spielausschluss, Geldbußen und Sperren – nach der Tat.

Eishockeyspieler beispielsweise können für viele Regelverstöße bestraft werden, unter anderem für Check gegen die Bande; Stockstich; unerlaubten Körperangriff; Check von hinten, gegen den Kopf oder Nackenbereich; für das sogenannte Haken; für Spielverzögerung, Check mit dem Ellbogen, für hohen Stock und ich weiß nicht was. Beim Football drohen Strafen für rohe Behandlung des Passgebers, für unnötige Härte, unerlaubten Einsatz von Händen oder Armen, illegales Benutzen des Helmes und Beinstellen. Trifft beim Baseball der Werfer absichtlich den Schlagmann, kann er des Platzes verwiesen werden. Beim Basketball wurden Regeln eingeführt, um »unnötige« Kontakte von Spielern gegen ihre Gegner zu ahnden. Auf das jeweils nächste Spiel wirkt sich die Ahndung dieser Fouls allerdings so gut wie gar nicht aus.

Da ich nun weder Fan von Winter- oder Eissportarten noch von Golf oder Gymnastik bin, landete ich bei derjenigen Disziplin, bei der die Spieler am weitesten voneinander entfernt sind: Tennis. Das Zugucken hat eine direkt wohltuende, beruhigende Wirkung auf mich. Das Hin und Her der langen Volleys hypnotisiert mich beinahe – ähnlich wie das Ein und Aus der Luft bei der Beobachtung meines Atems in der Meditation. Doch macht sich im Tennis in letzter Zeit eine eigene Form der Gewalt breit: Verstöße gegen den Kodex wie zum Beispiel Schläger-Missbrauch, hörbare Obszönität und unsportliches Verhalten. Die Dinge sind so außer Kontrolle geraten, dass die Tennisspieler-Vereinigung ATP ihre Offiziellen im April 2022 aufgefordert hat, Verletzungen des Kodex strenger zu ahnden.

Neben dem Sport gibt es auch »Spiele«, die gewaltsames Verhalten fördern. Video- beziehungsweise Computerspiele geben Anlass zu Besorgnis – sie tragen in einer Art und Weise zur Verbreitung von Gewalt bei, die Gandhi sich nicht einmal hätte vorstellen können. Interaktive Videospiele wie die gewaltverseuchten *Doom*, *Wolfenstein 3D* oder *Mortal Kombat* können aggressives Denken, Fühlen und Verhalten unter Laborbedingungen und im wirklichen Leben verstärken. Dies geht aus Studien hervor, über die im *Journal of Personality and Social Psychology* berichtet wurde. Demnach trifft diese Beobachtung insbesondere auf interaktive Gewaltspiele zu, bei denen von den Spielenden verlangt wird, dass sie sich mit dem Aggressor identifizieren.

Eine der führenden Forschungspersönlichkeiten auf diesem Gebiet, der Psychologe Craig A. Anderson, schrieb: »Gewalttätige Videospiele bieten ein Forum zur Aneignung aggressiver Lösungen für konfliktbelastete Situationen. Kurzfristig scheinen sie aggressives Denken zu verstärken. Längerfristig erlernt der Spieler neue, aggressionsgeladene ›Drehbücher‹, die sich zur Anwendung in realen konfliktbelasteten Situationen anbieten, und übt sie ein.«

JAMA Pediatrics, eine von Fachkollegen begutachtete medizinische Zeitschrift der American Medical Association, veröffentlichte eine Studie, in der von dem Psychologen Douglas Gentile nachgewiesen wurde, dass junge Menschen, die wiederholt gewalttätige Videospiele spielen, mit der Zeit ein aggressives Denken entwickeln, das ihr Verhalten im Alltag beeinflussen kann.

2020 verbot Indien das Kampfspiel *PUBG Mobile* als zu brutal. Zu diesem Schritt sahen sich die Behörden sowohl durch Berichte über Suizide und Selbstverstümmelungen von Usern als auch durch Eltern veranlasst, die suchtartiges Verhalten ihrer Kinder dem Produkt gegenüber beobachtet hatten. Ich persönlich kann nur von Glück sagen, dass ich dem Laster des Spielens, gleich welcher Art, nie verfallen bin.

...

Ich bin in New York geboren worden, habe meine Kindheit in New Jersey verbracht und auch einige Jahre in Boston und Umgebung gelebt. Wer selbst aus einer dieser Städte stammt oder sich längere Zeit in einer von ihnen aufgehalten hat, dürfte wissen, dass Pöbeln dort zum Vokabular dazugehört. Ein geschickt platzierter adjektivischer Ausruf geht flott von der Zunge und passt sich allen möglichen Situationen und Interaktionen leicht an. Zur Bestätigung brauchen Sie sich nur ein paar Folgen der TV-Serie *Die Sopranos* anzusehen. Im Mittelpunkt der Handlung steht eine fiktive Mafia-Familie in Caldwell, New Jersey – einem Ort, der keine zehn Kilometer von dem entfernt ist, in dem ich meine Kindheit verbracht habe.

Flüche, Kraftausdrücke, Lästerlichkeiten, Obszönitäten, Beleidigungen – wenn Sie's gern etwas intellektueller hätten: Verwünschungen. Ansonsten einfach: böse Wörter. Wie immer Sie diese Äußerungen auch nennen möchten, eines ist sicher: Mit der entsprechenden Wortwahl geht eine Menge aggressiver, wenn nicht gar gewalttätiger Energie einher.

In einer Reihe von Untersuchungen wurde der Zusammenhang des Gebrauchs von Obszönitäten und Gewalt untersucht. Bei einer haben Forschende der Brigham Young University (BYU) herausgefunden, dass Mittelschüler, die in TV-Sendungen und Videospielen vielfach Obszönitäten ausgesetzt waren, sich mit größerer Wahrscheinlichkeit obszön ausdrückten und eher zu gewalttätigem, aggressivem Verhalten anderen gegenüber neigten. Die Ergebnisse dieser Studie wurden in *Pediatrics* veröffentlicht, einer ebenfalls von Fachleuten begutachteten Zeitschrift der American Academy of Pediatrics.

»Obszönitäten sind eine Art Sprungbrett«, sagte eine der Forschenden der BYU. »Man geht nicht ins Kino, hört dort ein böses Wort und zieht dann los, um jemanden zu erschießen. Wenn aber Jugendliche Obszönes hören und sich dann so ausdrücken, kann das eine Abwärtsspirale einleiten, die in zunehmend aggressivem Verhalten mündet.«

»Die ebenso törichte wie üble Gewohnheit des obszönen Fluchens und Schimpfens stellt ein so gemeines, niedriges Laster dar, dass jeder vernünftige und charakterfeste Mensch sie verabscheut und verachtet«, erklärte schon George Washington, der erste US-Präsident.

Forschungsergebnisse, die einen engen Zusammenhang von Fluchen und Gewalt belegen, liegen nur wenige vor. Seth Adam Gitter, Doktorand an der Florida State University, schreibt dazu: »Die Abwesenheit von Beweisen beweist gar nichts. Es besteht eindeutig die Möglichkeit, dass der – vielleicht auch nur flüchtige – Kontakt mit vulgärer Sprache das Verhalten der Menschen auf unschöne Art und Weise beeinflussen kann.«

Wann immer ich selbst eines dieser Wörter verwende, überkommt mich ein komisches Empfinden: eine Mischung aus Adrenalin, Emotionen wie Zorn, Macht, Stärke und schließlich einer – wiewohl unausgelebten – Tendenz zur Gewalt. Oder einfach ausgedrückt: Ich fühle mich machomäßiger – weil ich mich über die Person erhoben habe, mit der ich spreche, ihr meine dunklere Seite gezeigt und sie bestenfalls eingeschüchtert oder ihr wenigstens demonstriert habe, wozu ich alles fähig bin.

Studien bestätigen diesen Eindruck: Flüche, Beleidigungen und unflätige Sprache aktivieren die Amygdala; bei Kindern gehen sie oft körperlichen Aggressionen voran oder begleiten diese.

Das hatte ich im Kopf, als ich im Zuge meiner Bemühungen um Reduktion oder gar Eliminierung der Gewalt in meinem Leben beschloss, auf Kraftausdrücke zu verzichten. Besonders schwer fiel mir das nicht, schließlich gibt es eine ganze Reihe überaus tauglicher Alternativen wie etwa *Scheibenkleister, Käse, heiliger Strohsack* oder *O Mann, was zum …*

Dieser Sprachwechsel, wie es in der Linguistik heißt, gab mir das Gefühl, ein freundlicherer, sanfterer Mensch zu sein. In Gesellschaft von Geschlechtsgenossen, die nach wie vor fluchten und Schimpfwörter verwendeten, kam ich mir beinahe wie ein Heiliger vor. Und, um ehrlich zu sein, auch ein bisschen weniger männlich. Deshalb nahm ich mir vor, meine Kreativität, die ich schon oft unter Beweis gestellt hatte, zu nutzen, um andere

Worte für meine Gefühle zu finden. Da gibt es viele. Aber was sagt man denn nun statt »verdammte Kackscheiße«? Moment, gilt »verdammt« eigentlich auch schon als böses Wort?

Online habe ich nach Tipps gesucht, wie ich mit dem Fluchen aufhören könnte, und bin dabei auf drei Empfehlungen gestoßen: einen Freund ins Boot holen, der auch flucht, sodass wir uns gegenseitig Rechenschaft ablegen können; die Auslöser des Fluchens vermeiden (wie soll das denn gehen?); und die berühmte »Fluch-Kasse«, in die man bei jedem Ausrutscher einen bestimmten Betrag legen muss, zu wohltätigen Zwecken etwa.

Nachdem es mir gelungen war, mich in Gesellschaft verbal zurückzuhalten, und ich meine weichere, weniger aggressive Seite spüren konnte, versuchte ich, die »bösen Wörter« auch aus meinen inneren Monologen herauszuhalten. Sie wissen schon, was ich damit meine: Wenn der Kaffee auf dem Autositz landet: »O Scheiße!« Wenn man die Begleichung einer Rechnung vergisst: »Perry, du blöder Arsch!« Oder sich den kleinen Zeh anstößt: »Fick …!«

Mit diesem Versuch habe ich mich außerordentlich schwergetan. Und das hatte ich New Jersey, Boston und diesem sch… New York zu verdanken.

•••

»Stöcke und Stein brechen mein Gebein, doch Worte allein bringen keine Pein.« Oder im rhythmisch gelungeneren Original: »Sticks and stones may break my bones, but words will never hurt me.« Vielleicht kennen Sie diesen Reim – und haben ihn in dem typischen Singsang sogar selbst schon von sich gegeben. Er soll dazu dienen, die Widerstandskraft zu stärken, körperliche Vergeltung zu vermeiden und drohende Gewaltakte zu verhindern.

Aber der Spruch stimmt gar nicht. Worte können sehr wohl verletzen. Wenn das blaue Auge, die geprellte Rippe oder auch schlimmere Verletzungen längst verheilt sind, hallt die gehässige Beleidigung noch immer nach und man droht sie für bare Münze zu nehmen. Oft werden derartige gemeine charakterliche Einschätzungen mit voller Absicht ausgesprochen, manchmal kommen sie richtig hinterhältig daher (etwa in Form von Sarkasmus oder passiver Aggression – ich habe in beidem olympische Goldmedaillen), häufig sind sie aber auch unbeabsichtigt, »lediglich« Produkt eines nachlässigen, ignoranten Sprachgebrauchs.

Wie schon gesagt: Schimpfworte und Kraftausdrücke sind in gewisser Weise immer Ausdruck von Gewalt. Doch auch normale Ausdrücke können Wunden und Narben hinterlassen, die so tief sind, als wären sie von Stock und Stein, Gewehr und Messer verursacht worden – dann nämlich, wenn sie unüberlegt dahingesagt werden oder strategisch so platziert sind, dass sie das Gegenüber in einem schwachen Moment treffen. Diese Wunden können nicht nur dem Empfänger der Botschaft, sondern auch deren Absender wehtun.

Solcher Art von Gewalt hatte auch ich mich schuldig gemacht; und auf der Suche nach Möglichkeiten, die verbalen Kollateralschäden zu minimieren, die ich anderen und mir zufügte, hatte ich das Glück, dass mich eine Organisation als Medienberater gewinnen wollte, über deren Mission ich nichts wusste. Sie heißt BayNVC und ist im kalifornischen Oakland angesiedelt. NVC steht für *Nonviolent Communication* – Gewaltfreie Kommunikation – und beruht auf den Prinzipien der Gewaltlosigkeit. Die deutsche Abkürzung lautet gemeinhin GFK; der Ansatz entstand in den Sechzigerjahren und geht auf den amerikanischen Psychologen Marshall Rosenberg zurück. Sein Selbsthilfebuch *Gewaltfreie Kommunikation* gilt heute als

Standardwerk zum Thema. Später gründete er das Center for Nonviolent Communication, eine international operierende gemeinnützige Organisation. Inzwischen gibt es an die neunhundert GFK-Trainerinnen und Trainer überall auf der Welt.

Entwickelt hat sich Gewaltfreie Kommunikation aus Ideen, die der Personenzentrierten Psychotherapie entstammen, was im Grunde genommen Gesprächstherapie ist. Die GFK basiert auf der Überlegung, dass Konflikte zwischen Individuen oder Gruppen aus einer verfehlten Kommunikation über die jeweiligen Bedürfnisse resultieren, und zwar aufgrund repressiver oder manipulativer Sprache, die darauf abzielt, Angst, Schuldgefühle und Einschüchterung zu erzeugen – Kommunikationsformen, die die Aufmerksamkeit von der Klärung von Bedürfnissen, Gefühlen und Wahrnehmungen ablenkt und so den Konflikt aufrechterhält. Zunächst wird deshalb versucht, eine auf Empathie beruhende Konversation zu schaffen, ein Umfeld, das Gespräche über Lösungen erleichtert, die den Bedürfnissen aller Beteiligten entspricht. Das Ziel ist zwischenmenschliche Harmonie, die Kooperation möglich macht. Was dabei gar nicht geht, sind repressive Diskursformen; angestrebt werden wertfreie Beobachtungen, authentische, konkrete Äußerungen von Gefühlen und Bedürfnissen sowie die empathische Formulierung praktikabler Forderungen. Das lässt sich unter den Begriff der Psycholinguistik beziehungsweise Sprachpsychologie fassen; als Studien des Zusammenhangs von linguistischen und psychologischen Faktoren.

Die Organisation benennt drei praktische Bereiche dieser Art von Kommunikation: 1. Selbstmitgefühl, »die teilnahmsvolle Verbindung mit den im Inneren ablaufenden Prozessen«, die vorurteilsfreie Beobachtung unserer Gedanken, Werturteile und Bedürfnisse. 2. empathische Aufnahme, also die Verbindung mit »allem, was in der anderen Person lebendig ist und was ihr das Leben angenehmer machen würde«, sowie der von Herzen kommende Blick auf die Schönheit des Gegenübers, die Wahrnehmung seiner göttlichen Energie; die Konzentration auf die tieferliegenden Beobachtungen, Gefühle, Bedürfnisse und Wünsche; und 3. aufrichtige Äußerungen im Hinblick auf diese Beobachtungen, Gefühle, Bedürfnisse und Wünsche.

Zusammengenommen verringern diese Komponenten die Gefahr, sich in potenziell destruktiven Spekulationen darüber zu verlieren, was man von anderen Menschen will und warum. Ich konnte diesem Psychogeschwafel nur sehr wenig abgewinnen. Das roch alles so nach New Age, dass meine Augen glasig und mein Gehirn breiig wurden – obwohl ich in meinen Zwanzigern und Dreißigern selbst einmal Teil dieser Bewegung war. Trotzdem: Wollte ich mein Verhalten ändern, durfte ich mich nicht ganz verschließen. Es sprach durchaus einiges dafür, dass an der Methode etwas dran war. Eine 2013 veröffentlichte Analyse von dreizehn Studien hatte ergeben, dass die Anwendung der Methode zu einer Verbesserung der Empathiefähigkeit führte.

Ich nahm den Job an und traf mich mit Miki Kashtan, der Mitbegründerin und führenden Trainerin von BayNVC. Sie ist Verfasserin mehrerer Bücher sowie zahlloser Trainings- beziehungsweise Weiterbildungsmaterialien und Blogs. Die geborene Israelin ist eine ausgesprochen starke Frau von kompromissloser Geradlinigkeit – und erwies sich in unserem ersten Gespräch als ebenso geistreich wie bestimmt. Sie war gedanklich so schnell, dass sie mich bei manchen Fragen mitten im Satz unterbrach, um zu antworten, weil sie schon wusste, was ich sagen würde. Sie äußerte sich knapp und präzise auf den Punkt, dennoch konnte ich ihr gutes Herz und das aufrichtige Engagement für die Weiterverbreitung der gewaltfreien Kommunikation unter den Menschen deutlich spüren.

In ihrer Kurzbio schrieb sie: »Ich bin in Israel aufgewachsen, einem der meistgepeinigten Landstriche der Welt. Jetzt widme ich mein Leben dem Versuch, den Krieg hinfällig zu machen.«

Nachdem ich an einigen Gruppensitzungen teilgenommen hatte, fand ich Projekt und Methode auf lange Sicht vielversprechend, für den Anfang aber extrem schwierig. Es kam mir so vor, als würde ich mit allem, was meinen Mund verließ, gegen einen der Grundsätze der GFK verstoßen. Am Anfang habe ich fast bei jedem Wort oder Satz innegehalten, meine Äußerung von allen Seiten betrachtet und nach möglichen Nebenbedeutungen und unerwünschten Wirkungen gesucht. Ich war entsetzt, wie oft ich mit dem, was ich sagte, jemanden beleidigte, und wie viel verbale Brutalität wir alle so von uns gaben. Doch während ich begann, mir vorab zu überlegen, was ich eigentlich sagen wollte, formten sich meine Gedanken mit größerem Mitgefühl – und nach einer Weile konnte ich sogar mir selbst mit mehr Empathie begegnen.

Diesen Problemen begegnet Miki Kashtan nicht nur in Beziehungen, sondern auch in den Betrieben, in denen sie als Beraterin tätig ist. In einem Artikel für die *New York Times* schrieb sie:

»Eine auf das Erreichen eines gemeinsamen Zieles ausgerichtete Zusammenarbeit setzt die Auseinandersetzung über Meinungsverschiedenheiten voraus. An den meisten Arbeitsplätzen ist freie Meinungsäußerung jedoch gefährlich. Machtgefälle und gewohnheitsmäßige Passivität bringen viele Leute dazu, den Mund zu halten [...] Hin und wieder beobachte ich, dass die Zusammenarbeit ein Umfeld fördert, in dem alle frei sind, sich voll einzubringen. Mit dieser Freiheit und einem Gefühl des An-einem-Strang-Ziehens sind die Menschen bereit, neue Lösungen anzustreben [...] Manchmal setzt die Zusammenarbeit den Abschied von tiefsitzenden Mustern des Misstrauens voraus [...] Zusammenarbeit ist zwar nicht leicht, wird jedoch umso einfacher, je eher um des größeren Ganzen willens Unterschiede und sogar Konflikte akzeptiert werden. Die Ergebnisse sind mehr Vertrauen, erhöhte Produktivität und Kreativität.«

Die Idee der gewaltfreien Kommunikation ist in allen Schriften von Gandhi tief verwurzelt. In seinen Reden und seiner Philosophie insgesamt nahm er das Wirken Marshall Rosenbergs, Miki Kashtans und Hunderter von Trainern und Trainerinnen voraus und diente ihnen als Quelle der Inspiration.

Wie Gandhi – gewaltfrei

Sich von den zahllosen gewalttätigen Bildern und Handlungen loszusagen, mit denen wir täglich überschwemmt werden, ist praktisch unmöglich. Dabei wirken sie sich so negativ auf unsere Fähigkeit aus, ruhig und friedlich zu bleiben. Einiges aber können wir doch tun – beziehungsweise weglassen.

Ein Beispiel: Schlagen Sie nicht auf Kissen ein – nehmen Sie auf einem Platz. Das ist wahrscheinlich die älteste bekannte Methode zur Reduktion von Gewaltfantasien erzeugendem Stress. Wie die Forschung zeigt, verringert das simple Beobachten des eigenen Atems in der Vipassana-Meditation Puls, Atemfrequenz und Blutdruck, während es Selbstgefühl, inneren Frieden und Ruhe fördert. (Das Pali-Wort Vipassana bedeutet »die Dinge sehen, wie sie wirklich sind«, wörtlich: »besonderes Sehen«; heute wird auch der Begriff der »Einsicht« verwendet.)

Das beeindruckendste Beispiel für die Wirkung, die diese Power-Meditation selbst auf hartgesottene Straftäter hat, sah ich bei meinem Besuch des Tihar-Gefängnisses in Neu-Delhi. Insassen, die dort an einer zehntägigen Vipassana-Klausur teilnahmen, wiesen später eine geringere Rückfallquote auf. Nach ihrer Rückkehr in die Gesellschaft neigten die Gefangenen unter dem beruhigenden Einfluss der Meditation weniger zu Rückfällen in die Verhaltensweisen, die sie ursprünglich ins Gefängnis gebracht hatten. Sie hatten sich buchstäblich gebessert; sich im wahren Sinne des Wortes reformiert.

Ansonsten versuchen Sie einfach, sich der Gewalt, die in Ihr Leben eindringt, bestmöglich zu entziehen – angefangen bei Nachrichten über Amokläufe in Schulen über Berichte von Vergewaltigungen, aggressivem Rap mit Texten, die Sie schier erschlagen mit Schimpfwörtern und Flüchen, über Sportarten wie Boxen, Wrestling, Eishockey und Football, die sich geradezu über die Gewalt definieren, bis hin zu Menschen, die Ihnen mit kaum gebremstem Zorn begegnen, und mit Gedanken in Ihrem Kopf, mit denen Sie sich selbst fertigmachen.

KAPITEL 5

Gandhi in England: Die britische Mischung der Kulturen

N ach einer – pandemiebedingt – frustrierenden Wartezeit von achtzehn Monaten hatte ich am 2. Oktober 2021, an Gandhis hundertzweiundfünfzigstem Geburtstag, das Glück, in London zu sein. Aber warum eigentlich, warum überhaupt England? 1888, mit neunzehn, hatte Gandhi seinen Heimatort, die Hafenstadt Porbandar (das damals keine hunderttausend Einwohner zählte), verlassen und ein Schiff bestiegen, um die nächsten drei Jahren am Inner Temple (einer Anwaltskammer, bekannt als Honorable Society of the Inner Temple) Jura zu studieren.

Zur damaligen Zeit war London (nach meinem Geburtsort New York) die zweitgrößte Stadt der Welt. 1851 kamen mehr als achtunddreißig Prozent der Londoner ursprünglich woandersher. In den Neunzigerjahren des neunzehnten Jahrhunderts hatte der Großraum London bereits mehr als drei Millionen Einwohner. In den folgenden knapp zwanzig Jahren stieg diese Zahl auf über sieben Millionen an. In der gleichen Zeit entwickelte sich der Strom der Immigranten aus vielen Ländern zu einer reißenden Flut.

Die ersten Inder trafen im achtzehnten, neunzehnten Jahrhundert in Großbritannien ein, als die East India Company begann, Arbeiter von dort anzuheuern. Die erste größere Einwanderungswelle entstand nach dem Zweiten Weltkrieg und der Auflösung des britischen Weltreichs, als viele kamen, um sich in der Textil- und Eisenbahnindustrie zu verdingen. Im ersten Jahrzehnt des zwanzigsten Jahrhunderts stieg die Zahl der in Indien geborenen Einwohner um fast fünfundvierzig Prozent. Heute stellen Inderinnen und Inder mit einem Anteil von anderthalb Millionen die größte ethnische Minderheit in Großbritannien dar und die sechstgrößte indische Gemeinschaft außerhalb Indiens.

Für den jungen Mohandas hätte der Kulturschock bei seiner Ankunft auf der Insel überwältigend sein müssen, doch aufgrund seines Tunnelblicks kam er recht gut damit klar. Abgesehen von seinem Bestreben, das Studium erfolgreich abzuschließen, hatte er sich nur eine weitere Aufgabe gestellt: Anpassung an den westlichen Lebensstil und dessen Übernahme. Zu dieser Erfahrung sollte ihm das faktische Epizentrum der Welt verhelfen, ausgerechnet jenes Land, das Indien 1858 kolonialisierte und fast hundert Jahre beherrschte – oft ohne nennenswerte Rücksicht auf die Bewohner des »Juwels der Krone«.

Die Beziehung zwischen Indern und Engländern war mir schon immer ein Rätsel. Manche sagen, das indische Volk würde alles Britische verehren, weil es einer systematischen Gehirnwäsche unterzogen – beziehungsweise mithilfe der englischen Militärmacht zu Taubheit und Unterwerfung verurteilt – wurde. Andere behaupten, Inder und Inderinnen könnten sich aufgrund der eigenen dynastischen Geschichte mit dem englischen Königtum identifizieren. Oder sie würden, vermuten wieder andere, nur so tun, als könnten sie die Briten gut leiden und ahmten deren förmliche Zurückhaltung zwar nach, hätten in

Wirklichkeit aber nichts als Verachtung für sie übrig. So oder so: Warum sollte ein Volk, das in seinem Selbstbewusstsein dermaßen gedemütigt wurde, England so schätzen, dass sich ein werdender Anwalt ausgerechnet nach London begab, wo er mit Sicherheit eine Erniedrigung nach der anderen erleben würde?

Wollte er versuchen, den Feind kennenzulernen? Diese Formulierung geht auf den chinesischen General Sunzi aus dem sechsten vorchristlichen Jahrhundert zurück. Vollständig lautet das Zitat aus seinem Buch *Die Kunst des Krieges*: »Wenn du dich und den Feind kennst, wirst du auch in hundert Schlachten nie besiegt werden. Kennst du nicht den Feind, aber dich selbst, sind deine Aussichten, zu siegen oder zu verlieren, gleich. Kennst du weder deinen Feind noch dich selbst, wirst du mit Sicherheit in jeder Schlacht besiegt.« Hatte Gandhi schon den Kampf um Unabhängigkeit im Sinn?

Sein verzweifelter Versuch, sich an westliche Nahrung, Kleidung und Etikette zu gewöhnen, fühlte sich für ihn unangenehm an. Sein Vegetarismus brachte ihn immer wieder in Verlegenheit: Seine Freunde warnten, der Verzicht auf Fleisch gefährde nicht nur die Gesundheit, sondern auch seinen Studienerfolg. Glücklicherweise fand er nicht nur ein vegetarisches Restaurant, sondern auch ein Buch, das ein vernunftbasiertes Plädoyer für diese Ernährungsweise darstellte. Die Familie, in der er aufgewachsen war, hielt sich streng an die hinduistischen Lehren des Vishnuismus (auch Vaishnavismus genannt); der Feuereifer, den er für den Vegetarismus entwickelte, ging jedoch darüber hinaus: Er brachte den schüchternen jungen Mann dazu, sein Schneckenhaus zu verlassen, und gab ihm neuen Schwung und einen neuen Lebenszweck. Er gehörte dem Vorstand der London Vegetarian Society an, besuchte deren Konferenzen und schrieb Artikel für ihre Zeitschrift.

Mit dem Hut des *New Journalism* auf dem Kopf, einem kleinen Spiralblock, der in jede Hosentasche passt, und meinem treuen Telefon, mit dem ich Interviews aufnehme und Fotos und Videos mache, zog ich los. Ich wollte mir die Wege angucken, die Gandhi gegangen war; mir sein Leben in London vorstellen und es mit unserem von heute vergleichen.

Während der Vorbereitungen zu dieser Reise auf den Spuren des Mahatma war mir in der *Times of India* ein Artikel über eine neue Spaziertour aufgefallen, die unter dem Titel »Gandhi Walk« stand. Initiiert und finanziert wurde sie von dem Unternehmer, Investor, Philanthropen und Autor Ajay Goyal, einem in Indien geborenen Londoner. Für mich war diese Entdeckung wertvoll, geradezu glückverheißend, erinnerte sie mich doch daran, wie ich während der Recherchen zu meinem letzten Buch, *Buddha or Bust*, auf Shantum Seth gestoßen war. Shantum organisiert Touren »in den Fußstapfen des Buddhas«, und seine Seite war die erste, die aufgeploppt war, als ich nach dieser Wendung suchte.

Das Problem war nur, dass der Artikel über die Gandhi Walks aus dem Jahr 2007 stammte, also schon zwölf Jahre alt war. Weder meine Internet-Suche noch die meiner in Indien ansässigen Rechercheurin Prarthi Shah brachten Informationen über die Touren hervor. Geschweige denn über Mr. Goyal. Also buchte ich einen Tag bei Shaju Nair, einem eingetragenen Londoner *Blue Badge Guide*. Ursprünglich stammt Nair aus Kerala, einem tropisch-grünen Landstrich an der Malabar-Küste des Arabischen Meeres im Südwesten Indiens, der berühmt ist für seine beschaulichen Kanäle, die vielen Ayurveda-Retreats und ganzjährig hochsommerliche Temperaturen. Mr. Nair musste sich sehr nach einem Leben in England gesehnt haben, dachte ich, um eine Gegend zu verlassen, die sich zu Recht als »Land Gottes« bezeichnet. Aber vielleicht weckte der berüchtigte

Londoner Regen heimatliche Gefühle in ihm – und erinnerte ihn an die heftigen Monsun-Zeiten zweimal pro Jahr in Kerala.

Mr. Nair zeigte mir Gandhis London: wo er schlief und studierte und wo er sich aufhielt, wenn er nach seinen Jahren in Südafrika und Indien zu Besuch in der Stadt war. Vor allem interessierte mich seine Unterkunft in den ersten Monaten als Jurastudent: Baron's Court Road 20 in West Kensington; ein einfaches mehrstöckiges Reihenhaus. Da es sich in Privatbesitz befindet, konnten wir es nicht besichtigen. Der einzige Indikator für Gandhis Aufenthalt dort ist eine der beiden ihm von der Stadt gewidmeten blauen Plaketten; das sind Keramikschilder, die im Vereinigten Königreich auf berühmte Personen oder Ereignisse hinweisen. Aus der Plakette ging hervor, dass Gandhi »hier als Student der Jurisprudenz lebte«. Die andere Plakette befindet sich an der Kingsley Hall in der Powis Road. Dort hat er sich 1931 mehrere Monate lang aufgehalten. Als er nach London kam, um an der zweiten Round Table Conference teilzunehmen, auf der über die Unabhängigkeit Indiens diskutiert wurde, weigerte er sich, in einem der schicken Hotels abzusteigen, und zog in dieses Gemeindezentrum in einem alles andere als vornehmen Stadtbezirk. Er wurde dort von einer großen Menschenmenge begrüßt (ein noch existierendes Video zeigt ihn winkend auf dem Balkon von Kingsley Hall) und wurde von Lichtgestalten wie Charlie Chaplin und George Bernard Shaw besucht.

Es dauerte eine Weile, bis Mr. Nair jemanden gefunden hatte, der uns Kingsley Hall von innen zeigen konnte. Der Mann, der sich schließlich dazu bereit erklärte, war David Baker, der Hausmeister, ein ziemlich skurriler Typ. Im Inneren des Gebäudes herrschte das Chaos. Mr. Baker führte mich in das Zimmer, in dem Gandhi geschlafen hatte. Kein Schreibtisch und auch sonst nichts wies auf seinen Aufenthalt hin. Es war etwas enttäuschend und erinnerte mich an einige der inzwischen so heruntergekommenen Unterkünfte Gandhis während des Salzmarsches. Den Garten, den mir Mr. Baker anschließend zeigte, fand ich interessanter. Gandhi hatte dort 1931 einen Baum gepflanzt, der allerdings im Zweiten Weltkrieg zerstört wurde. Nachdem Richard Attenborough das Haus 1983 aufgehübscht hatte, drehte er eine Szene seines *Gandhi*-Filmes in diesem Garten. Heute ist Kingsley Hall ein Zentrum für Jugendarbeit, Treffen von Frauengruppen und andere kommunale Initiativen. Im obersten Stockwerk unterhält die Gandhi Foundation ein Büro, das mir Mr. Baker ebenfalls zeigte. Wobei ich den Eindruck hatte, dass es gar nicht genutzt wurde.

An Gandhis Geburtstag nahm ich morgens ein Taxi zum Tavistock Square im Bezirk Camden. Dicke Wolken hingen am Himmel, ganz so, als würde es in der nächsten Minute anfangen zu regnen. Gekommen war eine kleine Gruppe, vielleicht dreißig bis fünfzig Personen, unter ihnen einige Inder und Inderinnen, Parlamentarier und Gemeindevorsteher. Das alljährliche Treffen wird vom indischen Hochkommissar in London organisiert und von der India League unterstützt, deren Wurzeln bis zum Unabhängigkeitskampf Indiens zurückreichen. Zu den hochverehrten Gästen, die ich auf der Veranstaltung traf, gehörte auch die Stadträtin und Bürgermeisterin von Camden Sabrina Francis.

Die Anwesenden versammelten sich im Zentrum des Parks vor dem 1968 zu Gandhis hundertstem Geburtstag enthüllten Denkmal, das einen sehr asketischen Menschen zeigt. Von allen Monumenten, die ich auf meinen Recherchereisen gesehen habe, war es das Einzige, das Gandhi sitzend und mit gerunzelten Augenbrauen ziemlich düster dreinblickend darstellt. Ich habe es einige Male langsam umrundet und die Figur dabei aus jedem Blickwinkel studiert.

Es wurde eine Rede gehalten, in der es um die Person Gandhis und ihre Bedeutung für die Welt ging, Blumen wurden niedergelegt, und indischstämmige Studenten sangen Gandhis Lieblingsbhajan »Vaishnava Jan To«. Mit einem buddhistischen Friedensgebet beendeten Mönche die Zeremonie.

An anderer Stelle im Park ist eine Büste der Schriftstellerin Virginia Woolf zu sehen, die in den Neunzehnzwanzigern und -dreißigern am Tavistock Square 52 wohnte. Auch anderer Briten und Britinnen von historischer Bedeutung wird dort gedacht: Auf dem begrünten Platz befinden sich verschiedentlich mit Plaketten versehene Steine. Der Gedenkstein der Kriegsdienstverweigerer etwa transportiert eine Botschaft, die in Gandhis Sinne wäre: »Für alle, die das Recht der Verweigerung des Tötens erwirkt haben und es am Leben erhalten. Ihre Weitsicht und ihr Mut geben uns Hoffnung.« Weniger gefallen hätten ihm vermutlich die Starbucks-Filiale schräg gegenüber und andere Beispiele des voranschreitenden Kapitalismus.

Über die Unterschiede zwischen Gandhis London-Aufenthalten und meinen Erfahrungen mit der Stadt bin ich zufällig mit Munsur Ali ins Gespräch gekommen, einem in Bangladesch geborenen und in London aufgewachsenen Filmemacher und Lokalpolitiker, der eigentlich nie vorhatte, in die Politik zu gehen, sich aber dazu genötigt sah, als seine Gemeinde mit massiven Sanierungs- beziehungsweise städtebaulichen Neugestaltungsplänen konfrontiert wurde. Mr. Ali, inzwischen Mitte vierzig, lebte seit seinem zweiten Lebensjahr in ein und derselben Ecke der Brick Lane – genauer gesagt: sogar im selben Haus. Über seine Kindheit berichtete er mir: »Die Gegend, in der ich aufwuchs, war sehr rassistisch. Wir wurden ständig rassistisch beleidigt. Ich habe heute noch Narben, die auf Schnittverletzungen zurückgehen, die mir von zwei erwachsenen Männern zugefügt wurden, als ich dreizehn war.«

Die Gegend um die Brick Lane war das Herz der bangladeschischen Community. »Die Bangladeschis kamen aus Angst vor den alltäglichen rassistischen Übergriffen«, sagte er. »Sicher fühlten sie sich nur in Gegenden, wo schon andere aus ihrer Community lebten.«

Früher bedeutete das manchmal, in ausgebombten, verkommenen Häusern unterzuschlüpfen; die Brick Lane war aber auch bekannt für ihre großartigen Halal-Shops, Geschäfte mit bengalischer Bekleidung, eine starke jüdische Gemeinde – und ein immer größer werdendes Wir-Gefühl. Kaum hatte Mr. Ali nach seinem Uniabschluss als Filmemacher angefangen, startete in seinem Wohngebiet ein groß angelegtes Sanierungsprojekt. »Als ich davon erfuhr«, erzählte er mir in seinem Studio, »wollte ich verhindern, dass meine Freunde und Nachbarn die Dummen sind.« Also begann er die Leute zu mobilisieren – und wurde schließlich in den Gemeinderat gewählt.

Seine Motivation, sich in einer Gegend zu engagieren, wo viele Menschen Sprachprobleme hatten und nicht über ihre Rechte informiert waren, erklärte mir Munsur Ali so: »Wenn man etwas angeboten bekommt, was ein kleines bisschen besser ist als das Bisherige, obwohl man eigentlich Anspruch auf etwas *viel* Besseres hätte, wird man schnell marginalisiert. Wenn man keinen Vergleich hat, denkt man: ›Das wäre was!‹ – während einem in Wirklichkeit viel mehr zusteht. Wenn einem aber niemand die ganze Geschichte erzählt […]«

Nach einer kurzen Autofahrt zur Brick Lane zeigte mir Mr. Ali stolz das ganze Spektrum dort: die vielen verschiedenen Geschäfte, die historische Brick-Lane-Moschee Jamme Masjid, die kämpferische Straßenkunst, die Architektur. Bei all dem Verkehrs- und Baulärm, den fremden Sprachen, die mir ins Ohr drangen, war eines nicht zu verkennen: Die Gegend brummt vor Vitalität. In den letzten Jahren ist die Brick

Lane zu einem Schwerpunkt der Proteste gegen Gentrifizierung und »Hipsterfizierung« geworden. Die Einwohner wehren sich gegen trendige Bars und Boutiquen, die die Geschäfte zu verdrängen drohen, die die liebevoll »Banglatown« genannte Gegend ursprünglich prägten – und gegen Touristen, die einheimische Familien ins Abseits drängen.

Mr. Ali freut sich, wie er mir erzählte, darüber, dass jetzt schon viel mehr Menschen eine bessere Bildung erhalten, die Gründung eines Unternehmens ins Auge fassen und sich ihrer Rechte bewusst sind. Seiner Meinung nach spricht grundsätzlich nichts gegen wirtschaftliche Veränderungen. Allerdings mahnte er auch: »Von Fortschritt kann man nur sprechen, wenn er die Menschen mitnimmt. Ist das nicht der Fall, handelt es sich um feindliche Übernahme.«

Bei unserem Spaziergang durch die Brick Lane bewunderte ich den jungen engagierten Guide an meiner Seite, der sich so beherzt für die Rechte seiner Nachbarn einsetzte – und musste dabei an einen anderen Mann denken, den der Wunsch nach Veränderung von Südasien nach London geführt hatte.

. . .

Voller Neugier auf weitere Communities, in denen die indische Kultur Grenzen überschritten hatte, suchte ich online außerhalb des Subkontinents nach Gemeinden mit vielen Bewohnern und Bewohnerinnen indischer/südasiatischer Herkunft – und stieß auf das mir bis dato unbekannte englische Leicester, etwa hundertsechzig Kilometer nördlich von London.

Mahatma Gandhi selbst war nie in Leicester. Noch am nächsten dran war er in Darwen; seinerzeit ein Zentrum der Textilproduktion zweihundertzehn Kilometer weiter nördlich. Er besuchte die Stadt 1931 auf Einladung einer familieneigenen

Baumwollspinnerei. Man wollte ihm zeigen, in welche Schwierigkeit der von ihm initiierte Boykott britischer Waren die Textilindustrie im Osten Lancashires gebracht hatte.

Es gab auf meinem Weg in den Fußstapfen des Mahatma keinen Grund, nach Leicester zu fahren. Allerdings stand dort, wie ich gelesen hatte, ein Gandhi-Denkmal. Und das war zum Ziel von Protestaktionen und Zerstörungswut geworden. Weil solche Angriffe in letzter Zeit zunahmen – selbst seit Beginn meines Experiments noch –, beobachtete ich das Thema mit wachsender Besorgnis. Das Gandhi-Denkmal in Leicester war nur eines von vielen, die buchstäblich überall auf der Welt zum Ziel von Übergriffen wurden: in meinem kalifornischen Zuhause, aber auch in New York, in Südafrika und Ghana sowie in Indien und vielen europäischen Staaten.

Im kanadischen Ottawa forderte eine Online-Petition die Entfernung einer Gandhi-Statue vom Campus der Carleton University. Im Vereinigten Königreich unterzeichneten mehr als sechstausend Menschen eine Online-Petition zum Abriss des Denkmals in Leicester. In all diesen Eingaben wurde Gandhi als Rassist dargestellt, der in den zwei Jahrzehnten, die er in Südafrika verbrachte, Afrikaner als »Wilde« und »Kaffer« bezeichnet hatte.

Es gab für mich jedoch noch einen weiteren Grund, die Stadt zu besuchen – und das waren nicht die *Foxes*, so der Spitzname des Fußballclubs Leicester City, der 2015/2016 überraschend die Premier League gewonnen hatte. Mir ging es um etwas anderes: Als in den Siebzigerjahren der Zustrom von Immigranten aus Südasien und verschiedenen afrikanischen Staaten sehr zum Unwillen der alteingesessenen Briten einen Höhepunkt erreichte, nahmen die gewalttätigen rassistischen Spannungen so zu, dass sich die Stadt 1976 gezwungen sah, das erste öffentliche, mit Rassenfragen betraute Council Britanniens einzurichten.

Wobei ausgerechnet eine Anzeige des Stadtrats, die 1972 im *Uganda Argus* geschaltet worden war, einer im ugandischen Kampala erscheinenden Tageszeitung, die Spannungen zuvor noch angeheizt hatte. Die in Großbuchstaben gesetzte Überschrift lautete seinerzeit: »WICHTIGE MITTEILUNG SEITENS DES RATES DER STADT LEICESTER, ENGLAND […]«

Im Text hieß es: »Wie der Stadtrat von Leicester, England, vermutet, spielen viele Familien in Uganda mit dem Gedanken, nach Leicester zu ziehen. Sollte das auch auf SIE zutreffen, müssen Sie wissen, dass sich DIE GEGENWÄRTIGEN VERHÄLTNISSE IN DER STADT ERHEBLICH VON DENEN UNTERSCHEIDEN, DIE FRÜHERE SIEDLER VORFANDEN.« Anschließend wurde auf Probleme in puncto Wohnraum, Bildung sowie Sozial- und Gesundheitswesen hingewiesen; auf diesen Gebieten seien die Verhältnisse »jetzt bereits bis zum Äußersten angespannt«. Es folgte die ernste Warnung: »IN IHREM EIGENEN INTERESSE UND DEM IHRER FAMILIE SOLLTEN SIE DER EMPFEHLUNG DES UGANDA RESETTLEMENT BOARD FOLGEN UND NICHT NACH LEICESTER KOMMEN.«

Zum besseren Verständnis: 1972 hatte das ugandische Monster Idi Amin sechzigtausend Menschen des Landes verwiesen, die der asiatischen Minderheit angehörten. Ihnen blieben neunzig Tage, das Land zu verlassen.

Die Anzeige der Stadt Leicester ging jedoch spektakulär nach hinten los, wie mir der Gastronom Dharmesh Lakhani erzählte, als wir uns in seinem Restaurant Bobby's trafen. Es fungiert als eine Art Gemeinschaftszentrum für alle Inder auf der sogenannten Goldenen Meile der Belgrave Road, die pfeilgerade durch Downtown verläuft, am Belgrave Circle beginnt, dann in die eine Richtung zur Melton Road abdriftet und nach Norden Richtung Loughborough Road.

»Meine Eltern, ugandische Inder, gehörten zu den Leuten, die die Anzeige gelesen hatten und sich fragten, warum sich der Stadtrat die Mühe gemacht haben mochte, so eine Anzeige in die ugandischen Zeitungen zu bringen. Folglich beschlossen sie, nach Leicester zu kommen und es herauszufinden. So sind die Inder nun mal: Wir wollen das Verbotene! Wir kamen und sind nie wieder gegangen.«

Die Goldene Meile – der Name wird übrigens fälschlich oft auf die vielen Läden zurückgeführt, in denen Goldschmuck verkauft wird, in Wahrheit verdankt er ihn dem gelb-bernsteinfarbenen Licht der vielen Verkehrsampeln, die Anfang der Siebziger in der Belgrave Road auftauchten – ist heute vor allem für ihre authentischen indischen Restaurants, die Sari-Shops und Juweliergeschäfte bekannt. In ganz Britannien kommt man einem indischen Bazar nirgends näher als hier. Zudem ist sie das Zentrum der größten Diwali-Festlichkeiten außerhalb Indiens.

Als Menschen mit indischen, afrikanischen und karibischen Wurzeln (von denen viele ebenfalls indische Vorfahren hatten) siebzig Prozent der Bevölkerung ausmachten, wurde die weiße Mehrheit in der Stadt zur Minderheit – und Leicester zur ersten Stadt in England, die diesen demographischen Meilenstein erreicht hatte. Heute bezeichnen Stadtbeamte und Geschäftsleute ihr Leicester als harmonisch und divers – zum Teil dank der Bemühungen, die zwischenzeitlich zur Befriedung der Verhältnisse unternommen worden sind.

· · ·

Als ich mich mit der Petition befasste, die den Abriss des Gandhi-Denkmals forderte, stieß ich auf eine Antwort von Claudia Webbe, die den Wahlkreis Leicester East im britischen Unterhaus vertritt. Hier ein Ausschnitt daraus:

»Ich bin mit den Black-Lives-Matter-Protesten hier in Leicester und im gesamten Vereinigten Königreich solidarisch. Überall auf der Welt werde ich alle Menschen verteidigen, die gewaltfrei und friedlich gegen Systeme protestieren, in denen rassistische Unterdrückung herrscht. Von dieser wichtigen Bewegung – und davon bin ich fest überzeugt – lenken Forderungen, das Denkmal für Mahatma Gandhi in Leicester abzureißen, nur ab. Mir ist bewusst, dass Gandhi wie viele Menschen seiner Zeit einiges getan und gesagt hat, was durchaus fragwürdig ist. Doch trug er zum Aufbau einer historisch bedeutenden antiimperialistischen Bewegung bei – ähnlich wie die von Martin Luther King begründete bahnbrechende Bürgerrechtsbewegung. So wie Black Lives Matter heute stellte auch Gandhis Form des friedlichen Protests eine starke Kraft der Veränderung dar [...] Für viele Angehörige der asiatischen Community in Leicester und Millionen von Menschen überall auf der Welt [...] ist und bleibt Gandhi ein Held.«

Ms. Webbe war in Leicester geboren und wuchs auch dort auf; ihre afrikanischstämmigen Eltern wanderten von der Karibikinsel Nevis aus ins Vereinigte Königreich ein. Am Birkbeck-College der University of London studierte Webbe *Race and ethnic Relations* (Rasse und Ethnizität). Mitte der Neunziger gehörte sie zu den Gründerinnen der Operation Trident, deren Vorsitzende sie auch war. Die kommunale Initiative befasst sich mit der Wirkung der unverhältnismäßig hohen Waffengewalt in der Schwarzen Community. Außerdem war sie das erste weibliche Mitglied des Parlaments für Leicester East.

Als ich mich mit ihr in ihrem Büro in der Uppingham Road traf, klärte sie mich über die Stimmung in der Stadt dem Gandhi-Denkmal gegenüber auf. Proteste oder gar Vandalismus hat es nie gegeben, nur die von sechstausend Personen unterzeichnete

Online-Petition. Gerüchten zufolge beabsichtige jedoch eine Gruppe, die womöglich nicht einmal in Leicester selbst ansässig sei, das Denkmal zu beschmieren oder zum Gegenstand einer wie auch immer gearteten Protestaktion zu machen. Als Reaktion darauf organisierten städtische Behörden sowie Bürger indischer und nicht-indischer Abstammung eine Gegenveranstaltung, bei der eine durch ein weißes Band verbundene Menschenkette um das Denkmal gebildet und kurze Erklärungen abgegeben wurden.

Die Urheberin der Petition von 2020 war eine Frau aus Derby, einer Industriestadt vierundsechzig Kilometer weiter nördlich, deren knapp zweihundertsechzigtausend Einwohner zu achtzig Prozent weiß sind. Dem Stadtrat von Leicester gelang es schließlich, die Frau zur Beendigung ihrer Bemühungen um weitere Unterschriften zu bewegen und die Petition zu schließen.

Eine Sprecherin des Stadtrats sagte: »Diese Petition ist zwar noch nicht eingereicht worden. Dennoch werden wir diese Meinungsäußerungen in die breitere Diskussion über Kontext, Bedeutung und Angemessenheit von Straßennamen, Denkmälern und Monumenten in der Stadt mit einbeziehen. In einer kulturell so vielfältigen Stadt wie Leicester ist es wichtig, dass wir die Geschichte all unserer Communities respektieren und den Kontext der historischen Bezüge unserer Stadtlandschaft verstehen.«

Es war entweder der Sturm im Wasserglas – oder eine abgewendete Katastrophe.

Ironie der Geschichte: Etwa eine Woche nach meinem Treffen mit Claudia Webbe wurde bekannt, dass ein Gericht sie wegen Belästigung schuldig gesprochen hatte. Später wurde sie deswegen aus der Labor Party ausgeschlossen. Ich sah in der Geschichte eine Erinnerung daran, dass wir alle nur Menschen sind. Claudia Webbe verteidigte Gandhis Werk, während sie sich in einer persönlichen Krise befand, die ihr eigenes Wirken in Misskredit zu bringen drohte.

...

Abgesehen davon, dass auch Menschen, die Gandhi verteidigen, ihren moralischen und ethischen Kompass verlieren können, glaube ich, dass Leicester inzwischen zu einer harmonischen Gemeinde geworden ist. Sicherlich nicht nur, weil Gleich und Gleich sich gern gesellt, sondern weil es zur menschlichen Natur gehört, bilden die verschiedenen ethnischen Gemeinschaften ihre eigenen »Inseln« im größeren gesellschaftlichen Miteinander. Denn so reizvoll diese utopische Vorstellung auch ist – wir Menschen sind nun mal keine homogene Spezies. Meine Geburtsstadt New York kenne ich sehr gut. Sie wird gern als Schmelztiegel Amerikas bezeichnet. Dabei werden allein in Queens, dem Stadtbezirk, in dem meine Eltern und Großeltern geboren wurden und lebten, angeblich hundertdreißig Sprachen gesprochen, unter anderem Spanisch, Russisch, Koreanisch, Urdu, Farsi, Griechisch, Chinesisch und Tagalog. Ein so dichter ethnischer Mix existiert wohl nirgendwo sonst auf der Welt.

Fahren Sie nur mal mit der U-Bahn-Linie 7 bis zum Ende in Flushing, und Sie könnten genauso gut in einer der Hauptstädte Asiens gelandet sein. Das Zentrum des ethnischen Queens ist Astoria; dort treffen die griechischen, hispanischen, arabischen und osteuropäischen Kulturen aufeinander. Praktisch alle vier Blocks wird man von anderen Gerüchen, Geräuschen und Sprachen bombardiert. Trotzdem bleiben die einzelnen Communitys im Grunde unter sich. Sie heiraten untereinander, gehen in ihren eigenen Restaurants essen und begegnen einander erst auf dem Weg zur Arbeit in die City.

Dasselbe ist mir nicht nur in Leicester aufgefallen, sondern auch in London und anderen städtischen Ballungsräumen in England. Ich bin mir nicht sicher, ob es sich dabei um die Utopie handelt, an die Gandhi dachte – auch wenn seine Vision ein Traum war, der sich *nie* erfüllen wird.

Was Gandhi selbst betrifft: Das Vereinigte Königreich bringt ihm meiner Meinung nach nicht die nötige Achtung entgegen. Zwar gibt es in England durchaus ein paar Gandhi-Denkmäler – zwei in London, eines in Leicester, eines in Manchester. Der Umstand aber, dass nur zwei blaue Plaketten an ihn erinnern und die Stätten, an denen er sich aufhielt, so ungepflegt sind, deuten darauf hin, dass er dort immer nur eine Nebenrolle gespielt hat – und immer spielen wird. Könnte das daran liegen, dass er Inder war? Ich frage ja nur.

Dass Gandhi im Vereinigten Königreich keinen angemessen starken Eindruck hinterlassen hat, bekümmert mich und macht mich traurig. Für das Land, das auf ihn einen so großen Einfluss hatte, ist er nicht mehr als eine unbedeutende Fußnote der Geschichte.

Der Umstand allerdings, dass Rishi Sunak im Oktober 2022 zum ersten britischen Premierminister mit asiatischen Wurzeln gewählt wurde, weist auf eine Veränderung des gesellschaftlichen Klimas hin. Als Sohn von Eltern indischer Abstammung wurde er in Southampton geboren. Sein Vater kam in Kenia zur Welt und wuchs auch dort auf; seine Mutter stammt aus dem heutigen Tansania. Wenn in dieser Familiengeschichte nicht Gandhis Mantra »Be the Change« nachklingt …

Als Schatzkanzler unterstützte Sunak 2020 in einem Schreiben an den Beirat der Königlichen Münze eine Kampagne, die unter dem Titel »Auch wir haben Britannien mit aufgebaut« die Abbildung nicht-weißer Persönlichkeiten auf britischen Münzen und Banknoten anregte. Auf der Wunschliste standen unter anderem Gandhi, Noor Inayat Khan, die britische Spionin mit indischen Wurzeln, sowie die jamaikanisch-britische Krankenschwester Mary Seacole. Ich wünschte nur, Sunak wäre schon zum Premierminister gewählt worden, als ich mich in London aufhielt; dann hätte ich mich gern mit ihm über das ein oder andere unterhalten.

Die Winde des Wandels sind unvermeidlich und verändern sich ständig.

KAPITEL 6

Einfachheit:
In schwierigen Zeiten
gar nicht so leicht

Vielleicht besitzen wir mitunter Dinge;
doch das Geheimnis besteht darin, sie nie zu vermissen.
Mahatma Gandhi

Ich höre immer auf das, was ich weglassen kann.
Miles Davis, Jazzmusiker

Um ein reines, selbstloses Leben zu führen,
darf man inmitten der Fülle nichts als sein eigen betrachten.
Buddha

Der großartige, leider schon verstorbene George Carlin, ein spitzzüngiger US-Komiker und Kommentator des Alltags, richtete seinen scharfen Blick auf die Verrücktheiten des menschlichen Verhaltens und unserer sozialen (beziehungsweisen asozialen) Rituale. Einmal brachte er eine Nummer über Zeugs. Das hörte sich so an:

»Das Einzige, was man im Leben braucht, ist ein bisschen Platz
für sein Zeugs, nicht wahr? Jeder hat ein bisschen Platz für sein
Zeugs. Das ist mein Zeugs, das ist Ihr Zeugs, das da drüben muss
dann wohl dem sein Zeugs sein. Und ein Haus? Ist nicht mehr
als ein Platz für unser Zeugs. Hätten Sie nicht so viel Zeugs,
bräuchten Sie kein Haus. Denn ein Haus ist nichts anderes als
ein Haufen Zeugs mit 'nem Deckel drauf. Das sehen Sie, wenn
das Flugzeug, in dem Sie sitzen, gerade abgehoben hat und Sie
den Blick auf die Erde richten: Da sehen Sie, dass alle ihr Häuf-
chen Zeugs haben. Wenn Sie Ihr Haus verlassen, müssen Sie es
abschließen – weil Sie nicht wollen, dass jemand kommt und
Ihnen was von Ihrem Zeugs wegnimmt. Die nehmen nämlich immer nur das gute Zeugs. Mit dem anderen Zeugs geben
die sich gar nicht ab. Die wollen nur das glänzende, funkelnde
Zeugs. Genau das ist Ihr Haus: ein Platz, in dem Sie Ihr Zeugs
liegen lassen, während Sie rausgehen und [...] neues Zeugs holen.
Manchmal müssen Sie umziehen: in ein neues Haus. Warum?
Weil der Platz für Ihr Zeugs nicht mehr reicht.«

Ich höre förmlich, wie der Bapu sich vor Lachen im Grab um-
dreht – weil er mit dem Bedürfnis der Menschen vertraut war,
an Dingen zu hängen und sich an sie zu klammern. In *Trusteeship*
schrieb er einen Satz, der Berühmtheit erlangen sollte: »Wir
haben genug für jedermanns Bedürfnisse, aber nicht für jedermanns Gier.« Im Text heißt es weiter:

»Ich behaupte, in gewisser Weise sind wir alle Diebe. Wann immer ich mir etwas nehme, was ich nicht zum sofortigen Gebrauch benötige, und es behalte, nehme ich es irgendjemand
anderem weg. Ich gehe sogar so weit zu behaupten, dass es ein
Naturgesetz ist, das keine Ausnahmen kennt: Die Natur stellt
uns alles zur Verfügung, was wir für unseren täglichen Bedarf

brauchen. Wenn jeder nur das nehmen würde, was er für sich benötigt, und nicht mehr, gäbe es auf dieser Welt keine Armut, niemand müsste mehr hungern. Aber solange es diese Ungleichheit gibt, so lange stehlen wir auch.«

Gandhi selbst wurde seinem Anspruch gerecht, sich nur das zu nehmen, »was er für sich benötigt(e), und nicht mehr«. Die meisten Menschen werden daran gemessen, was – und vor allem wie viel – sie hinterlassen. Gandhi dagegen wird oft daran gemessen, wie wenig er hinterlassen hat. Wie schon erwähnt, ist der Raum, in dem er die letzten Tage seines Lebens verbrachte, heute ein Ehrenmal für ihn. Das ehemalige Anwesen des Industriellen Ghanshyam Das Birla stellt eine bemerkenswerte Studie in Aufgeräumtheit und Besitzlosigkeit dar: Zen-Design aus einer Zeit, in der eine solche Schlichtheit noch nicht cool war. In einer Vitrine sind Gandhis weltliche Hinterlassenschaften ausgestellt: Brille, Brillenetui, Taschenuhr, Löffel, Gabel und Messer sowie – merkwürdig eigentlich – eine Sichel. Der Raum, wie wir ihn heute sehen, ist noch genauso, wie er ihn hinterlassen hat: leer bis auf eine Matratze, eine Nackenstütze, ein Kissen, ein Exemplar der Bhagavad Gita und ein flacher Tisch zum Schreiben.

Für Gandhi war Einfachheit untrennbarer Bestandteil seiner Philosophie, Grundlage eines spirituelleren und sparsameren, eines betont ethischen und humanitären Lebensstils. Auf wirtschaftlichem und politischem Gebiet wollte er Indien und den Indern helfen, die Ketten der Abhängigkeit zu durchtrennen, in denen England das Land auf dem Subkontinent hielt. Es war Teil seiner Strategie, das Handspinnen mit dem Charkha populär zu machen. Und dazu gehörte auch der Salzmarsch nach Dandi, mit dem Gandhi die Inder ermutigen wollte, sich gegen die Steuer aufzulehnen, die ihnen die Engländer für das eigene Salz abverlangten. Persönlich war er aus Notwendigkeit und Neigung sehr sparsam – Ersteres vor allem während seines Jurastudiums in London.

In Gandhis Vision ist die Philosophie des Weniger-ist-mehr eine moralische Entscheidung. Jedenfalls wenn man, wie ich, glaubt, dass wir die moralische Verpflichtung haben, den Planeten genauso zu schützen wie unsere geistige und körperliche Gesundheit. Auf die Spitze getrieben, bedeutet Vereinfachung, sich bis aufs Notwendigste zu reduzieren, und setzt eine bewusste Entscheidung in der Frage voraus, was einem wirklich wichtig ist. Letzten Endes stößt man dabei, so Gandhi, auf die großen Fragen, die auch im Zentrum aller großen Glaubenssysteme stehen: Wer bin ich? Warum bin ich am Leben? Was ist meine Bestimmung? Und eine Frage würde Gandhi noch hinzufügen: Was aus der materiellen Welt benötige ich für diese Selbsterkundung?

Die Antworten verweisen wiederum auf Gandhis Moralkodex, den man in der heutigen Zeit als »die Erde nicht unnötig belasten« zusammenfassen könnte. Diese und ähnliche Formulierungen fanden Anfang der Siebzigerjahre Eingang in unseren Sprachgebrauch, als sich das Bewusstsein für Umweltfragen schärfte und entsprechende Gesetzesinitiativen beförderte. Beispiele: die Einführung des »Tages der Erde« (1970); im selben Jahr wurde in den USA die Umweltbehörde Environmental Protection Agency etabliert. Wenig später kam es zur Verabschiedung entsprechender Gesetze: das Gesetz zur Reinhaltung der Luft, 1972, das Gesetz zur Reinhaltung des Wassers, 1972, und das Gesetz zum Schutz gefährdeter Arten, 1973.

Wenn es zwei Bereiche gibt, in denen Gandhis Appell zur Vereinfachung des Lebens die meisten Befürworter findet, sind das auf jeden Fall nicht Kleiderschrank und Schreibtisch, sondern die begrenzten natürlichen Ressourcen des Planeten und die unbegrenzte Kostbarkeit des menschlichen Geistes. Wir brauchen keinen Al Gore, der es uns erklärt, um zu wissen, dass wir umso mehr kaufen, anschaffen, konsumieren und wegwerfen, je mehr wir herstellen und produzieren.

Zu seinen Ideen für ein einfacheres Leben wurde Gandhi von früheren Denkern inspiriert, insbesondere von Jean-Jacques Rousseau, dem Philosophen der Aufklärung. Dieser schilderte die Vorzüge eines solchen Lebens in Werken wie *Abhandlung über die Wissenschaften und die Künste* oder *Abhandlung über den Ursprung und die Grundlagen der Ungleichheit unter den Menschen*.

Das zunehmende Interesse an einer Bewegung, die statt auf »Mehr« auf »Weniger« setzt, hat mehrere Ursachen: Verkehrschaos, überfüllte Städte, Knappheit wesentlicher Güter, zu wenig freier Raum und verfügbares Land, exorbitante Mietpreise für Wohnungen, Luftverschmutzung, nicht genügend Datenvolumen zum Laden weiterer Apps auf Ihr angeblich so smartes Fon – und dann der Preis, den das alles hat, für die Umwelt, vor allem aber für Sie, für Ihr Wohlbefinden, für das bisschen Platz, das in Ihrem Gehirn noch übrig ist, um dieses ständig komplexer werdende Leben auszubalancieren.

In den Achtzigern trieb in der TV-Sendung *Lifestyles of the Rich and Famous* samt Schlussmotiv »Champagne Wishes and Caviar Dreams« (Sektwünsche und Kaviarträume) das Größer, Höher, Weiter des sozialen Aufstiegs neue Blüten – bis der Absturz in die Katastrophe einsetzte, als die Hypothekenzinsen genauso ins Unermessliche stiegen wie Kreditkartenschulden, als die Inflation galoppierte und die Börse kollabierte, als die Dotcom-Blase platzte, Produktion und Fertigung schwächelten und Unternehmen gleich ganz verschwanden – aufgrund des technologischen Fortschritts, der Menschen durch Chips ersetzte. In der Zeit nahm das Wort Konsum einen geradezu obszönen Beiklang an.

Aber nicht nur die Wirtschaft gab der Bewegung ordentlich Zunder. Die Unzufriedenheit mit dem, was diese materiellen Dinge mit sich gebracht oder mit sich zu bringen versprochen hatten, machte unsere Hoffnungen jäh zunichte, ließ uns leer, übers Ohr gehauen und niedergeschlagen zurück – emotional bankrott.

Bruce Springsteens Hit »57 Channels (and Nothin' On)« (57 Kanäle und nichts läuft) aus dem Jahr 1992 war eine Anspielung darauf, wie viele Kabelkanäle es damals auf einmal gab – im Vergleich zu den sieben »Stationen« vorher. Und es war auch ein Klagelied, weil es trotz der zahlreichen Alternativen nur wenig gab, was sich anzuschauen lohnte. Von meinem heutigen Anbieter bekomme ich beinahe tausend Kanäle zur Verfügung gestellt – und noch immer ist kaum einer es wert, meine wertvollen Augäpfel darauf zu richten. Auch das ist ein Beispiel für die Malaise des Zuviels, die der Bewegung der Vereinfachung zusätzlichen Wind unter die Flügel pustet.

Die Strömung des Zuviel hat eine Überfülle hervorgebracht – eine Überfülle an Kram. Wir ersticken in Müll. Die Garagen der Leute sind so voll mit »Zeugs«, dass das Anmieten zusätzlichen Stauraums schon zur Norm geworden ist. In den USA gibt es einer Schätzung zufolge 48 500 Lagereinheiten, mehr als alle Filialen von McDonalds und Starbucks zusammengenommen.

Was passiert mit dem ganzen Zeug, wenn wir es nicht mehr wollen oder der Platz dafür fehlt? Wir schmeißen es weg. Durchschnittliche Amerikaner produzieren bis zu 2,3 Kilo Müll pro Tag. Das sind 840 Kilo im Jahr. Diese Pro-Kopf-Mengen sind höher als in anderen Ländern. In Europa produziert jede Person im Schnitt pro Jahr gerade einmal 453 Kilo. Pro Jahr kommen auf amerikanischen Mülldeponien 140 Millionen Tonnen Abfall hinzu.

Was wir nicht wegwerfen, behalten wir in der Regel zu lang. Ich dachte, meine Wohnung wäre unordentlich. Als ich aber mal eine Folge von *Hoarders* (Messies) im Fernsehen sah, wurde mir klar, wie elend schlecht Leute dran sind, die partout nichts wegwerfen können. Das pathologische Horten wurde inzwischen in die »Internationale Klassifikation der Krankheiten« und die »Internationale Klassifikation psychischer Krankheiten« aufgenommen, die Bibel der American Psychiatric Association.

Exzessives Einkaufsverhalten, das zur Ansammlung großer Mengen von Besitztümern führt, hat mittlerweile eine eigene Wachstumsbranche hervorgebracht: ein Heer von Leuten, die uns beim Entrümpeln unserer Wohnungen helfen wollen. Nach Angaben der Zeitschrift *Fast Company* wurde der Wert des entsprechenden Marktsegments 2021 auf fast zwölf Milliarden Dollar geschätzt. Ein Superstar der Branche ist Marie Kondo, eine japanische Ordnungsberaterin, die 2011 mit ihrem ersten Buch *Magic Cleaning* bekannt wurde. Auf Netflix hat sie eigene How-to- und Dokuserien: *Aufräumen mit Marie Kondo* sowie *Glück und Freude mit Marie Kondo*. Doch wie sie selbst sagt, wurde sie erst in dem Moment richtig froh und zufrieden, als sie ihr Augenmerk nicht mehr aufs Aussortieren und Wegwerfen lenkte, sondern auf die Dinge, die sie glücklich machen. »Die Aufgabe des Aufräumens ist das Identifizieren von Dingen, die Sie glücklich machen«, schrieb sie – Dingen, die »Freude bereiten«. Diesen Ausdruck verwendet sie wie ein Mantra. Auf Japanisch heißt er *Tokimeku*, im Englischen bedeutet er so viel wie »flattern, zucken« oder auch »klopfen, pochen«. Bevor sie einen Gang runter schaltete, um Mutter zu sein, war Kondos Unternehmen acht Millionen Dollar wert.

Was einige bei sich zu Hause machen, tun andere dem Planeten Erde an: Sie verwandeln ihn in eine Müllhalde. In den vergangenen hundertfünfundzwanzig Jahren sind die CO_2-Emissionen aus fossilen Brennstoffen global enorm angestiegen. Seit 1970 um etwa neunzig Prozent. Die Verbrennung fossiler Treibstoffe und Emissionen aus Fabrikschornsteinen trugen annähernd achtzig Prozent zum gesamten Treibhauseffekt bei. Weitere bedeutende Verursacher sind neben anderen Faktoren der Bodennutzung vor allem Landwirtschaft und Abholzung des Waldes.

Einige Anzeichen sprechen dafür, dass die Welt allmählich beginnt, sich mit Gandhis Gedanken in Sachen Einfachheit anzufreunden – zum Beispiel die wachsende Bewegung, die unter der Bezeichnung freiwillige Einfachheit alias einfaches Leben bekannt ist, alias Minimalismus, alias Kürzertreten. (Da fragt man sich nur, ob das alles so einfach ist – bei den vielen verschiedenen Namen, die die Bewegung hat.)

Ein weiteres Indiz sind die Magazine, die den Leuten Tipps geben, wie sie mit weniger leben und damit mehr Spaß haben können, zum Beispiel die monatlich erscheinende Online-Veröffentlichung *Simplify Magazine* oder die Zeitschrift *Real Simple* »für die vielbeschäftigte Frau von heute«, die dort »inspirierende Ideen und praktische Anregungen« bekommen soll, die ihr »helfen, das Leben zu vereinfachen«. 2021 trug eine »Sonderausgabe« von *Real Simple* den Titel »Die Power des Weniger«. Die Überschriften der Artikel lauten unter anderem: Die Power, »den Stress abzuladen«, »Ihre Gedanken zu entrümpeln«, »sich täglich weniger zu verzetteln«. Warum muss es da immer gleich um Power gehen – um Macht? Um die Dinge nicht einfacher, sondern noch ein bisschen komplizierter zu machen, hat *Real Simple* 2010 noch ein paar Apps hinzugefügt. Machen Apps das Leben wirklich einfacher? Oder ziehen sie einen in irgendwelche Löcher hinein, ohne die man viel besser dran wäre? Was auf der Hand liegt: dass auch *Real Simple* uns nur in die Falle des Konsums locken will – weil das Menü des Online-Magazins nämlich direkt auf eine Shopping-Seite führt.

Können Sie sich vorstellen, um wie viel besser Gandhi seine Anhängerschaft hätte mobilisieren können, wenn er Zugriff auf eine App gehabt hätte? Heute gibt es so eine Gandhi-App sogar: eine komplette interaktive Biografie über ihn – inclusive seltener Fotos und Videos – nur fürs iPad und im Apple App Store erhältlich. Oh, lieber Bapu, schau nur, was da alles auf deine Kappe geht.

Apropos O – *O, the Oprah Magazine*, ist auch auf den Zug aufgesprungen. Im August 2020 lautete der Titel einer Sonderausgabe »Lass es los!«. Das Cover wies auf Beiträge zu den Themen »Wie Sie entstressen, entrümpeln, sich wiederaufladen, Ihre Mitte finden« und nicht zuletzt »entspannen« hin. 2021 widmete *National Geographic* eine ganze Ausgabe der »simplen Nachhaltigkeit«. Wobei die meisten Texte von Kris Bordessa stammen, die ein Blog mit dem Namen *Attainable Sustainable* (etwa: Machbar nachhaltig) unterhält und unter diesem Titel auch ein Buch veröffentlicht hat.

Alle diese Publikationen richten sich vornehmlich an Frauen. Von den sieben Komma sechs Millionen Lesern von *Real Simple* sind nach eigenen Angaben neunzig Prozent weiblichen Geschlechts. Natürlich spiegelt der redaktionelle Inhalt all das wider, was Frauen vermeintlich wollen und brauchen, um in den gerühmten Zustand der Einfachheit zu gelangen. Wenn das mal nicht ein ausgewachsener Fall von Gender-Stereotypie ist.

Leider stellt dieses Mehr-Mehr-Mehr die stärkste Strömung in der heutigen Gesellschaft dar. Wobei »Mehr« alleine nie genug zu sein scheint. In der menschlichen Neigung zur Raffgier sahen die Buddhisten schon vor Tausenden von Jahren den »hungrigen Geist«. Hungrige Geister sind Wesen, die von einem Verlangen gequält werden, das nie gestillt werden kann.

Man hat schon ein Büro mit zwei Fenstern, will jetzt aber eines mit dreien. Man hat die Liebe seines Lebens gefunden, sucht aber noch was Besseres. Man gibt überall mit seinem schicken BMW an, aber dann kommt Tesla daher und verführt einen. Im Hinblick sowohl auf diesen Trend als auf die Gegenbewegung des Lieber-etwas-Einfacher haben manche Unternehmen den Schluss gezogen, dass Verbraucher und Verbraucherinnen hin und her gerissen sind: zwischen ihren Konsumwünschen und dem Wissen, dass sie das Zeug nicht brauchen. Aus dieser Erkenntnis versuchen die Unternehmen Kapital zu schlagen. Bestes Beispiel ist die widersprüchliche Werbebotschaft, die das Reiseportal Expedia 2022 via TV und Streaming in die Haushalte der Welt brachte. Premiere hatte der Spot im Rahmen jenes überbordenden amerikanischen Spektakels, das als Super Bowl bekannt ist und eine Art Sonntagsgottesdienst mit einer Gemeinde von etwa hundertzwölf Millionen Zuschauern an den TV- und Streaming-Bildschirmen darstellt. 2002 gab es nach Angaben der Sendeanstalt NBCUniversal die höchste Einschaltquote bei dem Spiel seit fünf Jahren; dies spreche, so NBCU, »für das Bedürfnis der Menschen, endlich wieder frei kaufen, konsumieren, essen, trinken und die letzten zwei Jahre vergessen« zu können (das bezog sich auf die Corona-Pandemie).

In dem Expedia-Spot schlendert der schottische Schauspieler Ewan McGregor, der unter anderem für seine Rolle des Obi-Wan Kenobi in mehreren *Star-Wars*-Filmen bekannt ist, durch ein Filmstudio, in dem verschiedene glamouröse Werbespots für Autos, Parfums, Fernseher und so weiter gedreht werden. Dann sagt er: »Zeug! Wir *lieben* Zeug und es gibt da draußen wirklich großartiges Zeug. Ich bezweifle allerdings, dass wir beim Rückblick auf unser Leben eines Tages denken: ›Ich wünschte, ich hätte mir einen etwas sportlicheren SUV oder einen Fernseher mit einem noch schmaleren Bildschirm gekauft oder einen trendigeren Duft gefunden. Hätte ich bloß knusprigere Chips oder ein leichteres Light-Bier entdeckt oder ein noch smarteres Smartphone.‹ Glauben Sie wirklich, wir blicken auf unser Leben zurück und bereuen, was für Zeug wir alles nicht gekauft haben [...]« Dann öffnet er eine Tür, betritt einen herrlichen, menschenleeren Strand und spricht weiter: »[...] oder doch die Orte, an denen wir nicht waren?«

Ja, es ist eine rhetorische Frage, weil Expedia will, dass Sie antworten: »Tja, vielleicht sollte ich reisen. Wie kann ich buchen?« Und das führt direkt an das gar nicht so heimliche Ziel des Unternehmens, das Sie ermutigen möchte, Ihr Geld für die Buchung von Flugtickets, Hotelzimmern, Mietwagen und allem, was Sie auf Reisen sonst noch so brauchen können, bei Expedia auszugeben. Kein Wunder: Das Unternehmen erzielt seine Haupteinnahmen aus der billigen En-gros-Buchung von Unterkünften, die es mit Aufschlag an seine Kunden weiter verkauft.

Expedia schlägt nicht vor, auf den Kauf von »Zeug« zu verzichten – vielmehr fordert uns das Portal auf, *sein* Zeug zu erwerben. Kurz gesagt: Auch das Reisen ist ein Produkt – ein der Mittel- und aufstrebenden Gesellschaftsschicht zugängliches Produkt. Früher war das Reisen ein Privileg von Angehörigen der Oberschicht, die im Besitz genügender Mengen frei verfügbaren Geldes waren und sich Reisen ins Ausland leisten konnten, die die Betreffenden oft mehr zum Angeben nutzten, als dass sie das Erlebnis selbst genossen hätten.

Am Strand von New Jersey habe ich einmal allein in einem kleinen trendigen Restaurant an einem Tisch gesessen – in zu unmittelbarer Nähe eines gutbetuchten Paares. Die beiden unterhielten sich über ihre Reise-Wunschliste, also die Orte, die sie noch sehen wollten. Die Frau sagte, sie wäre noch nie am Taj Mahal gewesen, das müsse man aber doch unbedingt einmal gesehen haben, oder nicht? Daraufhin ließ der Mann verlauten, er sei da gewesen, es wäre aber nichts Besonderes. Wie bitte? Das UNESCO-Weltkulturerbe, eines der sieben Weltwunder, das marmorne Mausoleum, jenes Zeugnis der Liebe und der Wertschätzung, das Shah Jahan im siebzehnten Jahrhundert zum Gedenken an seine verstorbene Frau hat errichten lassen: nichts Besonderes? Während die beiden die Reiseziele durchgingen, die sie schon von ihrer Liste abgehakt hatten, wurde mir klar, dass der Besuch dieser Orte für sie weit weniger wichtig war als die Möglichkeit, auf irgendwelchen Cocktailpartys damit angeben zu können.

Der Expedia-Werbung läuft eine solche Haltung natürlich zuwider. Dafür bestätigt sie mich beziehungsweise Gandhi in der Hoffnung, wir könnten einst nicht nur ein einfacheres Leben führen, sondern auch die besseren Werte vertreten: also die Orte, die wir besuchen, genauso wertschätzen wie die Erfahrungen, die wir dort machen, statt Reiseziele des »Sammelns von Destinationen« wegen anzusteuern. Während Hotels und »Destinationen« die gebotenen »authentischen, landestypischen Erfahrungen« (Aneinanderreihungen von Klischees, wie ich sie in dieser Art von Schrifttum schon zu oft gelesen habe), vor dem Hintergrund von wissenschaftlichen Erhebungen über die Vorlieben der Reisenden, bewerben, stelle ich mir die Frage, ob es noch Sparten des Mittelklasse-Tourismus gibt, die nicht längst kommerzialisiert wurden.

Der Buddha, Expedia und Gandhi waren und sind nicht die Einzigen, die sich der menschlichen Tendenz zu Gier und Habgier bewusst sind. Hungry Ghosts – Hungrige Geister – nennt sich auch ein Rock-Duo aus Portland, Oregon. Genau wie das vierte Studioalbum der amerikanischen Band OK Go. Und The Cure, eine wichtige englische Post-Punk-Band, veröffentlichte einen Song mit dem Titel »The Hungry Ghost«, in dem die

Behauptung aufgestellt wird, dass wir den hungrigen Geist, der in uns allen wohnt, nie zufriedenstellen können.

Ich vermute, dass die Mitglieder der Band, die mittlerweile angeblich alle Multimillionäre sind, den Text ernst meinten: Materiell hatten sie alles, was sie sich je hätten wünschen können, und doch empfanden sie eine innere Leere. Offenbar haben ihre Erfahrungen sie gelehrt, dass zu viel Besitz nichts für die Seele tut. Es wäre jedenfalls zu hoffen.

• • •

Mehr als alles andere hält die übermäßige Beschäftigung
mit Eigentum und Besitz die Menschen
von einem Leben in Freiheit und Großmut ab.
Bertrand Russell: *Grundlagen für eine soziale Umgestaltung*

In seinem 1899 erstveröffentlichten Buch *Theorie der feinen Leute* prägte der norwegisch-amerikanische Wirtschaftswissenschaftler und Soziologe Thorstein Veblen den Begriff »conspicuous consumption« (demonstrativer Konsum). Er warnte vor diesem von der industriellen Revolution geförderten Trend, vor einer zunehmend materialistisch orientierten Gesellschaft, in der die Menschen mehr Güter ansammeln und für ihren persönlichen Wohlstand bewundert werden wollen.

Nichts deutet darauf hin, dass unter den etwa vierhundert Büchern, die Gandhi gelesen hat, auch die Werke von Veblen waren. Er war an die dreißig, als dessen Buch erschien, und hätte von der Lektüre bestimmt profitiert und Veblens Aussagen zugestimmt. Doch zu der Zeit hatte er alle Hände voll zu tun – galt in Südafrika doch gerade seine ganze Aufmerksamkeit dem Natal Indian Ambulance Corps, einer Gruppe indischer Krankenträger, die er im zweiten Burenkrieg gegründet hatte.

Der Mahatma war also entweder ein Visionär oder in seiner Ablehnung der Folgen der Industrialisierung ein Vorreiter der sich allmählich auftürmenden Welle des Widerstands.

Von den tiefgreifenden gesellschaftlichen Veränderungen, die der übermäßige Konsum hervorgebracht hat, sind fast alle Facetten des Lebens betroffen. In einem Aufsatz über freiwillige Einfachheit schreiben Samuel Alexander und Simon Ussher, die Direktoren des *Simplicity Institute*, einer Forschungs- und Bildungseinrichtung mit Sitz in Ohio:

»Der Überkonsum in den wohlhabenden Gesellschaften ist ein entscheidender Faktor, wenn nicht gar die Quelle der drängendsten Probleme, vor die sich die Welt gestellt sieht, unter anderem Umweltzerstörung, globale Armut, Ausbeutung der natürlichen Ressourcen. Demzufolge bedeutet jeder Übergang zu einer nachhaltigen und gerechten Gesellschaft, dass diejenigen, die heute zu viel konsumieren, sich einen materiell sehr viel ›einfacheren‹ Lebensstil zulegen müssen. Die Bewegung der freiwilligen Einfachheit kann als eine vielfältige gesellschaftliche Bewegung aus Menschen verstanden werden, die sich dem übermäßigen Konsum verweigert und auf vielerlei Art und Weise versucht, eine Alternative zu entwickeln, die auf weniger Verbrauch bei höherer Lebensqualität beruht.«

Richard Gregg, Friedensaktivist und Autor des Buches *Die Macht der Gewaltlosigkeit* war in den Neunzehnzwanzigerjahren der erste Amerikaner, der mit Gandhi zusammengelebt und -gearbeitet hat. In *The Value of Voluntary Simplicity* prägte er später den Begriff der »freiwilligen Einfachheit«. Seither werden diese Ideale von vielen aufgenommen, auch von bedeutenden Vordenkern wie den Ökonomen Ralph Borsodi und Scott Nearing, dem Anthropologen und Dichter Gary Snyder, dem

Utopian-Fiction-Autor Ernest Callenbach und (vor allem unter meinen Kollegen) dem britisch-deutschen Ökonom E. F. Schumacher. In seiner Abhandlung *Small is Beautiful – Die Rückkehr zum menschlichen Maß*, spricht Schumacher sich für humane, dezentralisierte und angepasste Technologien aus. Zu Recht steht dieses Buch in Bibliotheken neben Frances Moore Lappés *Öko-Diät*, Robert M. Pirsigs *Zen und die Kunst ein Motorrad zu warten*, Stewart Brands *Whole Earth Catalog* und Edward Espe Browns *Tassajara-Brotbuch*.

In den USA bekam die Bewegung der freiwilligen Einfachheit Ende der Neunziger im Zusammenhang mit dem Erscheinen von Janet Luhrs Buch *Lebe einfacher!* mehr Aufmerksamkeit. Etwa zur gleichen Zeit begann der Minimalismus (ein eng mit der freiwilligen Einfachheit verwandter Trend) von sich reden zu machen.

Ob sich die Bewegung der freiwilligen Einfachheit durchgesetzt hat? Nicht so richtig, meint mein enger Freund Wes Nisker, buddhistischer Lehrer und Autor von *Buddha's Nature* und anderen Büchern. Auf meine Frage, woran das liegen könnte, antwortet er lapidar: »Es haben sich nicht genug Leute gemeldet.«

· · ·

Führe ich ein einfaches Leben, oder lebe ich einfach?

Ich würde mich als einen einfachen Menschen beschreiben, der in ein komplexes Leben geworfen wurde – das Leben eines Journalisten. Damit habe ich nicht gesagt, dass ich ein Simpel bin; clever bin ich schon – oder schlau genug. Da ich aber nicht zu den Hochbegabten zähle, muss ich mich schon immer sehr anstrengen, wenn ich mich auf ein Interview mit so brillanten Köpfen wie denen vorbereite, die ich mitunter befragen darf. Aufgewachsen im bürgerlich-spießigen New Jersey, hatte ich das einfache Ziel, auf keinen Fall in die Fußstapfen meines Vaters zu treten, der Handelsvertreter war. Seit Beginn meines Berufslebens gebe ich mir Mühe, unter Leuten wie den Rajasthani Royals (einer indischen Cricket-Mannschaft), verschiedenen Sterneköchen, dem Dalai Lama und milliardenschweren Unternehmern aus Indien, Costa Rica oder New York nicht unangenehm aufzufallen.

Ich habe schon wiederholt eine Zeit lang buchstäblich von der Hand in den Mund gelebt, zwischen den Sitzen meines Autos nach Münzen getaucht, um die Brückenmaut zahlen zu können. Es gab Zeiten, in denen der Großteil meines »Zeugs« auf Lagereinrichtungen in New Jersey und Massachusetts verteilt war, weil ich weder regelmäßige Einkünfte noch ein Dach über dem Kopf hatte. Nachdem erst ein potenziell lukrativer Job und dann noch zwei weitere Projekte geplatzt waren, habe ich einmal drei Jahre lang nur mit dem gelebt, was in meinen grünen Subaru Forester reinpasste; Koffer, Pappkartons (mal waren es, glaube ich, fünfzehn), alle je nach Inhalt beziehungsweise Notwendigkeit beschriftet. Es gab eine kleine Reisebibliothek mit dem Nötigsten, einen Karton mit Schuhen, einen mit Toilettenartikeln, einen für haltbare Lebensmittel inklusive Gewürzen sowie einen Schlafsack und meinen allerbesten Freund: mein Kopfkissen. Manchmal habe ich bei Leuten auf der Couch übernachtet, auch bei meiner Tochter und ihrem Mann; bin zwischen Airbnbs, Angeboten von der Anzeigenwebsite Craigslist, merkwürdigen Motels hin und her gependelt, und wenn ich Glück hatte, konnte ich nach Vermittlung von Freunden aus der Hotelbranche auch mal in einer Sterne-Unterkunft einchecken. Zum Super-Sonderpreis. Ich blieb drei oder vier Nächte, dann packte ich meine Sachen und begab mich wieder auf meinen freudlosen Weg. Alles auspacken – und – einpacken. In aller Bescheidenheit darf ich stolz verkünden, dass ich nie in meinem

Wagen geschlafen habe (nicht nur, weil in meinem geliebten Forester kein Platz dafür gewesen wäre). Stolz war bei mir auf jeden Fall immer dabei – sogar nahe am Boden.

Als ich als Ghostwriter für eine wohlhabende Beverly-Hills-Psychologin engagiert wurde, bei der ich während der gemeinsamen Arbeit wohnen durfte, ließ ich mir die Gelegenheit nicht entgehen. Ein Dach über dem Kopf in BevHills? Hey! Und das mehr als sechs Monate lang. Weil ich dachte, dass ich eine Weile an der Westküste bleiben würde, ließ ich mir im Wissen, dass in LA ein Leben ohne Auto dasselbe war wie eine Band ohne Instrumente, meinen treuen Forester aus New Jersey nachschicken.

Nach dem Job bei der Psychologin lernte ich eine nette Frau kennen, blieb in LA und zog bei ihr ein – und wurde von dort wieder in eine Zeitwohn-Unterkunft in Woodland Hills zurückgeschmettert. Diesen Umzug machte ich mit meinem Wagen, der bis unters Dach voll war mit meinem Zeug. Meine Ex hatte ihn »Grüne Schildkröte« genannt. Für mich fühlte er sich an wie die Außenhülle meiner normalen irdischen Existenz.

Dieses zeitweilige Nomadentum war meine erste Lektion in Minimalismus. Dass ich beim Umherziehen nur so wenig Zeug bei mir hatte, störte mich nicht, im Gegenteil: es war eine Art Erleichterung. Aber ich hatte das Gefühl, mich auf einer endlosen Abwärtsspirale der Vergänglichkeit zu befinden. (Dass der Buddha recht hatte, lernte ich auf die harte Tour: Alles ist vergänglich.)

Nach dem Tod meiner Mutter erfuhren meine Schwester und ich, dass uns ein netter Betrag in Aktien und fest verzinslichen Werten hinterlassen worden war. Nach drei harten Jahren, in denen ich mich bei allen möglichen Leuten verschuldet hatte, ereilte mich dieser Glücksfall keinen Moment zu spät. Kamen noch Honorare aus Artikeln und Büchern hinzu, rechnete ich mir schnell aus, würde ich von dem unerwarteten Geldsegen wahrscheinlich zwanzig Jahre leben können.

Als ich in Berkeley mein eigenes Apartment bezog, was nach den Jahren meiner Wohnungslosigkeit an sich schon einen Riesenschritt für mich darstellte, war ich nach etwa zehn Jahren zum ersten Mal wieder mit allem unter einem Dach vereint, was ich besaß. Eine Zeit lang überforderten mich meine »Besitztümer« geradezu. Die Vorstellung, so viel »Zeug« zu haben, ohne das ich in den letzten Jahren ausgekommen war und von dem ich zu der Zeit kaum etwas vermisst hatte, empfand ich als beängstigend. Ich kaufte mir Zimmerpflanzen. Beobachtete ihr Wachstum. Mit einem Mal hatte ich wieder Wurzeln – und lebte gerade mal acht Blocks von meiner Tochter, ihrem Mann und meiner Enkelin entfernt.

Nun, da ich mich nicht mehr um die nächste Monatsmiete sorgen musste und reichlich von etwas hatte, wovon ich früher immer nur gehört hatte – verfügbares Geld –, verfiel ich in einen richtigen Konsumrausch. Ich dachte an alles, was ich mir in der Vergangenheit verkniffen hatte, und ging auf Großeinkauf. Das Erste, was ich mir anschaffte, war ein neues Auto: einen funkelnden blauen Honda Fit. Ich habe eine Schwäche für Perserteppiche und handgefertigte mexikanische Keramikgegenstände; füllte meine Dreizimmerwohnung mit all den schönen Gegenständen an, mit denen ich mich umgeben wollte.

Manchmal ließ ich mir Ausreden einfallen – dass ich dieses oder jenes dringend benötigte. Schuhe zum Beispiel. Gut, aber die Schuhe, die mir gefielen, waren von Mephisto. Die letzten, die ich mir gekauft hatte, waren für *National Geographic* mit mir durch die Welt gezogen und hätten mich gut und gern überleben können. Bei den Mephistos, die ich jetzt wollte, handelte es sich um schwarze Businessschuhe zum Preis von dreihundert Dollar. Das fand ich zwar teuer, redete mir aber ein, dass sich die Kosten in den Jahren, die ich sie zu tragen gedachte, bald amortisiert haben würden. Das Problem war nur: Ich trug sie zweimal; danach standen sie im Schrank und verstaubten.

Zu Beginn meiner Beschäftigung mit Gandhis Prinzipien unterzog ich mein Einkaufsverhalten einer gründlichen Prüfung. Zunächst erlegte ich mir ein Moratorium für jegliche Neuanschaffung von Dingen auf, die ich nicht unbedingt benötigte. Nahrungsmittel, die monatlich anfallenden Rechnungen, Benzin, Geschenke für die Familie – darüber muss man nicht reden. Aber brauchte ich noch ein weiteres Küchengerät? Mehr Jogginghosen?

Danach war es an der Zeit, meinen Schrank unter die Lupe zu nehmen.

• • •

Wenn man Vermögen hat, bedeutet das nicht,
dass es aus dem Fenster geworfen und Frau und Kind
aus dem Haus geworfen werden sollten. Es bedeutet lediglich,
dass man diesen Dingen nicht verhaftet bleiben darf.
Mahatma Gandhi

An einem Samstag nahm ich mir Zeit, um Schrank und Kommode durchzugehen, mir einen Überblick zu verschaffen und zu entscheiden, welcher wohltätigen Organisation ich jene Sachen spenden wollte, die ich kaum getragen hatte oder aus denen ich in den letzten fünfundzwanzig Jahren herausgewachsen war. Aber die Zeit, die ich mir genommen hatte, reichte kaum. Schrank und Kommode waren mit peinlich viel Kram zugestopft – von dem mir nichts etwas bedeutete. Ein Dutzend Hemden und mehrere Hosen waren entweder völlig aus der Mode gekommen oder saßen so eng, dass ich staunte, wie schlank ich einmal war. So schmal würde ich nie wieder werden.

Eine meiner schwarzen Levis hatte ich als Symbol behalten, sie zu meinem Heiligen Gral der Gewichtsabnahme erklärt. In sie hatte ich eines Tages wieder hineinpassen wollen. Jetzt gab ich mich geschlagen und warf sie zu den anderen Klamotten auf dem höher werdenden Spenden-Stapel – zu den Krawatten, die schon mit Beau Brummell hätten das Zeitliche segnen müssen, den Sandalen, die nicht einmal mein Vater getragen hätte, zu den drei Paar ausgetretenen Sneakern und den inzwischen hauteng sitzenden Hemden, deren Knöpfe bei der Anprobe um Hilfe schrien, so kurz standen sie vor dem Abplatzen. Ich stieß auf einen Frotteebademantel aus dem Ritz Carlton in Laguna Beach, der in Brusthöhe meinen Namen eingeprägt trug – eine Erinnerung an die Zeiten, als ich eine Edelfeder unter den Reisejournalisten war. Ich hatte ihn so selten angehabt, dass er noch wie neu aussah.

All die Sachen, die wir mit uns herumschleppen – jedes Kleidungsstück, jedes Buch, jeder Talisman, die Geburtstagskarten, die uns zeigen, dass wir geliebt und gemocht werden –, beinhalten Erinnerungen, die unsere Vergangenheit definieren, unsere Gegenwart beleben und uns möglicherweise den Weg in die Zukunft bahnen. Wie kann man solche Dinge wegschmeißen? Es gibt da zwei Lager. Das eine sagt: »Nie im Leben!« Das sind die Leute, die, wenn ihr Haus brennt, noch einmal hineinlaufen, um nicht Bücher oder Kleidung zu retten, sondern die Fotoalben der Familie. Das andere Lager sagt: »Wer braucht denn so was?« Für diese Leute sind diese Dinge nur Ballast, emotionales Übergepäck, eine Bürde. In diesem Lager hatte ich mich selbst auch verortet. Doch als ich jetzt daranging, mich von derart vielen Dingen zu trennen, hielt ich an jedem einzelnen Gegenstand eine gefühlte Ewigkeit lang fest. »Brauche ich das wirklich noch? Wenn ich es mir jetzt ansehe, reicht das wirklich? Bleibt es wirklich in meiner Erinnerungsdatenbank erhalten? Bis zu meinem letzten Atemzug?«

Als alles vorbei war und ich mir den Spendenstapel anguckte, empfand ich wieder Erleichterung, fühlte mich von den Zeugnissen meiner Vergangenheit befreit und war stolz auf meine innere Größe. Ich brachte den Stapel in einen Secondhandshop bei mir um die Ecke, der passenderweise *Out of the Closet* (bedeutet auf Deutsch sowohl »aus dem Schrank« als auch »sich outen«) heißt. Dabei handelt es sich um eine 1990 gegründete Ladenkette, bei der von jedem verdienten Dollar sechsundneunzig Cent an die Aidshilfe gehen.

Dieser Organisation meine Sachen zu spenden fühlte sich gut an – und das aus gutem Grund: Es weist einiges darauf hin, dass es zu physiologischen Veränderungen im Hirn führt, die mit Glücksgefühlen in Verbindung gebracht werden, wenn man anderen hilft.

Oh schöner Spendentag!

Mein Freund Jeff Greenwald, ein amerikanischer Reiseautor (und noch vieles mehr), hat während der Corona-Pandemie ein Buch mit dem Titel *108 Beloved Objects* geschrieben. Darin erzählt er von seinem Beschluss, sich von lang in Ehren gehaltenen Gegenständen zu trennen, die ihn an bestimmte Momente seiner Vergangenheit erinnerten, und den Akt des Ausmistens an sich bewusst zu erleben.

Greenwald schreibt: »Tief in unserem Inneren scheinen wir zu begreifen, dass das Loslassen unserer Besitztümer einen Weg zur persönlichen Freiheit darstellt. Die Ironie dabei ist, wie schwierig das sein kann. Manchmal sieht es so aus, als würde unser Eigentum *uns* besitzen, so wenig Handlungsmacht haben wir darüber. Dinge anzusammeln ist leicht, sie loszulassen viel weniger. Ich möchte herausfinden, was das Wesentliche ist; Dinge zurücklassen und mit leichterem Gepäck weiterziehen.«

Nachdem ich mich eines Teils meiner Last entledigt hatte, überlegte ich, was ich sonst noch tun konnte, um mein Leben zu vereinfachen. Dabei lag es auf der Hand: meine Social-Media-Accounts löschen. Bei Facebook war ich schon sehr lang, ungefähr seit 2009; das Gründungsjahr war 2008. Eine Weile hatte es Spaß gemacht: Man fand Klassenkameraden aus der Grundschule wieder, alte Freundinnen oder Freunde. Man schloss sich Gruppen von Gleichgesinnten an. Man konnte angeben und nörgeln und wusste, dass es da immer eine Kerngruppe von Leuten gab, die sich für die entsprechenden Posts interessierten oder sie wenigstens »liketen«. Dann wurde es zu viel. Das Ganze wurde vom »sozialen Medium« zur Werbeplattform für die eigenen Produkte oder Dienstleistungen.

Es wurde zur Obsession und zum Schwamm, der einem die Zeit aufsaugte. Viele Forschungsergebnisse deuten darauf hin, dass Social Media zwar einerseits die Bildung von Konsensgruppen – zum Guten, wie zum Schlechten – ermöglichte, andererseits aber zur Ursache von einer Menge Stress, Angst und Mobbing wurde. Allen, die sich abends im Bett noch durch ihr Handy scrollen, kostet das kostbare Nachtruhe.

Zu der Zeit, als ich mit diesem Experiment begann, war ich süchtig. Zwischen den Sätzen, die ich schrieb, checkte ich Facebook. Hatte ich eine hübsche Idee, postete ich sie lieber, als dass ich sie für meinen Artikel verwendete oder woran ich sonst gerade arbeitete.

Also beschloss ich, damit Schluss zu machen. Da ich aber süchtig war, konnte ich es nicht. Dann versuchte ich mich langsam rauszuschleichen, das heißt, ich löschte erst die Facebook-App auf meinem Telefon – und Instagram gleich mit. Der Versuchung Insta hatte ich lange widerstanden, bis ich irgendwann hörte, Facebook sei nur noch was für alte Knacker. Als mir klar wurde, wie töricht das alles war, meldete ich mich von beiden komplett ab. Das ging über ein Jahr gut. Aber wie jede Droge saugte es mich wieder ein, als eines Tages jemand sagte, ich müsse mir Soundsos letzten Post angucken.

Endgültig Schluss war für mich, als vor ein paar Tagen meine Facebook-Seite nach fast fünfzehn Jahren zum ersten Mal gehackt wurde. Ich meldete mich erneut ab. Wenn Sie dies aber lesen, kann es gut sein, dass ich schon wieder dabei bin – natürlich nur und ausschließlich zu PR-Zwecken. Ich habe ja schon genug *echte* Freunde, mit denen ich zu wenig Zeit verbringe …

...

Einfachheit kann einfach darin bestehen, ein tägliches Ritual zu vollziehen. Der durch Wiederholungen entstehende Rhythmus macht das Leben einfacher. Man muss sich etwa nach dem Aufwachen morgens nicht mehr fragen, was man am besten als Erstes tut. Weil die Antwort auf der Hand liegt: »Genau das, was du gestern auch schon getan hast, Dummie!« – Was bei mir das Erhitzen von Wasser ist. Während ich das tue, presse ich eine Zitrone aus, und wenn das Wasser heiß ist, gebe ich zwei Teelöffel Zitronensaft dazu und spüle damit eine Folsäure-Tablette (wegen einer »bestehenden Vorerkrankung«) runter. Gleichzeitig bringe ich das Kaffeewasser zum Kochen und mache mir ein Schüsselchen frisches Obst. Das esse ich, sobald ich das Zitronenwasser getrunken habe. Dann ist meine Tasse entkoffeinierter Filterkaffee fertig. Das alles geht wie von selbst. Über nichts davon muss ich nachdenken. So ist mein Hirn frei für die Planung des restlichen – in der Regel chaotischen – Tages.

...

Bis zu diesem Zeitpunkt hatte ich mich auf der Suche nach Einfachheit mit meinem weltlichen Besitz, meiner Social-Media-

Sucht und der Morgenroutine beschäftigt. Jetzt wollte ich mich einer weiteren von Gandhi inspirierten Herausforderung stellen – über die *Real Simple*, wie ich wusste, noch nie berichtet hatte.

Da ich weder bereit war, einen Dhoti oder Lungi zu tragen, noch mir einen Schnauzbart wachsen zu lassen (glauben Sie mir, ich hab's versucht, aber sah damit nur aus wie ein in den Seilen hängender Ringo Starr), beschloss ich, mich am Handspinnen von Baumwollfasern zu versuchen; und zwar mit demselben Gerät, das auch Gandhi verwendet hatte. Wobei meine Absicht nicht darin bestand, eines Tages die Technik zu beherrschen. Vielmehr wollte ich sehen, warum das Spinnen für die große Hoffnung des Mahatma, die Leute von einem einfacheren Leben zu überzeugen, eine so wichtige Rolle spielte.

Ein *Charkha* ist ein Handspinnrad, sollte man meinen; in der indischen Geschichte aber und speziell in der Gandhis ist es viel mehr. Um seine Bedeutung verstehen zu können, erlernte ich das Verspinnen von unverarbeiteter Baumwolle unter den schwierigsten und, wie ich im Nachhinein sagen kann, lächerlichsten Umständen – was umso verrückter war, als es sich bei mir um einen Typen handelt, dessen opponierbare Daumen nicht selten gegen die Erledigung der Aufgaben opponieren, mit denen ich sie betraue. Arbeiten, die mir auf irgendeine Weise händische Geschicklichkeit abverlangen, sind nicht mein Ding. Schon allein meine Mutter beim Einfädeln von Garn zu beobachten, hat mich als Kind ganz nervös gemacht. Sie tat sich so schwer damit, dass ich versuchte, ihr zu helfen, aber bereits dabei brach mir der kalte Schweiß aus. Meinen Händen irgendetwas Neues beizubringen gehört ebenfalls nicht gerade zu meinen Stärken. Als Junge habe ich mit zwei Fingern Schreibmaschineschreiben gelernt, und dieses Adlersuchsystem begleitet mich schon durch mein gesamtes Berufsleben.

Die Bedienung des Charkha würde kein Spaziergang einmal um den Block werden.

Während ich in Ahmedabad und Umgebung war, hatte ich die Gelegenheit verpasst, mir das Spinnen von einschlägigen Fachleuten beibringen zu lassen. Die Örtlichkeit wäre perfekt gewesen; nur hatte es zeitlich nicht gepasst – und der Salzmarsch war verlockender. Deshalb dachte ich, ich würde ein paar Monate später nach Indien zurückkommen und könnte dann irgendwo einsteigen. Dann kam 2020 Corona und machte alles zunichte. Wieder in Kalifornien, versuchte ich jemanden zu finden, der mir via Zoom oder eine andere Videoplattform Unterricht im Spinnen erteilen konnte. So viel zum Thema »lächerlich«.

Das Verspinnen von Baumwolle zu Garn setzt den Aufbau einer tiefen und engen Beziehung zu den Fasern voraus, die mitunter nur wenig kooperativ sind. Dabei geht es entscheidend um das Gefühl in den Fingern – und die Lehrkraft hat keine Möglichkeit, dem Schüler auf die Ferne (via Bildschirm) beizubringen, wie er mit der Hand genau den richtigen Druck auf den Faserstrang ausübt, dass dieser sich zu einem stabilen Garn verdrehen und verspinnen lässt. Dass dem so ist, musste ich auf die harte Tour lernen.

Die andere Lächerlichkeit war mein Alter, also der Umstand, dass ich das Spinnen in einer Lebensphase erlernen wollte, in der das Hirn schon nicht mehr so schnell arbeitet wie in jüngeren Jahren. (»Man kann einem alten Hund keine neuen Tricks mehr beibringen«, schrie mir mein Hirn ins Ohr.) Derweil saß ich allein in einer dreizehntausend Kilometer von Ahmedabad entfernten Wohnung ohne Kontakt mit der indischen Kultur, in der das rhythmische Surren des Straßenlebens im hypnotisierenden Sound des Spinnens widerhallt und das Charkha untrennbar mit der Identität und Geschichte des Landes verwoben ist.

Diese Übung in wahrscheinlicher Vergeblichkeit erinnerte mich schnell an meinen Versuch, die Tabla spielen zu lernen – jene für die klassische indische Musik charakteristischen Trommeln. Doch damals war ich wenigstens vor Ort: In Varanasi hatte ich Stunden bei dem berühmten Tabla-Guru Panchu Maharaj genommen, dem damaligen Leiter des Fachbereichs Tabla an der Banaras Hindu University. Er lud mich ein, einige Wochen bei ihm zu wohnen. Zu der Zeit hatte ich neben dem täglichen Unterricht nichts anderes zu tun, als zu üben, den Kindern, Nichten und Neffen des Meisters zuzuschauen, die ebenfalls Tabla, aber auch andere Instrumente spielten – und dann beim Geheul der Affen vor meinen vergitterten Fenstern einzuschlafen. Auch bei der Tabla kommt es entscheidend auf die Feinfühligkeit der Hände an; Finger und Handballen schlagen und pressen die Töne direkt aus der vibrierenden Ziegenhaut heraus. Die Rhythmen steigen wellenartig von den Fingern und Handballen bis in die Brust hoch und hallen tief in der Seele wider.

Eingehüllt in die sogenannten *Talas*, jene hypnotischen rhythmischen Strukturen, die mir ständig in den Ohren klangen, fiel eines Tages plötzlich jedes Hundebellen, jedes Hupen, jeder Schrei und das Klickklack von Rädern auf den holprigen Straßen in das Gleichmaß des einfachen sechzehntaktigen Tintal ein, den ich die ganze Zeit geübt hatte. In dem Moment wurde mir alles klar. Ich verstand, dass es der Rhythmus ist, der das gesamte Universum antreibt, dass ich einem zeitlosen Pulsieren auf die Spur gekommen und ich selbst dieser Puls war. Sobald ich diesen Beat wirklich draufhatte, würde ich Teil der großen Akasha werden (dieser Begriff geht auf das Sanskrit-Wort für »sein« zurück) und in den perfekten Einklang mit meinem persönlichen Rhythmus kommen, so *off-beat*, so daneben er auch sein mochte. Erst dann würde ich imstande sein, all das zu erreichen und zu empfangen, was mir bestimmt ist.

Ich fühlte mich so lebendig, so eins und in Übereinstimmung, so synchron und asynchron mit allem und jedem. Als ich hochinspiriert nach Boston zurückkehrte, hatte ich das Glück, einen Tabla-Lehrer zu finden: Pandit Sharda Sahai, der gerade im Rahmen des World-Music-Programms der nahe gelegenen Wesleyan University lehrte. Doch das Üben in der sterilen Stille eines Hügels über der Stadt gab mir so viel weniger als das in Indien, dass ich meine Bemühungen um dieses so faszinierende Schlaginstrument nach weniger als einem Jahr wieder aufgab.

Eine ähnliche kosmologische Offenbarung erhoffte ich mir auch vom Charkha. Auf dem Umweg darüber würde ich mich dem großartigen Gandhi ein weiteres Stückchen annähern und meine persönliche Verbundenheit mit ihm stärken können, davon ging ich jedenfalls aus. Vielleicht würde ich instinktiv begreifen, warum er das Spinnrad für den Zündfunken hielt, der die Revolution gegen die Herrschaft der Briten entfachen konnte. Aber ich hatte nicht in Indien mit dem Spinnen angefangen und auch nicht den Bonus wie bei der Tabla, dass ich schon seit frühester Jugend nach westlichem Modell Schlagzeug spielte. Die Inder hatten mir gegenüber einen Riesenvorsprung – nicht etwa, dass ich wettbewerbsorientiert wäre oder so.

Was hatte mich, entgegen dieser Wahrscheinlichkeiten, dazu gebracht, für meine Verwandlung in Gandhi das Handspinnen für ausschlaggebend zu halten? Diese Frage stellte ich mir die ganze Zeit über, in der ich Unterricht nahm, und noch Wochen darüber hinaus. Ich glaubte allen Ernstes, dass mich das Spinnen, die häufige Wiederholung derselben Bewegungen, genauso in den Flow bringen würde, wie es bei Gandhi der Fall war. Glaubte, dass ich mich auf das Gedächtnis meiner Muskeln verlassen konnte – dass sie eine Liebe zum Spinnen entwickeln würden, die der des Mahatma nicht nachstand.

Der junge Mohandas muss schon in seiner Kindheit in Porbandar mit Charkhas in Kontakt gekommen sein. Bestimmt hat er das Spinnen für etwas gehalten, was die Frauen zu Hause taten, um Kleidung und so weiter herzustellen. Als er 1915 aus Südafrika nach Indien zurückkehrte, hatte sich Gujarats Textilindustrie enorm weiterentwickelt. Ihr Zentrum befand sich in Ahmedabad, der damaligen Hauptstadt des Bundesstaats. Die Zahl der entsprechenden Fabriken mehrte sich in geradezu alarmierender Geschwindigkeit. Durch die fortschreitende Industrialisierung wurde das Handweben von Baumwolle allmählich hinfällig. Der amerikanische Historiker Howard Spodek, ein Kenner der Stadt, verwendete 1965 im indischen Wissenschaftsjournal *Economic Weekly* den Begriff der »Manchesterisierung« in Bezug auf Ahmedabad. Wobei der implizite Vergleich mit der harten englischen Industriestadt kein Kompliment war.

Indien, der zweitgrößte Exporteur von Kleidung und Textilien der Welt, verfügt heute über reichhaltige Rohstoffvorkommen und ein gut entwickeltes Fabrikationsnetz. Die Textil- und Bekleidungsindustrie ist ein entscheidender Pfeiler der indischen Wirtschaft, ebenso bedeutend für den Export wie für den inländischen Markt. Auf sie entfallen etwa sieben Prozent der industriellen Produktion, zwei Prozent trägt sie zum Bruttoinlandsprodukt bei und fünfzehn Prozent zu den gesamten Exporterlösen des Landes. Zudem spielt sie eine wichtige Rolle für die Schaffung von Arbeitsplätzen im Land; etwa fünfundvierzig Millionen Menschen sind direkt dort beschäftigt und weitere sechzig Millionen in branchennahen Betrieben.

Gandhi muss sich auch des enormen Reichtums bewusst gewesen sein, den die Textilherstellung in die Taschen einer kleinen Zahl von Unternehmerfamilien spülte; zum Beispiel die von Ranchhodlal Chhotalal, Mangaldas Girdhardas und Mansukhbhai Bhagubhai. Seiner Aufmerksamkeit sind bestimmt auch die langen Arbeitszeiten sowie die entsetzlichen Verhältnisse, die in den Fabriken herrschten, nicht entgangen.

Wäre er nur nicht so verdammt bescheiden gewesen, hätte Gandhi sich die beeindruckenden Zahlen zu Recht auch als eigenes Verdienst anrechnen können. Er hat womöglich die Saat der modernen Handarbeitsbewegung gelegt und die Bühne für Firmen bereitet, die sich heute ihrer *Cotton Basics* rühmen.

Der Einfall, aus dem unscheinbaren Charkha etwas Größeres zu machen – einen Aktionsplan für die Unabhängigkeit Indiens, ein Symbol der Autonomie und friedfertige Waffe gegen die britische Herrschaft –, kam Gandhi erstmals in Südafrika. In seiner Wochenzeitung *Harijan* schrieb er: »1908, in Südafrika, hatte ich die Idee: Wenn das arme Indien vom fremden Joch befreit werden soll, muss das Land lernen, Spinnräder und handgesponnenes Garn als Symbol zu betrachten. Nicht als Symbol für Sklaverei, sondern für Freiheit.«

Ohne Gandhis Genie wäre das Charkha womöglich nur ein charmantes Souvenir geblieben. Ihm gelang es jedoch, es zu einem Symbol für Revolution, Ausdauer und Entschiedenheit umzudefinieren.

Man könnte sagen, er habe bloß ein Rad neu erfunden, welches dem sehr ähnlich ist, das im Mittelpunkt fast aller alten und modernen Religionen oder Glaubenssysteme steht. Nicht zuletzt Psychologen, Soziologinnen und Design-Gurus äußern sich gern über die Bedeutung des Kreises und die Wirkung, die das Runde auf uns hat. Experten von Glovory Design, einer globalen Marke und Agentur auf dem Gebiet des digitalen Produktdesigns, formulierten es so: »Kreise haben keine Ecken; sie wirken weicher und sanfter als andere Formen. Im Allgemeinen repräsentieren sie sowohl Einheit als auch Schutz. Kreise haben eine viel freundlichere Anmutung, weil sie ›den Betrachter in die Vollkommenheit einladen‹.«

Gandhi sprach das menschliche Unbewusste an. Wer weiß, was er über die Wirkung eines runden Spinnrades auf die menschliche Psyche dachte oder wie er sich diese Wirkung vorstellte. Ich würde nicht ausschließen, dass er um die mögliche Existenz unterschwelliger Botschaften wusste.

Das Charkha eroberte sich in Gandhis Lehre einen so entscheidenden Rang, dass er das Spinnen ins Curriculum der Gujarat Vidyapith aufnahm. Auf deren Campus hatte ich einige Interviews geführt und wurde eingeladen, der typischen Morgenveranstaltung beizuwohnen (und ein paar Worte an die Versammelten zu richten), bei der Lehrkräfte und Vertreter der Verwaltung die Studierenden über kommende Events informieren und inspirierende Botschaften an sie richten. Im Hörsaal saßen an die zweihundert junge Menschen neben ihren Charkha, sie spannen und lauschten den Ansprachen. Das Surren von zweihundert Spinnrädern hallte von den Wänden zurück und verwandelte den Saal, wie es schien, in eine Resonanzkammer für ein einziges sanftes Ommmmmmm. Für die Studierenden war das alles offenbar vollkommen normal, etwas, was sich Tag für Tag wiederholte. Dabei legten sie eine Konzentration an den Tag, die ich niemals erreichen konnte. Für mich war das ein echtes Aha-Erlebnis. Eine Bildungsanstalt, in der Ähnliches geschieht, wäre in den USA undenkbar.

In den folgenden Jahren verbreitete der Mahatma konsequent seine Botschaft über das Charkha. (Beachten Sie die Chronologie.)

»Dem Charkha [...] gebührt die Ehre, das Problem der wirtschaftlichen Bedrängnis auf die natürlichste, einfachste, preisgünstigste und nüchternste Art und Weise lösen zu können [...] Es ist das Symbol nationaler Prosperität und mithin Freiheit.

Ein Symbol nicht mehr für Wirtschaftskriege, sondern für wirtschaftlichen Frieden.«
Young India, 1921

»Die Botschaft des Spinnrads ist viel größer, als seine Maße es vermuten lassen. Diese Botschaft spricht von Einfachheit, vom Dienst an der Menschheit, von einem Leben, das andere nicht verletzt, vom Entstehen einer unlösbaren Verbundenheit von Reich und Arm, Kapital und Arbeit, Prinz und Ackersmann.«
Young India, 1925

»Die Botschaft des Spinnrads besteht darin, den Geist der Ausbeutung durch den der Dienstbarkeit zu ersetzen. Im Westen dominiert die Anmutung der Ausbeutung. Ich habe kein Verlangen danach, dass unser Land diesen Geist oder diese Anmutung übernimmt.«
Young India, 1928

»Ich zweifele nicht im Geringsten daran, dass das Spinnrad die Rettung Indiens und der Welt ist. Sollte Indien zum Sklaven von Maschinen werden, kann ich nur sagen: Möge der Himmel unserer Welt beistehen.«
Harijan, 1946

»Wenn ich die Stimme gegen das moderne artifizielle Leben der sinnlichen Erbauung erhebe und Männer und Frauen bitte, sich auf das durch das Charkha versinnbildlichte einfache Leben zurückzubesinnen, so tue ich das, weil ich weiß, dass es ohne eine intelligente Rückkehr zur Einfachheit keine Möglichkeit gibt, unseren Abstieg in einen Zustand zu verhindern, der noch unterhalb der Brutalität steht.«
Young India, 1921

Nicht alle teilten Gandhis utopische Vision vom Potenzial des bescheidenen Charkha, die Inder der Autonomie näherzubringen. Zu den bekanntesten Skeptikern gehörte Rabindranath Tagore. Der bengalische Universalgelehrte und der Mahatma empfanden große Bewunderung füreinander (wie schon erwähnt, war es Tagore, der ihm vermutlich ohne jede Ironie diesen Ehrentitel verlieh), stimmten aber in vielen Fragen nicht überein. In einem 1925 in *Modern Review* erschienenen Artikel mit dem Titel »The Cult of Charkha« (etwa: Der Kult/die Verehrung des Spinnrads) erklärte Tagore, der repetitive Akt des Spinnens sei das Letzte, was Indien brauchen könnte; vielmehr sei er gerade das, was das Land zu einer im Grunde genommen versklavten Kolonie Englands gemacht hätte. Er schrieb:

»Das Handspinnen mit dem Charkha stärkt die Glieder des Mannes, der Leibeigener und dessen Arbeit Plackerei ist; doch tötet es den Geist jenes Mannes, der ein Macher und dessen Arbeit schöpferisch ist. In Indien sehen wir seit langer, langer Zeit nur die ewige Wiederholung des Vergangenen [...] Durch die tagtägliche Verrichtung derselben Bewegung mag mechanisches Können gefördert werden; doch der Geist wird wie der Ochse, der die Mühle bewegt, immer nur im Kreis, im engen Rund des Gewohnten. Deshalb schauten die Menschen in allen Ländern auf denjenigen herab, dessen Arbeit mit derart mechanischen Wiederholungen einhergeht.«

…

Unabhängig von Tagore blieb ich auf der Suche nach meinem inneren Spinnenden und einem Charkha-Guru. Wenn ich in Indien oder wo auch immer erst mal jemanden gefunden hätte, der mir das Spinnen beibrachte, zur Not per Fernunterricht, dachte ich, würde ich es schon lernen können. Als Erstes führte mich mein Schwarzgurt im Googeln zu Joan Ruane. Die in Arizona heimische Amerikanerin verfügt über langjährige Unterrichtserfahrungen nicht nur persönlich, sondern auch per Video, und ist auf die Arbeit mit Baumwolle spezialisiert. Ich war nur ein bisschen enttäuscht, als ich sah, dass sie hauptsächlich mit dem traditionellen (westlichen) Spinnrad arbeitete. Als ich im Netz aber doch auf Videos von ihr stieß, in denen sie das Charkha vorstellte, rief ich sie an. Nach unserem Telefonat schickte sie mir eine *Takli*, eine kleine Stand-Spindel (die fürs Spinnen so etwas darstellt wie Stützräder beim Fahrradfahren-Lernen). Gandhi hatte die kleine metallene Spindel entwickelt, damit alle Inder und Inderinnen spinnen konnten. Jedes Schulkind bekam eine Takli und Spinnunterricht.

»Wenn das Spinnrad der König ist«, schrieb der Mahatma einmal, »dann ist die Takli eine Königin aus eigenem Recht. Während das Spinnrad vielleicht von Tausenden bedient werden kann, können alle mit der Takli arbeiten, mit der früher das feinste Garn gesponnen wurde.«

Trotz Gandhis Lobpreis auf die Takli sah das Teil doch so simpel aus, dass ich beschloss, mich gar nicht erst damit zu befassen, sondern mich gleich dem Buch-Charkha zuzuwenden. Eine Arroganz, die mich, als ich mit dem Spinnen anfing, teuer zu stehen kommen sollte.

Die nächste Person, an die ich mich wendete, war zwar keine Lehrerin, lebte aber mehr in meiner Nähe und hatte sowohl in der Welt des Handspinnens einen guten Ruf als auch in der der Regenerativen Landwirtschaft. Die kalifornische Agrarwirtin Sally Fox gilt als Pionierin auf dem Gebiet der Entwicklung organischer, natürlich gefärbter Baumwolle. Zudem züchtet sie Merinoschafe einer alten Rasse sowie verschiedene Getreidesorten, unter anderem ursprünglich mexikanischen Sonora-Weizen. In ihrer Kurzbio schreibt sie: »Ich versuche Wege der Landbewirtschaftung zu finden, die nachhaltig und human und profitabel sind.« Da kann man ihr nur viel Glück wünschen, aber Gandhi hätte sie für ihre Initiativen geliebt. Bei weiteren Recherchen fiel mir auf, dass die Gemeinde von Baumwollfarmern und Spinnenden in spirituellen Kreisen, die sich dem Schutz der Erde widmen, immer größer wird.

Schließlich verschob ich die Suche nach einer Lehrkraft auf die Zeit meiner Rückkehr nach Indien. Da in dem Winter aber die Zahl schwerer Erkrankungen und Todesfälle aufgrund von Corona in alarmierende Höhe schnellte, schloss sich mein Reisefenster mit einem Mal und blieb bis auf unabsehbare Zeit zu. Eigentlich stand ich schon kurz davor, die ganze Idee mit dem Spinnenlernen aufzugeben, doch dann wandte ich mich an Prarthi Shah, meine in Vadodara (auch: Baroda) ansässige Rechercheurin für Gujarati. Sie empfahl mir Avani Varia, die hundert Kilometer nördlich von Vadodara in Ahmedabad lebt. In Indien machte das die beiden Frauen praktisch zu Nachbarinnen. Kennengelernt hatten sie sich während ihres Masterstudiums im Fach Kulturerbe-Management.

Avani hatte beeindruckende Referenzen und löbliche Absichten. Sie hat jeweils einen Master in Kulturerbe-Management und Kunst, unterrichtet aber schon seit mehr als zwei Jahrzehnten Handspinnen mit dem Charkha und andere Fertigkeiten. Außerdem kuratiert sie Museumsausstellungen, unter anderem im Khoj in Ahmedabad, Indiens erstem Kindermuseum – was mir allein schon genügte, um sie zu mögen.

Meine Sympathie nahm noch zu, als ich von ihren Aktivitäten zur Unterstützung der indigenen Kunst- und Kunsthandwerkstraditionen Indiens erfuhr. So verfasste sie ein Buch mit dem Titel *Chalo Charkho Ramiye* (etwa: Lasst uns mit dem Charkha spielen). So nennt sie auch ihre Charkha-Bewegung, mit der sie das Interesse an dem Gerät wecken will. Auf Twitter beschrieb sie die Hoffnungen, die sie mit dem Handspinngerät verbindet: »Würde jeder auf der Welt täglich eine Stunde spinnen, gäbe es keine Kriege mehr. Frieden heißt nicht nur ›kein Krieg‹. Es bedeutet auch Frieden in den Köpfen der Menschen. Frieden ist ein Nebenprodukt des konstruktiven Wirkens aller, die eine positive Einstellung und einen ruhigen Geist haben.«

Ein hochgestecktes Ziel? Sicher. Erreichbar? Schauen wir mal …

Ich buchte tägliche Unterrichtseinheiten via Zoom. Einen Monat lang. Das Einzige, was mir noch fehlte, war ein Charkha.

Wollte ich das gleiche haben wie das, mit dem Gandhi gearbeitet hat, würde ich es in Indien bestellen müssen, dachte ich. Was sich hinsichtlich prompter Lieferung nicht gerade gut anhörte. Denn in Indien trägt das Postwesen im Grunde einen falschen Namen. Es müsste PostUNwesen heißen. So viel zur Effektivität dieser Einrichtung.

Doch ein Unternehmen namens Woolery mit Sitz in Frankfurt, Kentucky, kam mir zu Hilfe. Auf dessen Website stand der Hinweis »Import aus Indien«, was ich für ein gutes Zeichen in puncto Echtheit hielt. Ich hoffte nur, dass sie in Kentucky genügend Charkha vorrätig hatten. Ich orderte ein als »das authentische ›Gandhi‹-Charkha-Spinnrad« ausgewiesenes »traditionelles Buch-Charkha«. Mit meinem authentischen Gandhi-Wanderstock aus Gujarat hätte ich ein passendes Set zusammen.

Das Charkha erreichte mich innerhalb weniger Tage – und schüchterte mich schon beim Auspacken ein. Dass es sich um eine indische Erfindung handelte, war sofort klar, denn es sah gleichzeitig täuschend einfach und in der Tat kompliziert aus – oder war es täuschend kompliziert und in der Tat einfach? Bis auf drei Spindeln, einige Schrauben, Riegel und die Unterlage der hölzernen Räder war es handgefertigt und aus Teakholz – und entsprach, von den Maßen her und wie auch die Bezeichnung nahelegte, einem Buch. Es hatte zwei Seiten, die sich per Scharnier auseinander- und zusammenklappen ließen, jede fünf Zentimeter tief, vierundzwanzig Zentimeter lang und siebzehn breit.

Die Einzelteile waren clever verstaut. Das platzsparende Arrangement, die optimale Ausnutzung selbst des kleinsten Raums, war ein gutes Beispiel für die Fähigkeit der Inder, aus beschränkten Ressourcen das Beste herauszuholen. Aber die Vorstellung, das Ganze so einrichten zu müssen, dass es funktionierte – ganz sicher war ich mir selbst nach dem Studium einer Reihe von Video-Tutorials noch nicht. Also wartete ich auf das erste Online-Meeting mit Avani, um mir weitere Anweisungen zu holen.

Von der ersten Minute an war mir klar, dass es nicht so gut lief. Es gab technische Schwierigkeiten: Die Verbindung mit Gujarat war abgehackt oder verzögert oder brach ganz ab. Es war gar nicht so einfach, den richtigen Kamerawinkel zu finden und mein gutes altes Samsung Galaxy G8 so aufzubauen, dass es nicht alle naselang vom Bücherstapel purzelte oder das Stativ zum Absturz brachte. Um Avani an ihren Abenden in Vadodara zu erwischen, musste ich entweder in aller Früh aufstehen, also zu einer Zeit, in der ich nicht gut drauf bin, oder während meiner Abende, wenn ich ebenfalls nicht gut drauf bin, sozusagen während ihrer Morgenstunden. Wir einigten uns auf meine Abende, weil das zeitlich am besten in meine Schreibroutine passte.

Dann war da das Problem, wo ich mein Charkha hinstellen sollte. Da ich aufgrund von Kniebeschwerden nicht mit überkreuzten Beinen auf dem Boden sitzen konnte, entschied ich mich für einen flachen Beistelltisch neben einem kleinen Hocker im Wohnzimmer. Eindringlich erklärte mir Avani, dass es entscheidend auf eine richtige Körperhaltung ankomme, dass sich mein rechtes Knie neben dem großen Rad befinden müsse und mein linker Arm genügend Platz brauche, damit ich ihn ausstrecken könne. Allerdings war der Beistelltisch so glatt, dass das Charkha immer wieder ins Rutschen kam. Ich musste ein Platzdeckchen unter das Rad legen, es mit Klebestreifen auf der Tischplatte befestigen und dann die Unterseite des Charkha auch wieder mit Klebeband auf dem Deckchen fixieren. Das nahm die ganze erste Unterrichtsstunde in Anspruch.

Die erste Hausaufgabe bestand lediglich darin, den »Anfang« eines Baumwoll-Punis zu zwirbeln, eines kleinen Faserbündels, das für mich aussah wie ein Tampon, und es gleichzeitig so in die Länge zu ziehen, dass mit der Zeit ein dünner Faden entstand. »Das krieg ich hin«, dachte ich bei mir und übte so lange, bis ich mich mit der Bewegung wohlfühlte. Allmählich bekam ich ein Gespür für das Material und die besonderen Eigenschaften der Baumwolle. Dachte ich jedenfalls.

Vor jeder neuen Unterrichtseinheit forderte Avani mich zu geistiger und körperlicher Entspannung auf. Wenn man aber ohne Hausaufgaben gemacht zu haben in die Schule kommt und fürchten muss, von der Lehrerin aufgerufen zu werden, ist körperliche oder geistige Entspannung das Letzte, was einem in den Sinn kommt. Jedenfalls bei mir war das so. Als Nächstes sollte ich lernen, den Faden an der Spindel zu befestigen. Allein damit quälten sich meine beiden linken Daumen fünf Minuten lang. Danach drehte ich langsam das Spinnrad und zog den Rest des Puni seitlich an meinen Körper heran. Gleichzeitig hob ich den linken Arm an, sodass Faserbündel und Spindel einen Winkel bildeten. Was dafür sorgen sollte, dass die Baumwolle anfing, sich um die Spindel zu legen und zu einem Faden zu werden. So war das aber nicht. Nicht bei mir. Der Faden riss. Wieder und wieder. Ich bekam es nicht hin; sooft mir Avani die Bewegung auch beschrieb.

Eine leidvolle Unterrichtswoche später vertraute sie mir an, dass ich der schlechteste Schüler sei, den sie je gehabt hätte – und dass sie nicht glaubte, mir das Spinnen beibringen zu können. Dann jedoch fügte sie beinahe widerstrebend hinzu, dass ich allmählich doch den Dreh rausbekäme. Ich stimmte nicht zu.

Die ganze Zeit über nahm ich jede Sitzung auf Video auf – weil ich dachte, die Welt verlange womöglich einen Beweis dafür, dass ich dabei war, mich vom schlechtesten Schüler zu dem zu mausern, der die besten Fortschritte machte. Wiederholt beschwor mich Avani, nicht zu viel Druck auszuüben und nicht so am Faden zu zerren. Intellektuell begriff ich, was sie mir damit sagen wollte, körperlich aber war es mir unmöglich, ihrer Anweisung zu folgen – was umso frustrierender war, als ich wusste, dass meine Chance größer gewesen wäre, hätte nur Avani ihre Hände auf meine legen können, um mir zu vermitteln, wie sich die Bewegung anfühlen sollte.

In der letzten Sitzung meiner vier Unterrichtswochen hätte ich beinahe die Segel gestrichen. Mental hatte ich schon aufgegeben – und gab mir nicht mehr so viel Mühe. In dem Moment geschah es. Als ich aufhörte, mich zu grämen, weil ich es nicht hinbekam, sah ich einen gewissen Fortschritt.

Doch zu der Zeit hatte sich mein Fokus schon verlagert. Weg vom Spinnen hin zu dem Spiegel, zu dem es für mich geworden war: »Hör auf, so viel Druck zu machen. Zerr nicht so. Lass die Baumwolle die Arbeit verrichten. Lass dir von ihr sagen, wann und wie viel Druck du ausüben sollst.« Avani sprach nicht vom Spinnen, sie sprach über mein Leben, über meine Art, Probleme und Herausforderungen anzugehen, die sich mir stellen. Mir fällt es oft schwer zuzulassen, dass sich die Dinge entwickeln; wie sie sich ihrer Bestimmung nach entwickeln sollen, aus sich heraus, ohne Anstrengung, nur mit kleinen

Schubsern und Ermutigungen hin und wieder. Das trifft auf meine Karriere genauso zu wie auf meine familiären und freundschaftlichen Beziehungen – und auf mein Liebesleben.

Sollte das die unterschwellige Botschaft gewesen sein, die Gandhi mit dem Charkha vermitteln wollte, hatte ich das Rad tatsächlich gemeistert.

Wie Gandhi – einfach

Marie Kondo hatte recht: Bereiten Sie sich selbst eine Freude, indem Sie systematisch alle materiellen Dinge zurückfahren, die nicht entscheidend zu Ihrer Zufriedenheit, zu Ihrem Glück, beitragen. Vergessen Sie dabei aber nicht, dass sogar Frau Kondo das mit dem Aufräumen ein bisschen lockerer sah, nachdem sie ihr drittes Kind bekommen und zu einer Neudefinition dessen gefunden hatte, was ihr wirklich Freude macht.

Sie müssen nicht unbedingt spinnen – und schon gar nicht mit einem Charkha –, obwohl ich es durchaus empfehlen kann, und sei es nur, um Demut zu lernen. Es gibt andere Möglichkeiten, Dinge herzustellen, ohne auf Vorproduziertes zurückgreifen zu müssen. Backen ist ein gutes Beispiel. In der Coronazeit hatten meine Enkeltochter Kasey, ihre Freundin Yenna und ich regelmäßige Zoom-Backsessions. Wir mochten es, wenn alles so richtig mit Mehl bestäubt war – Aufräumen hinterher mochten wir weniger –, und wir lernten auch eine Menge darüber, was Leute in professionellen Bäckereien so Tag für Tag machten.

Das Entrümpeln des Geistes stellt eine »Aufräumarbeit« dar, die gut und gern Ihr ganzes restliches Leben in Anspruch nehmen kann. Am besten, Sie gehen dabei ähnlich vor wie beim Ausmisten Ihres Kleiderschranks und entledigen sich eines störenden Elements nach dem anderen. Brauchen Sie auf Ihrem Telefon wirklich achtzehn Chatprogramme, von denen Sie alle zehn Minuten angepingt werden? Mit jedem Ping wird die Produktion von Stresshormonen angeregt – die definitiv keine Freude bereiten. Brauchen Sie all die klammernden, bedürftigen Freunde, die Sie so viel Energie kosten? Versuchen Sie, sie auf elegante Art auf Abstand zu halten.

KAPITEL 7

Sex und der Sadhu:
Enthaltsamkeit –
ist so eine Sache

Enthaltsamkeit geht tiefer als das Fleisch.
F. Scott Fitzgerald

Sexuelle Aktivitäten sind letztlich weder gut noch böse:
sie sind normale biologische Aktivitäten,
denen man sich destruktiv oder schöpferisch hingeben kann.
Quaker Faith & Practice, fünfte Auflage

Wir leben in einer übersexualisierten Zeit. Zu viel ist zu viel – selbst für Befürworter eines gesunden Geschlechtslebens. Eigentlich braucht es keine Beweise, aber eine Arbeitsgruppe des amerikanischen Psychologen-Fachverbands APA fand Indizien dafür, dass die zunehmende Verbreitung sexualisierter Bilder von Mädchen und jungen Frauen in der Werbung, im Merchandising und in den Medien sich auf die Eigenwahrnehmung und gesunde Entwicklung von Mädchen schädlich auswirkt.

In den Medien gibt es so viele Beispiele, dass es müßig wäre, einzelne zu benennen. Sie brauchen nur den Fernseher anzustellen, eine x-beliebige Zeitschrift aufzuschlagen, in irgendein Schaufenster zu schauen, Ihr Telefon durchzuscrollen oder einen Blick auf Werbetafeln an der Straße zu werfen.

In den verschiedenen Kulturen unterschiedlicher Zeitalter herrschten unterschiedliche Moralvorstellungen in puncto sexueller Aktivität – ob man diese nun Koitus, Kopulation, Verkehr, Unzucht oder Liebemachen nennt (für mich ist Letzteres die passendste Beschreibung des Tatbestands).

Ich wuchs in den Anfängen der sogenannten sexuellen Revolution der Sechziger- und Siebzigerjahre in der westlichen Welt auf – unter Lebensumständen, die mit denen Gandhis in keiner Weise zu vergleichen sind.

Sudhir Kakar, Psychoanalytiker, Kultur- und Religionspsychologe sowie Autor von siebenundzwanzig Büchern (unter anderem einer Übersetzung des Kamasutra), sagte dem indischen Digitalmagazin *Scroll* gegenüber, Indien sei »sexuell seit zwei Jahrhunderten eine Wüste [...] als Resultat einer Kombination aus britischer Prüderie, die unsere Oberklasse in einer Art ›Identifikation mit dem Aggressor‹ übernommen hat, und der typisch indischen, tief in uns verwurzelten brahmanischen Askese«.

Das familiäre Umfeld, in dem Gandhi aufwuchs, wurde von einer streng konservativen Strömung des Hinduismus geprägt. Nach außen hin legte er zweifellos ein prüdes Verhalten an den Tag. War er im Inneren ein typischer junger Mann mit dem Wunsch nach körperlichem Kontakt mit einer Frau? Stürzten ihn diese widerstreitenden Tendenzen womöglich in persönliche Konflikte? Wir wissen es nicht. Einiges spricht dafür, dass er sich emotional in einem Zwiespalt befand.

Für mich, einen heißblütigen Amerikaner männlichen Geschlechts, der in einem Klima von »freier Liebe« und »Make love, not war« aufwuchs, war das Zölibat nie ein Thema. Im Rahmen meines Experiments fiel mir der zeitweilige Verzicht auf sexuelle Kontakte jedoch nicht schwer. Zuvor hatte ich sechs Jahre lang keine Liebes- oder Sexbeziehung mehr – trotz größter Bemühungen meinerseits. Körperlich war der Verzicht keine große Sache. Das Problem waren und blieben die sexuellen Fantasien – kein Wunder bei den Mengen von verführerischen Bildern und erotischen Anspielungen, mit denen wir permanent bombardiert werden.

Über Gandhis Verhältnis zur Sexualität zu schreiben ist nicht zuletzt wegen der Kontroverse schwierig, die ihm seit seinem Südafrika-Aufenthalt nachhängt. Ja, ich komme noch darauf. Erst mal eins nach dem anderen.

Das Hindi-Wort *Brahmacharya* wird oft mit »Zölibat« übersetzt. Das trifft es aber nicht ganz. Etymologisch hat das Hindi-Wort zwei Wurzeln im Sanskrit: *Brahma* bezieht sich auf das eigene höhere Selbst, die letztgültige Wirklichkeit sowie das absolute Bewusstsein und ist der Name des vedischen Schöpfungsgottes. *Charya* wiederum steht für »folgen, in Dienst nehmen, vorgehen«. Beide Begriffe zusammen bezeichnen ein Verhalten, das letztlich zur Brahmaschaft führt, zum eigenen höheren Selbst und zur letztgültigen Wirklichkeit.

Zölibat dagegen bedeutet auf den einfachsten Begriff gebracht »kein Schwelgen in sexuellen Aktivitäten«. Das Wort geht auf das lateinische *Caelibatus* zurück, welches vom Adjektiv *caelebs* (unverheiratet) abgeleitet ist. Bezeichnet wird damit im Allgemeinen der religiös begründete Zustand freiwilliger Ehelosigkeit und sexueller Abstinenz – also Verzicht. Geschichtlich ist das Zölibat praktisch in allen großen Weltreligionen integraler Bestandteil praktizierter Tugendvorstellungen.

Andere Glaubensrichtungen und Kulturen wie etwa die Shinto-Tradition lehnen das Zölibat ab. So auch die meisten afrikanischen Kulturen und die der Uramerikaner. Die Römer betrachteten es als Irrweg und erließen Gesetze, die das Zölibat mit Geldstrafen belegten. Juden und Muslime feiern Ehe und Familie, haben also nichts für das Zölibat übrig. Im klassischen Hinduismus wurden Askese und Zölibat in den letzten Phasen des Lebens befürwortet, für die Zeit nach der Erfüllung gesellschaftlicher Verpflichtungen (Ehe und Kinder). In der Lehre des Jainismus, der sittenstrenger ist als der Hinduismus und zu dem sich Gandhis fromme Mutter hingezogen fühlte (obwohl beide Elternteile dem Vishnuismus angehörten), gilt das totale Zölibat als Pfad zur Erlangung von »Moksha«, der Befreiung aus dem endlosen Kreislauf von Geburt, Tod und Wiedergeburt.

Verwirrung besteht auch im Hinblick auf den Unterschied zwischen Abstinenz und Zölibat. Ich verwende zwar beide Begriffe mehr oder weniger synonym, identisch aber sind sie nicht. Während sexuelle Abstinenz (Enthaltsamkeit beziehungsweise Keuschheit) den oft nur zeitweiligen Verzicht auf einen oder alle Aspekte sexueller Betätigung bedeutet, kann das Zölibat als »freiwilliges religiöses Gelübde, nicht zu heiraten und keine sexuellen Aktivitäten zu pflegen« definiert werden. Im weiteren Zusammenhang gibt es noch einen dritten Begriff: den der Asexualität. Dieser bezeichnet die »Abwesenheit sexueller Empfindungen anderen Menschen gegenüber« und wird von manchen als eigenständige sexuelle Orientierung aufgefasst.

Nachdem ich mich mit Gandhis Aktivitäten auf und seinen Gedanken über dieses Gebiet beschäftigt habe, glaube ich, dass er sich in mehreren dieser Kategorien bewegt und seine Energien nach einer Phase der Enthaltsamkeit in die Asexualität gelenkt hat. Je mehr sich seine Entbehrungen mehrten, er in immer höhere Gefilde aufstieg und ein schon beinahe mönchisches Leben führte, desto mehr, vermute ich, schloss sich bei ihm das oberhalb des Schambeins verortete Sakralchakra, das für Leidenschaft, Sexualität, Intimität und Geld zuständig ist, und sein Verlangen nach Sex mit wem auch immer ging in den totalen Lockdown.

Wie es dazu kam, geht aus der Geschichte seiner geschlechtlichen Entwicklung hervor: wie und warum er seine sexuellen Begierden untersuchte – und daraus ergibt sich auch der Einfluss, den seine diesbezüglichen Auffassungen und Handlungen auf mich hatten.

In Porbandar, der Heimatstadt beider Elternpaare, heiratete 1883 der damals dreizehnjährige Mohandas Karamchand die ein Jahr ältere Kasturba Makhanji Kapadia. Es handelte sich um eine traditionell arrangierte Ehe und das jugendliche Alter von Braut und Bräutigam war damals keine Seltenheit. In seiner Autobiografie schrieb Gandhi über seine Heirat: »Da wir nicht viel von der Ehe wussten, ging es für uns nur darum, dass wir neue Kleidung tragen, Süßigkeiten essen und mit Verwandten spielen durften.« Wie es Brauch war, blieb seine Frau zunächst bei ihren Eltern wohnen. Ihr Mann, ein bis in die Haarspitzen mit männlichem Testosteron überschwemmter Teenager, bedauerte seine natürlichen Begierden. »Sogar in der Schule dachte ich immerzu an sie; und der Gedanke an den Einbruch der Dunkelheit, an unser abendliches Treffen verfolgte mich die ganze Zeit.«

Der Sexualtrieb ist wie ein starkes Zaubermittel; ohne ein Fundament aus strikter Selbstdisziplin lässt er sich kaum ausblenden. Sogar Männer und Frauen, die ein zölibatäres Leben gewöhnt sind, können von ihm aus dem Gleichgewicht gebracht werden: 2019 meldete die Katholische Kirche der Vereinigten Staaten, dass sich die Anzahl der mutmaßlich von Geistlichen begangenen Missbrauchsfälle an Kindern innerhalb von zwölf Monaten mehr als verdoppelt habe. In anderen Ländern überall auf der Welt wird von ähnlichen Tendenzen berichtet.

Mit achtzehn, einen Monat nach der Geburt seines ersten Sohnes Harilal, verließ Gandhi 1881 Frau und Kind, um in London Jura zu studieren. Drei Jahre sah er Kasturba nicht wieder. Nach dem Examen kehrte er zwar in seine Heimat zurück, aber nur, um wenig später in Südafrika als Anwalt anzufangen. Als er 1896 erneut in Indien war, nahm er Kasturba mit. Von da an blieb Ba, wie sie allgemein genannt wurde, stets an der Seite ihres Mannes.

Dass er mit sechzehn, als sein Sexualtrieb vermutlich auf dem Höhepunkt war, dem ehelichen Verkehr den Vorzug gab, als sein Vater Karamchand Uttamchand Gandhi im Sterben lag, bereute er sein Leben lang. In seiner Autobiografie heißt es: »Während meine Hände jede Nacht meinem Vater die Beine massierten, trieb sich mein Geist im Schlafzimmer herum, und das auch zu einer Zeit, als Religion, Medizin und der gesunde Menschenverstand den Geschlechtsverkehr verboten. Sobald ich der Sohnespflicht meinem Vater gegenüber Genüge getan hatte, war ich immer erleichtert und begab mich schnell ins Schlafzimmer.«

Über die Nacht, in der sein Vater starb, schrieb er:

»Niemand hätte gedacht, dass dies die schicksalhafte Nacht sein würde. Aber die Gefahr bestand natürlich. Es war gegen halb elf oder elf am Abend. Ich war gerade dabei, meinen Vater zu massieren, als mein Onkel anbot, mich abzulösen. Darüber freute ich mich und ging direkt ins Schlafgemach. Meine Frau, das arme Ding, schlief fest. Aber wie konnte sie schlafen, wenn ich bei ihr war? Ich weckte sie. Fünf oder sechs Minuten später klopfte der Diener an der Tür. ›Steht auf!‹, sagte er. ›Vater ist sehr krank‹ [...] und so reimte ich mir in dem Moment zusammen, was ›sehr krank‹ bedeutete. Ich sprang aus dem Bett [...]

Also war alles aus und vorbei! Ich konnte nur die Hände ringen [...] Eines wurde mir klar: Hätte nicht tierische Leidenschaft mich geblendet, wäre mir die Qual des Getrenntseins von meinem Vater in seinen letzten Momenten erspart geblieben. Die Scham [...] ob meiner fleischlichen Begierde in der entscheidenden Stunde des Todes meines Vaters [...] Diesen Schandfleck konnte ich nicht mehr ungeschehen machen, niemals vergessen. Und ich denke immer, dass die Ergebenheit meinen Eltern gegenüber keine Grenzen kannte und ich alles für sie aufgegeben hätte, und dennoch wurde sie gewogen und für unentschuldbar zu leicht befunden, weil die Begierde im entscheidenden Moment meinen Geist im Griff hatte. Seither betrachte ich mich als zwar treuen, aber lüsternen Ehemann. Ich habe lange gebraucht, um mich aus den Fesseln der Lust zu befreien, und musste einige Martyrien durchleben, bevor es mir gelang.«

Dieser Hinweis auf ein Trauma, das Narben hinterlassen hatte, die er mit seiner Begierde assoziierte, erklärt wenigstens zum Teil, warum sich Gandhi so entschieden von seiner ganz normalen Lust distanzierte. In den meisten seiner Äußerungen über intime Beziehungen bezeichnet er Sex als »Lust« und akzeptierte den Geschlechtsakt ausschließlich mit dem Ziel der Fortpflanzung. »Die menschliche Gesellschaft, die sich ständig weiterentwickelt, entfaltet sich auch spirituell. Wenn dem so ist, muss sie auf ständig zunehmender Zurückhaltung beruhen, was die Forderungen des Fleisches betrifft. Folglich muss die Ehe als Sakrament betrachtet werden, das den Partnern Disziplin auferlegt und dafür sorgt, dass sie nur miteinander verkehren, wenn beide Partner es so wollen und sich darauf vorbereiten, und wenn die körperliche Vereinigung ausschließlich der Fortpflanzung dient«, schrieb er 1926 in *Young India*, seiner in Ahmedabad erscheinenden Wochenzeitschrift.

Ob Gandhi so weit ging wie der griechische Philosoph Epikur, der im dritten vorchristlichen Jahrhundert die sexuelle Leidenschaft als eine Art Krankheit betrachtete, die Seele und Staat aus dem Gleichgewicht bringen kann? Vielleicht nicht ganz, aber beinahe.

...

Gandhi wuchs in einem Land und zu einer Zeit auf, als Sexualität tabu war. Die gesamte Sexualgeschichte Indiens kann ich hier nicht erzählen, reicht sie doch bis ungefähr ins Jahr 1500 vor unserer Zeitrechnung zurück. Hier nur ein paar Highlights: In den beiden indischen Nationalepen Ramayana und Mahabharata wurde der eheliche Sex als gegenseitige Pflicht betrachtet, und die Befriedigung beider Partner war ein hoher Wert. Es gibt hier Geschichten über außerehelichen Sex, Sex zwischen Geschwistern, Sex zwischen Vater und Tochter. Im Mahabharata heißt es jedoch: »O sexuelle Begierde! Ich kenne deine Wurzel: Aus dem Gedanken bist du geboren. Denke ich nicht mehr an dich, hörst du auf zu existieren.«

Und dann ist da das im Westen mit viel Tamtam als erotisches Sexhandbuch gehandelte Kamasutra, entstanden irgendwann zwischen 400 vor unserer Zeitrechnung und 200 nach deren Beginn und dem indischen Philosophen Vatsyayana Mallanaga zugeschrieben. Dabei ist es viel mehr: ein Handbuch des guten Lebens und der Liebe, ein Ratgeber für Partnersuche und Beziehungspflege, der mit jeder Hallmark-Valentinskarte für ernsthafteste Liebesgefühle mithalten könnte.

Ein weiterer vermeintlicher Meilenstein für die körperlichen Sinnesfreuden steht im zwischen 885 vor und 1000 nach Beginn unserer Zeitrechnung entstandenen Tempelbezirk von Khajuraho in Madhya Pradesh. Schon auf meiner ersten Indienreise habe ich diese bei Touristen beliebte UNESCO-Weltkulturerbe-

Stätte besichtigt. Einige der Flachrelief-Skulpturen an den Außenwänden zeigen Männer und Frauen in Sexstellungen, über die man im Westen bis dahin nicht nachgedacht hatte. Man darf davon ausgehen, dass die Paare diese Stellungen vor dem ersten Versuch intensiv studiert und auch Yoga zur Verbesserung ihrer Gelenkigkeit praktiziert haben. Wie sehr sogar ein klein wenig Sex *sells*, zeigt sich aber schon daran, dass nur auf zehn Prozent dieser Wanddarstellungen geschlechtliche Aktivitäten zu sehen sind – und auf neunzig Prozent keine.

Dann kamen 1608 die Briten. Sie – gemeint sind die ersten Vertreter der britischen Ostindien-Kompanie – landeten in Surat, Gujarat, sechshundert Kilometer von Gandhis Geburtsort entfernt. Mit überlegenen Waffen, enormer Wirtschaftskraft und einer Dreistigkeit, um die die Inder sie beneideten, übernahmen sie flugs die Herrschaft über den Subkontinent. 1858 hatte England Indien zu einer Kolonie des »britischen Weltreichs« gemacht. Es war der Anfang dessen, was noch einigermaßen höflich »Herrschaft in Indien« genannt wurde – oder offiziell *Government of India Act*, die Verfassung der Kolonie. Indien wurde zum Juwel in der Krone Britanniens, wie es hieß.

Mit den Briten kamen ihre Gepflogenheiten und kulturellen Bräuche, ihr Organisationsvermögen sowie sehr puritanische, prüde Einstellungen in Sachen Sexualität. Stellen Sie sich diese nun in Verbindung mit den in Indien zuvor herrschenden gemischten Botschaften vor, und Sie haben einen Eindruck von dem Umfeld, in dem Gandhi aufwuchs. Er wird verwirrt gewesen sein; zumindest aber im Zwiespalt und neugierig. Sein inneres Chaos dürfte sich auch in England nicht verbessert haben, als er bemüht war, sich seiner neuen Umgebung anzupassen.

Über seine – na, nennen wir sie mal »außerlehrplanmäßigen sexuellen Aktivitäten« ist viel geschrieben worden, und noch

251

mehr wurden sie kritisiert. Auch ich habe mir Gedanken gemacht.

Lange bevor er zum »Mahatma« wurde, lernte der junge Rechtsanwalt in Südafrika einen litauischen Architekten und Bodybuilder namens Hermann Kallenbach kennen, mit dem er sich schnell anfreundete. Kallenbach sollte Gandhi wenig später ein Haus bauen, in dem sie beide wohnten. Aus Briefen, die Mohandas und Hermann einander schrieben, geht hervor, dass sie sich gegenseitig sehr bewunderten. Man könnte ihr Verhältnis vielleicht als platonische Liebe bezeichnen. Warum auch nicht? Es waren beides hochintelligente Männer, der eine mit Ideen, der andere mit den Mitteln, sie umsetzen zu können. Sie inspirierten einander und wurden voneinander inspiriert.

Für die Inder sollte die Beziehung der beiden Männer später zu einem erheblichen öffentlichen Problem werden – als nämlich der Pulitzer-Preisträger und ehemalige Chefredakteur der *New York Times* Joseph Lelyveld eine Biografie mit dem Titel *Great Soul* schrieb, die 2011 im angesehenen amerikanischen Verlag Alfred A. Knopf erschien.

Lelyveld geht der Beziehung zwischen Gandhi und Kallenbach auf den Grund. Zwar schreibt er nie direkt, dass Gandhi schwul oder bisexuell gewesen sei, aber der Rahmen, den er dem Ganzen gibt, die Hinweise und zweideutigen Andeutungen, zwischen den beiden könnte mehr gewesen sein als eine starke Freundschaft, führten dazu, dass das Parlament von Gujarat *Great Soul* einstimmig auf den Index setzte. Als es zu dieser Entscheidung kam, hatte kein Inder das Buch je gelesen (höchstens Vorabbesprechungen in amerikanischen und britischen Medien), denn das Verbot erging zehn Tage vor der Veröffentlichung. Der damalige gujaratische Regierungschef Narendra Modi sagte über *Great Soul*, der Inhalt sei »pervers und diffamiert die Ikone der Gewaltlosigkeit«. Der wie Gandhi in

Gujarat gebürtige Modi wurde später indischer Premierminister und bezieht sich häufig auf Gandhi, um seinen Patriotismus unter Beweis zu stellen.

Ein paar Zeilen aus dem Briefwechsel Gandhis mit Kallenbach werden von Kritikern gern zitiert. Sehr häufig liest man in diesem Zusammenhang Gandhis Satz: »Wie vollkommen Sie Besitz von meinem Körper ergriffen haben. Das ist echte Sklaverei!«

Mit dem Argument, seine Ausführungen würden aus dem Zusammenhang gerissen, wies Lelyveld alle Vorwürfe von sich. »In *Great Soul* behaupte ich an keiner Stelle, dass Gandhi Rassist oder bisexuell gewesen sei«, sagte er der *Times of India* gegenüber. »Das Wort ›bisexuell‹ kommt nirgends im Buch vor.«

Das stimmt. Aber wenn ein Abschnitt mit den Worten »Sie waren ein Paar« beginnt – und der Autor sich dabei auf den hoch angesehenen Gandhi-Forscher Tridip Suhrud bezieht –, hat das schon einen gewissen Beigeschmack und könnte zu falschen Vorstellungen führen.

Man fragt sich, ob Lelyveld bewusst manipulative Formulierungen verwendete, vielleicht sogar in der Hoffnung, so viel öffentliches Interesse zu wecken, dass dadurch die Anhänger Gandhis zum Rückzug bewegt würden. Was tatsächlich so passierte.

Erst 2018 hob Indiens Oberster Gerichtshof die Strafbarkeit schwulen Sexualverhaltens auf. Damit kippte er ein Urteil aus dem Jahr 2013, das ein Gesetz aus der Kolonialzeit bestätigte, in dem schwuler Sex als »verbrecherische Unzucht« eingestuft worden war. Vorher und zu Gandhis Zeiten – sowie in den Köpfen eines Großteils der Bevölkerung auch heute noch – wurde Homosexualität in Indien mehr noch als in vielen anderen Ländern der Welt stigmatisiert.

...

Legen Sie das Buch jetzt nicht weg. Bleiben Sie bei mir, während ich einen Aspekt von Gandhis Leben untersuche, analysiere und aufzudröseln versuche, der oft für Verwunderung sorgt. Und nicht zu Unrecht. Lassen Sie mich damit anfangen, dass ich sein Verhalten nicht etwa entschuldigen oder wegerklären, sondern es in den Kontext seiner Persönlichkeit einordnen will.

Wie aus dem Untertitel seiner Autobiografie, »Die Geschichte meiner Experimente mit der Wahrheit«, hervorgeht, war Gandhi ein experimentierfreudiger Mensch. Er erforschte, prüfte und reformierte – unter anderem auf den Gebieten Bildung, Ernährung, gewaltfreier Widerstand –, und nicht zuletzt experimentierte er mit seiner Sexualität. Wie Thomas Edison, der Pionier auf dem Gebiet der Elektrizität und vielem mehr; wie Leonardo da Vinci, der Erfinder von Flugmaschine und Bewässerungssystemen; wie der als *Birdman of India* bekannte indische Ornithologe Salim Ali; wie Albert Einstein, der Erfinder von so ziemlich allem – all diese Männer hatten Schwächen und Misserfolge, über die wir weniger erfahren als über ihre Triumphe. Ich würde Gandhi dazuzählen.

Sein »Experiment« – im Bett neben jungen Mädchen zu schlafen – war in mehrerlei Hinsicht verkehrt. Zunächst einmal: Für eine Person, der es mit großem strategisch geschickten Agieren in der Öffentlichkeit gelang, viele Menschen für seine Ziele zu gewinnen, war dieses Experiment keine gute Wahl, weil es die genau entgegengesetzte Wirkung hatte. Selbst seine engsten Vertrauten rieten ihm vehement davon ab.

Nach Kasturbas Tod 1944 teilte Gandhi mehrere Male das Bett mit verschiedenen nackten Frauen – unter anderem mit Sushila Nayar, seiner Leibärztin, sowie mit seinen Großnichten Abha und Manu. Sie waren mehr als fünfzig Jahre jünger als er. Wie er offen sagte und schrieb, testete er damit sein Gelübde der Brahmacharya. Was im Bett genau geschah, wissen wir nicht.

Das Experiment war nicht aus moralischen Gründen verkehrt – obwohl sich auch die ins Feld führen ließen, speziell in Bezug auf einen Mann, dessen gesamte »Marke« auf seiner moralischen Lebensführung beruhte. Verkehrt war es meines Erachtens vielmehr, weil es zeigte, wie wenig er über das Verhältnis von Liebe und sexueller Erregung beziehungsweise zwischen seinem Herzen und den Geschlechtsorganen wusste: Man legt sich nicht einfach neben seine Nichte und rechnet mit einer sofortigen Erektion. Dass die Frau ihn verführte, war auch nicht gerade hochwahrscheinlich. Was wollte er sich – das vor allem –, aber auch anderen mit diesem »Experiment« beweisen? Für seine Gegner bestand kein Zweifel: Gandhi hatte bewiesen, dass er ein Perverser war, der sich zwanghaft mit Sex beschäftigte, aber nur in der Theorie. Wie steht's mit seinen Unterstützern? So richtig rechtfertigen kann ich dieses Verhalten von ihm nicht. Regisseur Richard Attenborough war vermutlich so irritiert und besorgt darüber, dass er dieser Episode in seinem so beeindruckenden, oscarprämierten Film nicht die kleinste Szene widmete.

Viel besser hätten Gandhis Selbstversuche ins kalifornische Esalen Institute der Sechzigerjahre gepasst, an dem öffentliche Nacktheit und andere soziale Experimente das inspirierten, was heute als Human Potential Movement bekannt ist. Doch im von mir beschriebenen Indien war er zum Scheitern verurteilt. Vielleicht hätten sogar die Lehrerinnen und Lehrer am Esalen seine Versuche abgelehnt, weil es keine stichhaltige Begründung für sie gab.

Manche Autoren und Befürworter Gandhis rühmen seine ihrer Meinung nach fortschrittliche Einstellung zum Thema Rolle der Frau. Dieser Auffassung kann ich mich nicht anschließen. Wie altmodisch seine Ansichten waren, geht aus der folgenden Äußerung hervor:

»Ich bin schon seit jeher der Meinung, dass es körperlich unmöglich ist, eine Frau gegen ihren Willen zu vergewaltigen. Zu einer solchen Gräueltat kann es nur kommen, wenn sie Angst hat oder sich ihrer moralischen Stärke nicht bewusst ist. Sollte sie gegen die körperliche Überlegenheit des Angreifers nicht ankommen, gibt ihre Reinheit ihr die Kraft zu sterben, bevor er ihr Gewalt antun kann [...] Es ist meine feste Überzeugung, dass eine angstfreie Frau, die weiß, dass ihre Reinheit ihr bester Schutzschild ist, unter keinen Umständen entehrt werden kann. So abscheulich der Mann auch sein mag, vor der Flamme ihrer überwältigenden Reinheit wird er sich schamvoll beugen.«

Hat womöglich diese Einstellung zu der traurigen Vergewaltigungsstatistik in Indien geführt? Dem indischen Amt für Verbrechensstatistik zufolge stieg die Zahl gemeldeter Vergewaltigungsfälle von 59 945 im Jahr 2001 auf 133 863 im Jahr 2018. Genauso beunruhigend sind sogenannte Ehrenmorde, bei denen Frauen wegen vermuteter sexueller Aktivitäten von ihren Verwandten getötet werden, selbst wenn die Frauen vergewaltigt worden waren. Ich akzeptiere zwar, dass jede Kultur ihre eigene Sexualmoral hat, aber jemanden wegen »sexueller Aktivitäten« oder »vermuteter sexueller Aktivitäten« zu ermorden, ob diese nun vor der Ehe oder in außerehelichen Beziehungen stattfinden, hat mit »Ehre« nichts zu tun. Mit dieser Meinung stehe ich keineswegs allein.

...

Da der Verzicht auf den körperlichen Aspekt der Sexualität für mich nicht das Problem war, fragte ich mich, auf welche Weise ich sie aus meinen Gedanken vertreiben könnte.

Solange ich auf Dating-Seiten im Internet ernsthaft nach der Liebe gesucht hatte, reichte allein das Überfliegen von Fotos und Profilen, um meine Begierde zu wecken: das Verlangen, jemand Besonderen zu finden, zu daten, zu küssen, meiner Fantasie freien Lauf zu lassen und – genau das: Liebe zu machen. Also meldete ich mich überall ab: bei Match.com, OKCupid. com, BrazilCupid.com, LavaPlace.com. Ganz schnell schwand der Drang, mich zu verpaaren, auch wieder. Als ich den Druck der »Suche« los war, kamen meine Energien ins Gleichgewicht. »Wenn ich mich erst mal selbst mag«, dachte ich, »wird die Liebe mich finden.«

Als der Mann, der ich bin, hatte ich aber immer noch sexuelle Bedürfnisse, und mein Testosteron ließ sich nicht an der Nase herumführen; doch in meiner Epoche gibt es – was immer man darüber denken mag – kostenlose Pornoseiten im Internet. Früher versteckten fast alle jungen Männer und ihre Väter stapelweise *Playboy*, *Penthouse* und andere sogenannte Erwachsenenmagazine oder Nackthefte vor den Frauen in ihrem Leben – sie sollten sie nicht finden. Taten sie aber doch immer. Für diese Publikationen haben wir uns nicht wegen der Artikel interessiert. Die Hefte waren sowohl ein Zeichen für Männlichkeit als auch irgendwie peinlich. Heute gibt es im Netz endlos gratis Pornoseiten zur Befreiung von dem Drang. Ich schäme mich nicht zuzugeben, dass ich ein »User« war – und sogar einmal von meiner Partnerin beim Gucken ertappt wurde. Also trennte ich mich von meinen pixeligen Freundinnen – Mia, Autumn, Katy, Bella, Reiko und so weiter. Ich konnte kaum fassen, wie viel freie Zeit ich nun plötzlich hatte. Auch spürte ich, dass mein Sexdrive tatsächlich abnahm – und nicht das Gegenteil geschah, wie ich eigentlich gedacht hätte. Ich hatte viel weniger Scham- und Schuldgefühle. Ich war etwas Großem auf der Spur.

Das brachte mich auf eine neue Idee in der Kategorie Loslassen. Ich war immer noch traurig wegen der Mädchen und

Frauen, die mich verlassen hatten und die ich nach wie vor zurückwollte – seit der Grundschule bis ins vorige Jahr: von Susan L. über Laura F. bis Adriana P. Es war an der Zeit, sie loszulassen. Ich entschuldigte mich auch schweigend bei allen, denen ich das Herz gebrochen hatte: Elyse R., Margot S., Iris G. und anderen.

All das zielte darauf, meine Bindung an ehemalige Sexpartnerinnen zu kappen. Weil ich der festen Überzeugung bin, dass das Herz mit den unteren Körperpartien verbunden ist oder es jedenfalls sein sollte, betrachtete ich diese Maßnahmen als taugliche Methoden, mir die sexuelle Dynamik auszutreiben, die mir immer noch im Kopf umherschwirrte. Ob das funktionierte? Teilweise. Ja, es half, mich emotional noch mehr von den Frauen zu entfernen, obwohl das alles schon so lange her war. Ob es mir die Erinnerungen an unsere sexuellen Begegnungen nahm? Nicht ganz. Aber wenigstens wurde die Härte meiner Schuldgefühle durch den Exorzismusversuch gemildert.

Würde ich weiter zölibatär leben, wenn ich eine Frau fände, die ich liebe? Definitiv nicht. Für mich ist der körperliche Akt des Liebemachens mit einer Frau – nicht nur das »Sex-mit-ihr-Haben« – der vielleicht höchste Ausdruck meiner tiefen Verbundenheit mit ihr. Außerdem haben viele Studien ergeben, dass Sex viel gesünder ist als Abstinenz.

Sex wird häufig mit Stimmungsaufhellung und sowohl psychischer als auch physischer Entspannung in Verbindung gebracht. Was mit dem Hypothalamus zu tun hat, der Hirnregion, in der das Hormon Oxytocin ausgeschüttet wird. Oxytocin beruhigt nicht nur, sondern dämpft auch das Schmerzempfinden. Einer 2013 veröffentlichten Studie zufolge lindert es chronische Kopfschmerzen. Wie eine andere Untersuchung ergab, werden Kopfschmerzen auch von Endorphin abgeschwächt, wie es etwa bei dem Hochgefühl ausgeschüttet wird, von dem Läufer berichten – dasselbe gilt aber auch für den Geschlechtsverkehr.

Ob ich damit sagen will, dass der sonst so gesundheitsbewusste (vegetarisch lebende) Gandhi statt weniger Sex lieber mehr hätte haben sollen? So weit würde ich nicht gehen. Aber für mich selbst weiß ich – immer noch der heißblütige Mann, der ich bin –, wenn ich mich verliebe, wird es ein großer Tag in meinem Leben sein.

Die Frage, die sich über alldem abzeichnet, lautet: Ist der Geschlechtsverkehr moralisch oder unmoralisch? Weder noch. Er ist eine normale menschliche Grundfunktion wie Atmen und Nahrungsaufnahme. Ob die Abstinenz uns Gott näherbringt? Gandhi scheint davon ausgegangen zu sein. Aber vielleicht bestärkten ihn auch seine alten Schuldgefühle in dieser Idee. Außerdem steigerte er offenbar alles, was er tat, ins Extrem.

Abstinenz spielt eindeutig keine Rolle bei der Frage, ob wir der Erleuchtung näherkommen. Biologisch gesichert ist, dass es Stress reduziert, wenn Oxytocin ausgeschüttet wird und in den Blutkreislauf gelangt. Das ist wahrscheinlich der Ursprung des alten Klischees, dem zufolge Männer nach dem Höhepunkt gleich einschlafen und Frauen noch kuscheln wollen. Es kann nun als wissenschaftlich bewiesen gelten.

Heutzutage gibt es so viele Möglichkeiten, unsere Sexualität zum Ausdruck zu bringen – nicht zuletzt unter dem Einfluss verbreiteter gesellschaftlicher Trends wie Sex-Positivity, Polyamorie, Entstigmatisierung der Sexarbeit. Wer kann da noch für sich in Anspruch nehmen zu wissen, was moralisch ist und was nicht? Die Übergänge fühlen sich fließend an. Eigentlich fühlt sich schon die Frage irrelevant an. Worauf es vorrangig ankommt, sind persönliche Entscheidungen und gegenseitiges Einverständnis.

Wäre Gandhiji heute am Leben, hätte sich seine Überzeugung, das Zölibat sei der bessere Weg, entweder noch vertieft, oder aber er würde jubeln und sich über die sexuelle Revolution mit allgemeinem Gruppenknuddeln freuen.

Wie Gandhi – keusch

Vielleicht ist sexuelle Abstinenz für Sie der passende Weg, eine sozusagen erleuchtete Perspektive darüber zu erlangen, was richtig und falsch ist – für Sie selbst und die gesamte Gesellschaft.

Fragen Sie sich, ob Ihre sexuellen Aktivitäten zu einem Wertesystem beitragen, das auf einem ethisch vertretbaren Moralkodex beruht. Fragen Sie sich, ob Ihre erotisch-sexuellen Gedanken Sie womöglich von Dingen ablenken, die Ihnen wichtiger sein sollten.

Sexualität spielt sich nicht weniger im Kopf ab als im Unterleib. Sollten Sie das Gefühl haben, zu viel an Sex zu denken, und das auf Kosten Ihres Wohlbefindens, empfehle ich Ihnen das, wozu ich schon im Umgang mit der zunehmenden gesellschaftlichen und medialen Gewalt geraten habe: Verschließen Sie Augen und Ohren vor dem Ansturm sexuell erregender Bilder und Botschaften.

Sollten Sie der Auffassung sein, dass Ihre Lust am Leben durch Kontakte von Haut zu Haut intensiviert wird – nur zu! Sollte Sex für Sie wichtiger Bestandteil des ganzheitlichen Ausdrucks der Liebe zu Ihrer Partnerin oder Ihrem Partner sein – legen Sie los!

KAPITEL 8

Er war, was er aß: Vegetarisch – oder jedenfalls so gut wie

Wer imstande ist, seinen Gaumen zu zügeln,
kann leicht seine anderen Sinne steuern.
Mahatma Gandhi

Ich habe bis hierhin so viele tiefgreifende und hochfliegende Prinzipien im Zentrum von Gandhis Moralvorstellungen behandelt, dass die Frage seiner Ernährung von untergeordneter Bedeutung zu sein scheint. Für den Mahatma war die Gesundheit – speziell Essen und Trinken – jedoch höchst wichtig. Mit Ernährungsfragen beschäftigte er sich theoretisch wie praktisch jahrzehntelang.

Mit nichts sind wir so eng verbunden
wie mit unserem Körper,
aber es gibt vielleicht auch nichts,
über das unsere Unwissenheit so tiefgreifend ist
oder unsere Indifferenz so umfassend.
Gandhi: *A Guide to Health*

Was keine Überraschung ist: dass er den Konsum von Tabak, Opium, Alkohol, sogar Tee und Kaffee als Gift für den gesunden Körper verdammte. Die von ihm empfohlene Ernährung jedoch trifft nicht allseits auf Zustimmung: Unter Bezugnahme auf Naturwissenschaft und die menschliche Biologie war er zu dem Schluss gelangt, wir sollten uns wie unsere engsten Verwandten im Tierreich, die Affen, obstbasiert ernähren. Ferner erklärte er, die rohe Kost befriedige alle körperlichen Bedürfnisse des Menschen; zugleich helfe sie, große Mengen Zeit und Ressourcen einzusparen, die gegenwärtig beim Kochen verschwendet würden.

In *A Guide to Health* beschrieb der Mahatma die Ergebnisse seiner Versuche, sich auf Obstbasis und vegan (von Kochbananen, Erdnüssen, Olivenöl, Limetten und anderen Zitrusfrüchten) zu ernähren: »In dieser Phase konnte ich gesund bleiben, während andere von Krankheiten befallen wurden, und heute sind meine körperlichen wie geistigen Stärken größer als zuvor.«

Nach der obstbasierten Ernährung stufte er die vegetarische als zweitbeste ein. Er äußerte sich eingehend über den Nährwert der verschiedenen Gemüse- und Getreidesorten. Zucker, Salz und Gewürze lehnte er ab. Den »reinen Aberglauben« an den gesundheitlichen Wert von Milch hielt er für »so tief verwurzelt, dass selbst der Gedanke schon müßig ist, man könne ihn ausräumen«.

Dass nicht zuletzt aufgrund des Aufkommens pflanzlicher Alternativen in den USA im letzten halben Jahrhundert der Milchkonsum um zweiundvierzig Prozent gesunken und in anderen Ländern eine ähnliche Tendenz zu beobachten ist, hätte sich Gandhi wohl kaum vorstellen können. Als er 1921 vorschlug, Kuh- durch Mandelmilch zu ersetzen, nahm er unwissentlich deren Milliardenumsatz des Jahres 2022 vorweg.

Abgesehen vom *Was* hatte er klare Vorstellungen davon, *wann* und *wie viel* Menschen essen sollten. Er empfahl, mindestens alle zwei Wochen zu fasten, und schrieb: »Aus Erfahrung kann ich auch sagen, dass es für einen erwachsenen Mann, der sich nicht mehr im Wachstum befindet, absolut nicht nötig ist, mehr als zwei Mahlzeiten zu sich zu nehmen.«

Den menschlichen Körper verglich Gandhi mit einem König, der »seinen Untertanen unendlich viel Gutes tun oder ihnen unermesslichen Schaden zufügen kann. Der Körper kann wirklich ein guter Diener sein; doch sobald er zum Herrscher wird, sind seinen Bosheiten keine Grenzen gesetzt.« Er kam zu dem Schluss: »All die Sünden wie Lüge, Betrug und Diebstahl gehen letztlich auf unsere Unterwerfung unter den Gaumen zurück.«

Klar ist: Nach Gandhis Auffassung haben unsere Essgewohnheiten viel mit Selbstbeherrschung zu tun. Was das betraf, legte er dieselbe Haltung an den Tag wie im Hinblick auf Enthaltsamkeit und Einfachheit und verkniff sich die Vergnügungen, in denen so viele schwelgen. Während für die einen ein extravagantes Menü üppiger Speisen ein Luxus ist, war der Mahatma auf das genaue Gegenteil aus. Er bezog sein Vergnügen aus dem Verzicht und daraus, dass er nur das zum Überleben notwendige Minimum verzehrte. Diese Selbstbeschränkung verfolgte er mit einer Akribie, die für manche einer Obsession gleichkam.

Doch für ihn ging es dabei um mehr als zwanghafte Selbstbeherrschung, in der moderne Psychologen ein entscheidendes Indiz für Essstörungen wie Anorexie sehen. Für ihn gingen Ernährung und höherer Daseinszweck Hand in Hand.

In seinem Buch *Gandhi's Search for the Perfect Diet* erklärt der Historiker Nico Slate: »Die Säulen seiner Ernährung – Vegetarismus, wenig Salz und Süßes, keine verarbeiteten Lebensmittel, Rohkost, Fasten – standen alle in engem Zusammenhang mit seiner Politik und insbesondere seiner Vorstellung von Gewalt-losigkeit [...] Im Zentrum dieser Gewaltlosigkeit – sowie seines Essverhaltens – stand die Gleichheit.«

Ahimsa schreibt die Rücksichtnahme auf alle Kreaturen vor, und Gandhi betrachtete den Vegetarismus, der nicht den Tod oder das Leiden von Tieren bewirkt, als den moralisch besten Verhaltenskodex. Dies gilt sowohl im privaten Bereich als auch für das Gemeinwesen. Folgender Satz Gandhis wird von Vegetariern und Tierschutzgruppen gern zitiert: »Die Größe einer Nation und ihre moralische Entwicklung lässt sich an ihrem Umgang mit Tieren ablesen.«

...

Gandhis Essverhalten hat sich nicht stringent entwickelt, son-dern stellte eine Abfolge von Experimenten, Neuentdeckun-gen und Revisionen dar. Diese allmähliche Entstehung seiner Überzeugungen in Sachen Ernährung stimmt mich vage opti-mistisch, was *meinen* Zugang zu guter Ernährung betrifft: Es geht um den Weg, nicht um das Ziel.

Er setzte die Freude an wohlschmeckenden Speisen mit den anderen sinnlichen Vergnügungen gleich, denen man sich sei-ner Meinung nach verweigern sollte. Die Völlerei der Zunge konnte seines Erachtens zu einem totalen Zusammenbruch in allen Bereichen führen. »Gandhi verweigerte jedes Essen, das ihn hätte in Versuchung bringen können, körperliche Gelüste über seine spirituellen und politischen Bestrebungen zu stellen. Doch es fiel ihm schwer, gefährliche Vergnügungen von gesun-den Gaumenfreuden zu unterscheiden«, schrieb Slate.

Der kleine Mohandas wurde in eine vegetarische Familie hineingeboren; in seinen späten Teenagerjahren aß er jedoch eine Zeit lang Fleisch, bevor er dem wieder abschwor und 1890 der London Vegetarian Society beitrat. Offenbar hegte er eine Hassliebe für Mangos; er fand sie so verführerisch, dass er seiner Freundin Amrita Lal Chatterjee 1941 in einem Brief mitteilte: »Diese Frucht ist verflucht.« Sogar der Entschluss, Milch aus seinem Leben zu verbannen, war so eine Sache; denn Jahre nach seinem Schwur, nie wieder Milchprodukte zu sich zu nehmen, als er seinen Milchkonsum »die größte Katastrophe meines Lebens« nannte, revidierte er diese Entscheidung und räumte der Ziegenmilch einen Platz auf seinem Speiseplan ein.

Viele von Gandhis Ernährungsgrundsätzen sind heute sehr populär; Autoren wie Michael Pollan, bekannte Veganer (zum Beispiel Joaquin Phoenix, Benedict Cumberbatch und Natalie Portman) oder eine Ikone wie Paul McCartney, der unter dem Einfluss seiner Frau Linda zum Vegetarier wurde, haben diese Ernährungsweisen in den Mainstream überführt. Dokumentarfilme über pflanzenbasierte Kost und Gesundheit, die früher vielleicht auf speziellen Konferenzen gezeigt wurden, erreichen heutzutage ein Millionenpublikum: *Cowspiracy* (produziert von Leonardo DiCaprio und trotz einiger Kritik weltweit auf Netflix zu sehen); *Forks Over Knives* (dt.: *Gabel statt Skalpell*), eine Erfolgsdoku, die Buch-Bestseller und eine richtiggehend eigene Bewegung inspirierte – und dann gibt es noch *The Game Changers*; *Fat, Sick and Nearly Dead*; *What the Health* oder *Earthlings* (erzählt von Joaquin Phoenix) und viele mehr.

Schauen wir uns beispielhaft einen dieser Filme näher an, *The Game Changers* des Regisseurs Louie Psihoyos, von dem auch der oscarprämierte Film *The Cove* (dt.: *Die Bucht*) über die Massentötung von Delfinen stammt. Im Mittelpunkt von *Game Changers* steht der Engländer James Wilks, ein unvermuteter Vertreter der pflanzenbasierten Ernährung, ehemaliger Mixed Martial Artist und Gewinner der *Ultimate Fighting Championship*. Wilks ist überrascht, als er erfährt, dass die Gladiatoren des

Römischen Reiches überwiegend Vegetarier waren. Er selbst wuchs mit dem Konsum von Eiern und Lammkoteletts auf und gehörte zu den typischen Vertretern einer machohaften Sportlerkultur nach der Devise »Fleisch gibt Energie«. In Gesprächen mit vegetarischen Topathleten, mit Ernährungs- und Naturwissenschaftlern erfährt er von unglaublichen, auf Wettkampferfahrung basierenden Resultaten nach einer Ernährungsumstellung von Tier auf Pflanze. Auch für alle, die keine olympischen Ambitionen haben, ist der Film ein Augenöffner – dokumentiert er doch eine Fülle von Infos über die gesundheitlichen Vorteile der pflanzlichen Ernährungsweise. Zum Beispiel können sich Entzündungen unter ihrem Einfluss innerhalb von nur drei Wochen um neunundzwanzig Prozent verringern. Menschen, die ihren Proteinbedarf ausschließlich aus pflanzlichen Quellen decken, senken das Risiko einer Herz-Kreislauf-Erkrankung um bis zu fünfundfünfzig Prozent. Studien zufolge kann eine pflanzenbasierte Ernährung sogar gewisse Herzkrankheiten beheben.

Eine 2020 im *American Journal of Clinical Nutrition* veröffentlichte Studie mit dem Titel »Children and Adults Should Avoid Consuming Animal Products to Reduce Risk for Chronic Disease« (Um das Risiko chronischer Erkrankungen zu verringern, sollten Kinder und Erwachsene den Verzehr tierischer Produkte vermeiden) kommt zu dem Schluss: »Der Konsum tierischer Produkte erhöht das Risiko für kardiovaskuläre Erkrankungen, Krebs, Diabetes, Fettleibigkeit und andere gesundheitliche Störungen.« Und weiter: »Wird eine omnivore Ernährung auf die pflanzenbasierte umgestellt [...] verringert sich die Gefahr dieser Erkrankungen.«

Statistiken der letzten Jahre belegen inzwischen die katastrophalen Auswirkungen der fleischbasierten Landwirtschaft. Wie Untersuchungen der University of Oxford ergeben haben, stellen Fleisch und Milchprodukte nur achtzehn Prozent der weltweit produzierten Kalorien und siebenunddreißig Prozent des Proteins, beanspruchen global aber den größten Teil – dreiundachtzig Prozent – des Ackerlandes. Auf das Konto der Tierfutter-Produktion geht die Entwaldung großer Landstriche, zudem erfordert sie viel Wasser und trägt massiv zur Umweltverschmutzung bei. Auf die fleisch- und milchproduzierende Landwirtschaft entfallen fast fünfzehn Prozent der gesamten Treibhausgas-Emissionen weltweit – ein Aufkommen, das höher ist als der Ausstoß aller Verkehrsmittel zusammengenommen. In den USA könnte die Abkehr von der Nutztierhaltung die landwirtschaftlichen CO_2-Emissionen um bis zu dreiundsiebzig Prozent reduzieren. Beim Versuch, der entsetzlichen Klimaveränderung Einhalt zu gebieten, sollten wir uns dieser Tatsache bewusst sein: Sie hat das Potenzial, das Schicksal der Menschheit zu verändern.

Wenn man um die erwähnten Statistiken weiß, lässt sich nur schwer leugnen, dass weniger Fleischproduktion und -konsum sowohl der Gesundheit als auch der Bekämpfung unserer planetaren Umweltkrise guttun würden. Stellt sich die Frage: Sind wir die Veränderung, die wir sehen wollen?

Die Vertreter und Vertreterinnen einer bewussten Entscheidung für Rohkost, lokal hergestellte Lebensmittel, den Konsum von Vollkornprodukten und unverarbeiteten Nahrungsmitteln haben ihre ursprüngliche Nische in der Gesellschaft längst verlassen. Gandhi wäre von der *Food-for-Justice*-Bewegung begeistert, die sich für die Beschaffung gesunder, nahrhafter Lebensmittel für in Armut lebende Menschen einsetzt und Basisinitiativen für unabhängige organische Landwirtschaft unterstützt. Wie Zeitschriften wie *Vegan Life* deutlich machen, geht es dabei nicht nur um eine Ernährungsweise, sondern um einen Lebensstil, eine persönliche Ausdrucksform von politischem Aktivismus. Auf der Website des Magazins heißt es: »Wirklich

cruelty-free zu sein, bezieht sich nicht allein auf die Nahrungsmittel, die wir zu uns nehmen. So findet ihr hier neben zahlreichen Artikeln über köstliche vegane Speisen auch Porträts
veganer Aktivisten, Beiträge zu Umweltfragen sowie Tipps und
Ratschläge für den veganen Lebensstil.«

Der Witz an der Geschichte: Einschränkungen im persönlichen Speiseplan können eine neue, eigene Art der Freiheit
bedeuten.

Diesen Gedanken resümierte Nico Slate mit den Worten:
»Freiheit von Verlangen, Freiheit von Gelüsten – für Gandhi
war das Teil der *Swaraj*, der Selbstbestimmung, die für ihn einen
so hohen Wert darstellte. So wie das britische Weltreich be-
raubte der Genuss von Fleisch und Wein das Individuum eines
elementaren Menschenrechts – im Frieden mit sich selbst leben zu können.«

Lange vor Gandhis Geburt ernährten sich die Menschen
in Indien rein vegetarisch. Wie aktuelle Statistiken vermuten
lassen, ist der Fleischkonsum dort noch heute geringer als irgendwo sonst auf der Welt. Genaue Zahlen lassen sich schwer
ermitteln; der Anteil von Vegetariern und Vegetarierinnen an
der Gesamtbevölkerung wird auf zwanzig bis vierzig Prozent
geschätzt. Manche vertreten die Auffassung, dass der Verzehr
von Fleisch aufgrund des kulturellen Erwartungsdrucks absichtlich geringer angegeben wird. Einiges deutet darauf hin, dass
der Fleischverzehr in Indien momentan leicht ansteigt. Aber
sogar von denen, die Fleisch essen, sagen nicht einmal dreißig
Prozent, dass sie dies regelmäßig tun. Zum Vergleich: In einem
Land mit vergleichsweise wenigen Vegetariern – Mexiko – sind
dies neunzehn Prozent.

Gandhis spezielle Ernährungsweise wurde seinerzeit selbst in
seiner Heimat als seltsam betrachtet. Er konnte die Massen nicht
von ihr überzeugen. Viele empfanden seinen Vegetarismus als

zu extrem. In England jedoch traf er nicht nur auf Gleichgesinnte, sondern auch auf Restaurants mit ausschließlich fleischloser Kost. Die London Vegetarian Society existiert (unter dem Namen Vegetarian Society) heute noch und ist die älteste vegetarische Gesellschaft der Welt: 2022 hatte sie ihr hundertfünfundsiebzigstes Jubiläum. Mit *Community-Awareness*- und Aktionen wie einer alljährlichen nationalen vegetarischen Woche, einem fleischfreien Tafel-Programm für Bedürftige und einer Koch- und Kochlehrschule auf dem Gelände des viktorianischen Hauptquartiers in der Nähe von Manchester fördert die Stiftung die pflanzenbasierte Ernährung.

Ich hatte gehofft, mich einige Zeit dort umsehen zu können, doch wegen Corona war alles geschlossen. Also unterhielt ich mich via Zoom mit Richard McIlwain, dem Vorsitzenden der Gesellschaft, über die Organisation zu Gandhis Zeiten und heute.

Richard erzählte, dass es kurz vor Gandhis Ankunft in London 1888 zu einer Art ideologischen Spaltung der Vegetarian Society gekommen war. Ein Teil der Mitglieder vertrat die Auffassung, dass die Gesellschaft für mehr als den Vegetarismus stehen sollte, und verlangte, dass es ihr auch um den Verzicht auf Alkohol und Tabak gehen sollte – die Organisation müsse sich insgesamt um ein *cleanes* Leben drehen und solle sich nicht aufs Essen allein beschränken. Mit einigen dieser radikalen Reformer traf sich Gandhi während seines Jurastudiums in London häufiger.

Als er in der Stadt eingetroffen war, aß er aufgrund der strengen Lehren der Richtung des Hinduismus, der seine Mutter angehörte, schon länger kein Fleisch mehr. Doch wie mir Richard erklärte, erkannte Gandhi jetzt erst »den größeren moralischen Zusammenhang, in dem der Verzicht auf Fleisch steht. Dieser war für ihn nicht mehr nur eine Frage der Religion, sondern wurde zu einer Art säkularen Moral […] Ich glaube, diese beiden

Aspekte waren für ihn schon länger von Bedeutung. Die eine Art von Moral eher äußerer Natur, die andere etwas mehr nach innen orientiert, vielleicht sogar ein bisschen selbstbezogen.« Basierend auf Erhebungen der Gesellschaft über die allgemeinen Beweggründe des Fleischverzichts, sagte Richard weiter: »Es geht immer noch entscheidend um Gesundheit und Tierwohl, aber die Umwelt zieht nach. Dabei geht es nicht nur ums Klima, sondern auch um den zunehmenden Verlust von Biodiversität. Im Endeffekt werden, glaube ich, genau das die Dinge sein, die sich am stärksten auf unser Leben auswirken.«

Für Gandhi war der Vegetarismus aus moralischen und gesundheitlichen Gründen zwingend; und aufgrund von Einflüssen seiner Ursprungsfamilie, seiner Zeit bei den Londoner Vegetariern und eigener Gedanken und Experimente entwickelten sich beide Motive zeit seines Lebens weiter. Heute sind diese Forderungen immer noch für Entscheidungen hinsichtlich der Ernährungsweise maßgebend; dazu kommt, dass die drohende Umweltkatastrophe uns auf eine neue Ebene von Verantwortlichkeit und Schuld hievt. Wenn wir nicht einmal in der Lage sind, um unserer selbst oder der Tiere willen das Richtige zu essen, mahnt uns dies, wie sieht es dann erst mit der Luft und dem Wasser unserer Kinder und Enkel aus?

Noch einmal McIlwain: »Wir Menschen können auf eine großartige Geschichte zurückblicken, aber wir müssen uns den Herausforderungen des einundzwanzigsten Jahrhunderts gewachsen zeigen [...] Die Uhr tickt. Uns bleiben noch acht Jahre, um etwas Wirksames für das Klima und einige der anderen Probleme zu tun [...] Eines kann jeder sofort verändern: seine Ernährung. Nicht alle von uns können sich ein Elektrofahrzeug leisten, können ihr Auto aufgeben und täglich mit dem Bus zur Arbeit fahren oder die Heizung runterdrehen. Aber man kann von heute auf morgen die Ernährung umstellen.«

Mich hat McIlwains aufgeschlossener, weitsichtiger Ansatz beeindruckt, weil er sich damit erheblich von vielen *eingefleischten* Veganern unterschied, denen ich so begegne. Mir gefiel, wie realistisch er die Bewegung einschätzte. Er räumt ein, dass sich nur etwa drei Prozent der britischen Bevölkerung als vegetarisch oder vegan bezeichnen – also komplett auf Fleisch und/oder Milchprodukte und Eier verzichten. Das ist natürlich ein geringer Anteil an der Gesamtbevölkerung. Gemeinsam mit anderen vertritt er aber die Auffassung, dass die Grenze zwischen den »Lagern« gar nicht derart binär aussehen müsste.

Es gibt mittlerweile neue Begriffe für die verschiedenen Essgewohnheiten in Bezug auf Fleisch. Reduktarier zum Beispiel essen gezielt weniger Fleisch, Milchprodukte und Eier – aus individuell unterschiedlichen Gründen (zum Beispiel gesundheitlichen Erwägungen, Umwelt- oder Tierschutzgründen); Flexitarier ernähren sich semivegetarisch mit Schwerpunkt auf pflanzlicher Kost bei gelegentlichem Fleischverzehr.

Schließlich gibt es noch Mark Bittmans Buch *VB6*, in dem er von der gesunden veganen Ernährung (ohne Fleisch, Milchprodukte oder stark verarbeitete Lebensmittel) berichtet, die er bis achtzehn Uhr befolgte; danach aß er, was er wollte, zumeist aber in Maßen. In der Woche nach seiner Veröffentlichung 2013 schaffte es das Buch sofort auf den ersten Platz der *New-York-Times*-Bestsellerliste. Natürlich wurde ein entsprechendes Kochbuch nachgeschoben.

Die anderen Ernährungstrends beschreibt McIlwain so:

»Man reduziert den Fleischkonsum, ist also noch nicht ganz vegan, aber man ist auf dem Weg dorthin [...] (und) das sollten wir feiern. Wir sollten Leute nicht beschimpfen, nur weil sie nicht voll vegetarisch oder vegan sind. Wenn Leute an einem Tag in der Woche auf Fleisch verzichten oder gar an zweien, ist das doch super. Weil es bedeutet, dass sie auf dem Weg sind. Denn allein der Umstand, dass sie sich sagen ›Vielleicht sollte ich meinen Fleischkonsum einschränken‹, deutet darauf hin, dass sie offen sind für ein weiteren Schritt – und dann noch einen [...] Niemand ist je perfekt. Veganer werden oft zur Zielscheibe von Aggressionen, weil sie sich auf einen Sockel stellen wollen. Das ist natürlich klar: Sobald man so was versucht, wollen einen die Leute da runterschubsen.«

Den meisten fällt es leichter, bei ihrem Fleischkonsum Abstriche zu machen, als ganz darauf zu verzichten. Selbst Gandhi tat sich schwer mit seinen Ansprüchen in puncto Reinheit und Perfektion – und ging seiner Familie mit seiner Unerbittlichkeit manchmal auf die Nerven.

McIlwain sagt: »Es geht nicht darum, kein Leid und keinen Schaden zu verursachen; es geht darum, beides so gering wie möglich zu halten.«

• • •

Was mich betrifft, so befinde ich mich seit Jahren mit wechselndem Erfolg auf dem vegetarischen Weg. In meiner Jugend war Fleisch der Mittelpunkt unserer Mahlzeiten: Mein Dad war, wie gesagt, ein richtiger Fleisch-und-Kartoffel-Mann, und an den Feiertagen oder bei besonderen Gelegenheiten zog meine Mutter mit ihrer legendären Rinderbrust, mit Corned Beef und Zunge alle Register. Wenn es hin und wieder mal ein Fertiggericht gab, dann ein Salisbury Steak, eine Art Hacksteak. So sah für mich ein gutes Leben aus.

In meinen Zwanzigern änderte ich meine Ernährung. Von nun an gab es für mich weder Steaks noch Burger, nichts Tiefgefrorenes oder Verpacktes mehr; mein Körper war ein Tempel. Eigens für gemeinsame Mahlzeiten mit meiner Tochter lernte ich die Zubereitung magischer neuer Lebensmittel wie zum Beispiel Tofu. Sie war in der siebten Klasse Vegetarierin geworden, nachdem sie die Szene mit der brutalen Schweinejagd in *Herr der Fliegen* gelesen hatte.

Dabei war der Verzehr von Huhn und Fisch immer eine entscheidende Säule meiner jüdischen Kultur: geräucherter Lachs, Gefilte Fisch und mindestens zweiundvierzig Hähnchenrezepte aus dem Kochbuch meiner Mutter. Das wollte ich nicht aufgeben. Hinzu kam: Als Reisejournalist mit Schwerpunkt Restaurant- und Gastgewerbe wurden mir sowohl die dekadentesten als auch die beliebtesten Fleischspeisen vorgesetzt, die die internationale Küche zu bieten hatte. Ich habe die von Gandhi geschmähte Schlemmer- und Völlerei am eigenen Leib erlebt – und die konnte ich nicht abstellen. Ich habe dafür mit mehr nächtlichen Magenverstimmungen bezahlt, als ich zugeben möchte.

Mein Experiment war nun also die Gelegenheit, eine größere Veränderung zu erwirken – sowohl im Sinne meiner Gesundheit als auch meines Versuchs, zu einem besseren Menschen mit ökologisch kleinerem Fußabdruck zu werden. Ich lud mich zu einer letzten Fleischmahlzeit ein – passenderweise in Jersey City.

Danach fuhr ich den Verzehr von Hühnchen, Fisch, Meeresfrüchten und Fleisch zuerst langsam runter – und ging dann auf kalten Entzug. Richtiggehend vegan wurde ich zwar nicht, versuchte aber immerhin, den Konsum von Milchprodukten und Eiern zu minimieren. Der Verzicht auf Milch und Sahne fiel mir insofern leicht, als ich gelernt hatte, dass sie Auslöser der Entzündungssymptome meiner *Polymyalgia rheumatica* waren. Wie aber motiviert man sich zu einer Ernährungsumstellung, wenn man *kein* direkt persönliches Motiv dafür hat?

In den zwei Jahren dieses Projekts habe ich damit gekämpft, nicht von meinem Vorsatz eines vegetarischen Lebens abzuweichen. Über Monate, in denen ich bei Essenseinladungen eine echte Zumutung für die Gastgeber war, ging alles gut. Dann kam ich plötzlich vom Weg ab und schaufelte eine Woche lang Fleisch in mich rein, als würde ich dafür bezahlt. Es ging mir besser, wenn ich mir jede Essensportion genau anschaute, weil sich dann meine Reue in akzeptablen Grenzen hielt. Aber ich brauchte mehr als Körner und Gemüse. Vor einiger Zeit bin ich einen Kompromiss eingegangen und ernähre mich seither pescetarisch. Der Verzehr von Fisch scheint mich mit dem nötigen Protein zu versorgen, das ich brauche. Obwohl diese Kost definitiv das Label »vegetarisch« nicht verdient, fühle ich mich damit besser, sowohl körperlich als auch moralisch. Ein Schritt nach dem anderen.

Für viele Vegetarier –
und besonders die Führungskräfte einschlägiger Organisationen –
ist Vegetarier zu »sein« kein statischer Zustand,
sondern ein Prozess des Werdens
aufgrund von größerer persönlicher Motivation
und zunehmendem Engagement.
Donna Maurer: *Vegetarianism – Movement or Moment?*

• • •

Was die Wahl seiner Nahrungsmittel betraf, war Gandhi diszipliniert. Bekannt aber ist er für die Phasen, in denen er gar nichts aß: seine berühmten langen Fastenzeiten. Aus historischen Quellen geht hervor, dass er in seinem Leben bei achtzehn Gelegenheiten lange fastete, aus unterschiedlichen Gründen. Die ersten Male 1913 in Südafrika. Zunächst, als er eine Woche lang als Buße für moralische Vergehen von zwei Angehörigen seines Aschrams fastete. Einige Monate später nahm er als Zeichen seiner Trauer über die Tötung streikender Bergarbeiter durch die Polizei während des *Miners March* täglich nur eine Mahlzeit zu sich.

Zurück in Indien setzte er sein öffentliches Fasten als Zeichen der Reue und zur Stärkung der gemeinschaftlichen Harmonie sowie als Druckmittel im politischen Kampf ein (etwa um Lohnerhöhungen für Fabrikarbeiter oder Veränderungen der Wahlgesetzgebung durchzusetzen oder als Protest gegen die Anwendung von Gewalt). Die Länge dieser Aktionen wechselte zwischen einigen Tagen und Wochen; mehr als einmal waren es einundzwanzig Tage.

1932 fastete er im Zentralgefängnis von Yerwada aus Protest gegen die Behandlung der »Unberührbaren« und das Kastensystem. Das Ergebnis war der sogenannte Poona-Pakt, der eine Veränderung des Wahlrechts für alle Hindus und neue Rechte für die Unberührbaren in der Gesetzgebung bewirkte. Für Gandhiji war das Fasten sowohl ein gewaltfreies Instrument im Kampf gegen Ungerechtigkeit als auch eine Art Bußleistung, wenn Gewaltakte oder Verbrechen passiert waren. Er trat in den Hungerstreik, um die Rechtschaffenheit seiner moralischen Prinzipien zu bekräftigen und seine Gegner beziehungsweise die Antagonisten der Freiheit umzustimmen.

Was mich betrifft – ich freute mich auf das Fasten à la Gandhi, hatte aber auch Angst davor. Anders als er protestierte ich nicht gegen politische oder soziale Ungerechtigkeit, sondern gegen meinen physischen Leib und als Beweis dafür, dass ich kein Gefangener meiner unersättlichen Gelüste war.

Gandhis Neigung zum Fasten ging auf seine Mutter zurück, deren lange rituelle Fastenkuren er als Kind mitbekommen hatte. Er selbst entwickelte, wie ich las, seine eigene Routine für langes Fasten. Vor Beginn nahm er warmes Wasser mit Zitronensaft und Honig zu sich. Wasser trank er tagsüber auch während des Fastens, manchmal mit etwas Salz oder Zitronensaft. Um

Energie zu sparen, schlief er mehr als gewöhnlich. 1943 berichtete die Zeitschrift *Time*: »Jeden Morgen wurde der Mahatma auf seinem Bett in einen Baderaum des Palasts geschoben, dort rasiert und gewaschen. Täglich bekam er zwei Massagen sowie Schlammpackungen für den Kopf. Hin und wieder auch einen Einlauf.«

In der Sphäre der Protestbewegungen gibt es ein anderes Wort für Fasten: Hungerstreik. Mitglieder der IRA in Irland, Dissidenten in Kuba, der mexikanisch-amerikanische Arbeiterkämpfer Cesar Chavez, der Bürgerrechtsaktivist und Komiker Dick Gregory, die Hollywood-Größe Mia Farrow und viele andere waren mehr oder weniger lange im Hungerstreik.

Heutzutage wird viel aus gesundheitlichen Gründen gefastet: zur Reinigung des Körpers und speziell des Verdauungssystems oder um schnell Gewicht zu verlieren. Die Leute machen Heil- oder Obst-Fasten, andere reduzieren lediglich ihre tägliche Kalorienzufuhr – und dann gibt es noch das zunehmend beliebte Intervallfasten.

Irgendwann dämmerte mir, dass ich Letzteres schon seit vielen Jahren praktizierte. Erstmals zu Jom Kippur, am höchsten jüdischen Feiertag. Von allen jüdischen Erwachsenen mit Ausnahme von Wöchnerinnen verlangt die Thora, zu Jom Kippur zwischen Freitagabend und Sonnenuntergang am Samstag auf Essen und Trinken zu verzichten. Dieses Fasten stellt keine Maßregelung dar, sondern dient der Reinigung von Körper und Geist. Mit meinen dreizehn Jahren aber habe ich darin sowohl eine Strafe gesehen als auch einen Test meiner Selbstdisziplin. Ich sah, wie schwer sich mein Großvater, ein frommer Jude mit Herzproblemen und Typ-2-Diabetes, damit tat, ohne eine kleine mittägliche Stärkung bis zum Abend durchzuhalten. Die Belohnung für das ganztägige Fasten stellte dann eine große kalte Platte dar, die bestimmt nichts für Opas Herz war, mir aber gut schmeckte.

Rund um das Intervallfasten gibt es heute ganze Bewegungen und einen Haufen medizinischer Vorschriften. Dabei versteht man darunter nur, eine bestimmte Zeit lang nichts zu essen – je nachdem: zwischen zwölf bis achtzehn und bis zu achtundvierzig Stunden. Diese Perioden des Nahrungsverzichts sind gut für die Gesundheit. Einem 2019 im *New England Journal of Medicine* veröffentlichten Bericht ist zu entnehmen, dass das Kuren mit einem achtstündigen Essensfenster und sechzehnstündigem Fasten das Risiko von Erkrankungen reduziert und das Leben verlängern kann. Der Untertitel des von zwei ehemaligen Redakteuren des *Men's Health Magazine*, meinem Freund Peter Moore und seinem Co-Autor David Zinczenko, verfassten Bestsellers *8-Hour Diet* verrät, worin für viele der eigentliche Zweck dieser Übung besteht: »Watch the Pounds Disappear Without Watching What You Eat!« (Sehen Sie die Pfunde purzeln, ohne achtgeben zu müssen, was Sie zu sich nehmen).

Ich selbst habe über die Jahre oft das Mittagessen ausgelassen, insbesondere in meiner Zeit als Redakteur in einer hektischen Nachrichtenredaktion – die Atmosphäre dort ist mir oft auf meinen legendär nervösen Magen geschlagen. Den Lunch überspringe ich heute noch häufig. Denn sobald mein Kopf auf Touren kommt, trifft das auch auf meinen Bauch zu.

Ein längeres Fasten wäre aber noch mal was anderes.

In den letzten zwei Jahren oder so habe ich es höchstens drei Tage durchgehalten. Ich sehe den Bapu übers ganze Gesicht grinsen. Früher habe ich alle paar Monate gefastet. Es hat gereicht, um meinem Verdauungssystem eine Pause zu verschaffen und zu schauen, was sich bei mir in Sachen Essen im Kopf abspielte, und meine diesbezüglichen Gewohnheiten zu überdenken. Eine Frage ging mir dabei besonders durch den Kopf: Was würde ich mit der gewonnenen freien Zeit alles Schönes anfangen können?

Mir wurde klar, wie viel Zeit ich damit verbringe, mir Gedanken übers Essen zu machen, über das Einkaufen und Zubereiten der Mahlzeiten, die Nahrungsmittelpreise und erst recht: übers Essengehen. Wie schnell alles verputzt ist und wie wenig ich währenddessen den Geschmack des Essens zu schätzen weiß, wie sehr mir vor dem Abräumen und Saubermachen hinterher graut – und schließlich mein Körpergewicht: Wie viel ich zunehme, wenn ich nicht auf mein Bedürfnis achte, den nächsten Bissen in den Mund zu stecken, nur weil das Essen auf dem Teller liegt.

Wie Gandhi – fleischlos

»Essen Sie. Aber nicht zu viel. Hauptsächlich Pflanzen.« (Kompliment an Michael Pollan und sein Buch *Lebensmittel*.)

Beschließen Sie, sich mindestens dreißig Tage lang nur vegetarisch oder vegan zu ernähren. Beobachten Sie Ihren Körper und achten Sie darauf, wie Sie sich vor und nach dieser Zeit fühlen.

Legen Sie einen fleischlosen Wochentag oder eine fleischlose Woche im Monat fest.

Abonnieren Sie eine sogenannte Obst- oder Gemüsekiste aus regionalem Anbau. Auf diesem Weg tun Sie etwas für Ihre Gesundheit und gleichzeitig für ökologisch wirtschaftende Landwirtinnen und Landwirte.

Servieren Sie Ihren Freunden und Angehörigen ein selbst zubereitetes pflanzenbasiertes Menü. Haben Sie Spaß daran und teilen Sie Ihre Lieblingsrezepte.

Achten Sie darauf, wo Ihr Essen herkommt. Kaufen Sie ethisch vertretbar ein. Was den Verzehr von Fisch und Meeresfrüchten betrifft: Informieren Sie sich über die Arten, die vom Aussterben bedroht oder stark gefährdet sind.

Und abgesehen vom Essen: Schauen Sie mal, welche tierischen Produkte sich sonst noch in Ihrem Haushalt befinden – Lederwaren, Kosmetik, Waschmittel und so weiter. Versuchen Sie in Zukunft, wenn möglich, vegane Alternativen zu wählen.

Erwägen Sie kurzes Fasten, um zu entgiften, sich neu auszurichten oder sich überhaupt mit Ihrer Gesundheit zu befassen – in Absprache mit Ihrer Ärztin oder Ihrem Arzt. Seien Sie nachsichtig mit sich. Es ist nicht nötig, es Gandhi gleichzutun.

KAPITEL 9

Gandhi in Südafrika: War der Kampf gegen Diskriminierung vergebens?

Die meisten Leute, die nur mit Teilen der Gandhi-»Legende« vertraut sind, kennen die Geschichte, die ihn angeblich zum Aktivisten für soziale Gerechtigkeit gemacht hat: als er, wie in Kapitel 3 geschildert, in Südafrika aus einem Zugabteil geworfen wurde, das allein Weißen vorbehalten war. Von allem anderen wissen sie nichts oder nichts Konkretes, sodass vielen nicht klar ist, dass Gandhi einundzwanzig Jahre dort blieb, von 1893 bis 1914, von der späten Jugend an bis in sein sechsundvierzigstes Lebensjahr.

In dieser Zeit formte er auch seine Ideen und experimentierte damit: gewaltfreier Widerstand (Satyagraha); Bildung von Gruppen und Organisationen, die gegen die Unterdrückung der indigenen Afrikaner und Inder protestierten; den Aschrams entlehnte, dorfähnliche Formen des Zusammenlebens (wie die Siedlungskommune Phoenix in der Nähe von Durban) und Strategien zum Überstehen langer Haftstrafen (er selbst saß 1909 drei Monate hinter Gittern) – also all die Dinge, für die er zu Lebzeiten und weit über seinen Tod hinaus berühmt wurde.

Ebenfalls in Südafrika nahm er unter dem Einfluss von Leo Tolstoi und John Ruskin ein dörfliches Leben in vormoderner Einfachheit auf und veröffentlichte seine berühmte Kritik an der westlichen Welt, das Buch *Hind Swaraj*. Schließlich legte er dort auch sein Gelübde der Brahmacharya ab, der sexuellen Abstinenz – was einen Aspekt seiner spirituellen Entwicklung darstellt, dem sich seine Nachfolger wie Nelson Mandela und Martin Luther King nicht angeschlossen haben.

Er hatte sein Geburtsland als junger Rechtsanwalt namens Mohandas Karamchand Gandhi verlassen, war achttausend Kilometer über das Arabische Meer und den Indischen Ozean bis nach Südafrika gefahren, um dort für muslimisch-indische Händler zu arbeiten, und kam zurück als Mahatma Gandhi, Aktivist für die gewaltlose Befreiung aller Unterdrückten – speziell die Emanzipation von der Kolonialmacht, die sein Land seit zweihundert Jahren unterjochte.

In Indien hatte Mr. Gandhi, als Anführer der Widerstandsbewegung, die Unabhängigkeit vom Vereinigten Königreich erreichen können. In Südafrika viel weniger. 1948, in dem Jahr, in dem er in Neu-Delhi ermordet wurde, verabschiedete die südafrikanische Regierung unter der Leitung der rassistischen *Nasionale Party* die Apartheid, ein auf Rassentrennung und -diskriminierung beruhendes System gesellschaftlicher Ordnung. Das Afrikaans-Wort »Apartheid« bedeutet »Getrenntheit« oder »Zustand des Auseinander-Seins« – und markiert das Gegenteil von allem, wofür Gandhi sich eingesetzt hatte. Dank des Lebenswerks Nelson Mandelas und der von vielen Ländern aus Protest gegen die gnadenlose Politik Südafrikas verhängten Sanktionen wurde die Apartheid 1994 abgeschafft – allerdings erst nach vielen blutigen Auseinandersetzungen. Wie das hochgeachtete South African Institute of Race Relations 1990 berichtete, wurden täglich zehn Menschen umgebracht, als direktes Ergebnis politischer Gewalt; zwischen 1984 und 1990 waren es achttausendfünfhundert Personen.

In den Achtzigern bis in die Neunziger hinein beobachtete ich diese unfassbare, eklatante Verletzung der Menschenrechte von »meiner« Seite des großen Teiches aus und sang mit anderen das Lied »Free Nelson Mandela« von der britischen Band The Special AKA.

Wir trugen Mandela-T-Shirts, sahen Mandela-Poster an den Wänden, fieberten mit der Anti-Apartheids-Bewegung und ihren Erfolgen mit und bekamen in den Nachrichten Aufnahmen über die Gewalt auf den Straßen zu sehen, von denen manche bis 1960 zurückgingen, dem Jahr des sogenannten Sharpeville-Massakers, bei dem die südafrikanische Polizei sechsundneunzig Personen schwarzer Hautfarbe erschoss, die gegen die Passgesetze demonstrierten. Den antijüdischen Nürnberger Gesetzen in Hitler-Deutschland vergleichbar, dienten die Passgesetze der strengen Überwachung der schwarzen Bevölkerung. Die Strafen, mit denen Verstöße geahndet wurden, waren nicht weniger brutal als unter dem Nazi-Regime in Europa.

Dann schließlich – fast nicht zu glauben – wurde Mandela nach mehr als zwei Jahrzehnten aus dem Gefängnis entlassen. Er wurde zu Südafrikas erstem schwarzen Präsidenten gewählt. Das wohl eklatanteste Beispiel staatlich akzeptierten – ach was: staatlich *diktierten* Rassismus – war damit Geschichte.

Oder vielleicht doch nicht?

•••

Fast unmittelbar nach Ankunft am Flughafen von Johannesburg spürte ich, dass es immer noch zwei Südafrikas gab und dass der Rassismus immer noch am Leben war. Ich hatte meine vielseitige türkische Freundin Elizabet Kurumlu – ihres Zeichens

Reiseführerin, Regisseurin, Übersetzerin, manchmal auch Kamerafrau und stets rundum brillante Problemlöserin – gebeten, mich zu begleiten. Auf dem Weg zum Ausgang kamen wir an einer Gruppe von Flughafenangestellten – alle schwarz – vorbei, die in ihrer Muttersprache – vielleicht Sesotho, Setswana oder Zulu – ein schönes, fröhliches Lied angestimmt hatten und mit den Händen den Rhythmus klatschten. Um welche Sprache es sich handelte, musste ich nicht wissen, denn die Botschaft bestand eindeutig in gemeinsamen Glücksgefühlen. Mir wurde gesagt, dass sie ein Geburtstagsständchen sangen. Ich war versucht mitzusingen, dann aber hatte ich das Gefühl, damit eine Party zu sprengen, zu der ich nicht eingeladen war.

Eine Stunde später oder so konnte nicht der geringste Zweifel mehr daran bestehen, dass ich nicht mehr in Kansas war und auch in keiner anderen mehrheitlich von Weißen bewohnten Gegend der Welt. Wir übernachteten im vorstädtischen Hurlingham Gardens (nicht zu verwechseln mit der gleichnamigen Gegend südwestlich von London). Vom Zentrum Johannesburgs und dem Gandhi Square aus war unser B&B per zwanzigminütiger Autofahrt zu erreichen. Unterwegs fiel mir auf, dass sich die ganzen schicken, teuren Häuser, an denen wir vorbeikamen, hinter hohen Mauern versteckten. Mauern mit Stacheldraht obendrauf. Neben dem Eingangstor stand ein kleines Kabäuschen, in dem ein schwarzer Mann saß und das Tor öffnete, wenn man auf der Gästeliste stand.

Offensichtlich fürchteten die weißen Bewohner dieser Häuser eine Invasion unerwünschter Eindringlinge. Unsere weiße Wirtin war ausgesprochen nett und gastfreundlich, trotzdem fühlte ich mich seltsam unwohl, als wäre ich in einer luftundurchlässigen Blase gefangen.

An diesem Abend waren wir zum Essen in einem Thai-Restaurant am Nelson Mandela Square, einem beliebten Shopping-

und Gastrozentrum und zugleich einem der größten öffentlichen Plätze Südafrikas. Mitten auf der Plaza befindet sich ein beliebter Anziehungspol sowohl für Einheimische als auch für Touristen: die sechs Meter hohe majestätische Mandela-Statue. Auf der Bank vor dem mächtigen Sockel wurde ich von Liz fotografiert. Auf dem Platz und in den Lokalen tummelten sich gut gekleidete weiße und schwarze Menschen. Alles erschien integriert und spannungsfrei.

Am nächsten Morgen trafen wir Eric Itzkin, den stellvertretenden Leiter der Abteilung *Immovable Heritage* (etwa: unbewegliches Kulturerbe) beim städtischen Amt für Kunst, Kultur und Kulturerbe. Er hat auch das Buch *Gandhi's Johannesburg – Birth of Satyagraha* verfasst. Auf dessen Spuren führte er uns durch die Stadt.

Der Gandhi Square mit der Gandhi-Statue, die er uns zeigen wollte, befindet sich um die Ecke von Gandhis bescheidener, erster Kanzlei in Südafrika. Das 2003 eingeweihte Denkmal zeigt einen jungen Anwalt in seiner Robe. 2015, im Zuge einer Protestaktion unter dem Motto »Racist Gandhi must fall« (Weg mit dem Rassisten Gandhi) bespritzte einer der Protestierenden sowohl Figur als auch Gedenktafel mit weißer Farbe. Wie Eric Itzkin sagte, hätte diese Aktion ihm beinahe das Herz gebrochen; allerdings wären ihm die gegen Gandhi gerichteten Emotionen nicht unvertraut gewesen – speziell seit Entstehen der Black-Lives-Matter-Bewegung als Reaktion auf den Tod mehrerer schwarzer Amerikaner im Polizeigewahrsam 2013.

Der Rassismus-Vorwurf gegen Gandhi bezieht sich auf dessen abwertende Äußerungen über Schwarze in Südafrika, die er unter anderem als Kaffer bezeichnet hatte.

In *The South African Gandhi – Stretcher-Bearer of Empire* (etwa: Gandhi in Südafrika – Krankenträger des britischen Weltreichs) unterzogen der Soziologieprofessor Ashwin Desai und der

Geschichtsprofessor Goolam Vahed ihn einer scharfen Kritik, in der sie ihm Rassismus in Tat und Schrift zur Last legten. Als ich das Buch der beiden las, wollte ich partout den Gedanken nicht zulassen, dass sie mit ihren Argumenten recht haben könnten. Doch ihre Beobachtungen und Schlussfolgerung führten dazu, dass ich mich unbedingt mit Professor Desai treffen wollte, sobald ich in Durban war.

Wir verabredeten uns in einem kleinen Raum im ersten Stock des Antiquariats Ike's Books and Collectables, in dem es fast unerträglich heiß war. Es fing alles sehr freundschaftlich an. Desai sprach über John Wayne, den Helden seiner Kindheit, jenen Mann, der eine Menge *Indians* tötete, und war sich dabei durchaus der Doppeldeutigkeit dieses Wortes bewusst (denn im Englischen bezeichnet es nicht nur Indianer, sondern auch Inder). Als wir auf den Mahatma zu sprechen kamen, berichtete Desai, dass er das Meiste von dem geglaubt habe, was er in der Schule erfahren oder in Büchern gelesen hatte: dass Gandhi ein Freiheitskämpfer und Held der Unterdrückten gewesen sei. »Daraus formst du dir ein einheitliches Bild der Person«, sagte er.

In einem anderen Licht begann er Gandhi in dem Moment zu sehen, als er sich intensiver mit dessen Hintergrund – seinen Schriften – beschäftigte. Er erkannte, dass er sich zwar einerseits gegenüber England, der Kolonialmacht Südafrikas, loyal zeigte, andererseits aber für die Rechte von Indern und Schwarzen eintrat. Ihm fiel auf, dass Gandhi die indigenen Afrikaner oft als »Wilde« bezeichnete, mit denen er die Inder nicht in Verbindung gebracht wissen wollte, weder an öffentlichen Plätzen, in Organisationen noch in solch restriktiven sozialen Situationen, die er in Pietermaritzburg am eigenen Leib erfahren hatte.

Wenig Verständnis zeigte Desai für die Haltung, die der indische Journalist und Historiker Ramachandra Guha in seinem

Buch *Gandhi Before India* Gandhis rassistischen Tendenzen gegenüber an den Tag legt: »Im Grunde schreibt Guha den Rassismus schlicht und ergreifend aus Gandhis Lebensgeschichte heraus«, sagte er. »Was mich schockiert, ist, dass dieses Kapitel nach 1990 vollkommen kaschiert wurde.«

So langsam überzeugte er mich mit unbestreitbaren Fakten.

Ich persönlich bin mir der düsteren Wolken des Rassismus während meines Aufenthalts in Südafrika bei mehreren Gelegenheiten bewusst geworden. Auf der Fahrt von Johannesburg nach Durban sind wir in der atemberaubenden Landschaft an mehreren armen Siedlungen mit strohgedeckten Häuschen vorbeigekommen, die ausschließlich von Schwarzen bewohnt wurden. Ich erfuhr, dass es Siedlungen waren, die vom weißen Südafrika ausgegrenzt wurden. Und in der ursprünglich von Gandhi unter der Bezeichnung Phoenix gegründeten Kommune, die heute ein Museum ist, nahm uns unser dortiger Guide, ein dunkelhäutiger junger Mann namens Sanele, zur Seite. In einem ruhigen Eckchen vertraute er uns an, dass unter der Oberfläche immer noch ein großes Aggressionspotenzial gegen die Weißen brodele, die immer noch an der Macht seien. Wie er sagte, wäre es kein Wunder, wenn der Kessel bald überkochen würde. Ein Gefühl, das ich beinahe körperlich nachempfand.

Zum Schluss des Gesprächs mit Professor Desai stellte ich ihm die Frage, mit der ich im Zuge meiner Reisen alle Gesprächspartner konfrontiert hatte. Ich wollte wissen, ob er bei aller Kritik an den Fehlern und Schwächen Gandhis vielleicht trotzdem eines seiner Prinzipien beherzige, an die ich mich hielt. Woraufhin er erklärte, dass es sich hierbei keineswegs um »gandhische« Prinzipien handele, sondern um philosophische Erkenntnisse, die Teile der Menschheit schon vor vielen Jahrhunderten gewonnen hätten. Also erklärte ich ihm, an welche Grundsätze ich mich im Rahmen dieses Experiments hielt.

Als Reaktion darauf brach er in lautes Lachen aus und sprang von seinem Stuhl auf. Was Liz (die das Gespräch filmte) nicht weniger verblüffte als mich. »Verzeihen Sie, aber das ist so typisch amerikanisch: ›Daran arbeite ich mich ab, das eigne ich mir an! Ich bin der moralische Kompass.‹ Verdammt, eure ewige Ichbezogenheit macht mich wahnsinnig. Und das alles im Gewand von ein paar Nettigkeiten. Ach, hockt euch doch in irgendeinen Aschram und macht weiter mit eurer ständigen Nabelschau. Echt jetzt! Was mich betrifft, ich will helfen, die Menschen zu mobilisieren.«

Beim Abschied befand ich mich in einer existenziellen Krise. Hatte er recht? War das, was ich hier tat, keinen Pfifferling wert? Trotz meiner Reisen und meines Anspruchs, ein »Weltbürger« zu sein: War ich der hässliche, egozentrische Amerikaner? Waren mein journalistisch-schriftstellerisches Lebenswerk und mein ganzes Experiment nur notdürftig verschleierte Selbstdarstellung? Ich dachte, auch ich würde versuchen, die Menschen zu mobilisieren, das Richtige zu tun – nicht nur für sich selbst, sondern zum Wohle aller. Mit einem Mal fühlte ich mich mehr wie Gandhi denn je. Da gab es diejenigen, inklusive mich selbst, die Gandhi für egoistisch motiviert hielten – so oft, wie er im Namen einer gerechten Sache seine Aufgaben als Vater und Ehemann vernachlässigte …

Diese Überlegungen spukten mir noch bei den weiteren Gesprächen im Kopf herum, die ich in Südafrika führte. Allmählich fingen die Strapazen meiner zehnwöchigen Reise von Istanbul nach Indien und Südafrika an, mir zuzusetzen. Und obwohl ich mit prominenten indisch-südafrikanischen Nachfahren des Mahatma sprechen konnte (wie etwa der Friedensaktivistin Ela Gandhi, der Enkelin des Mahatma; mit Satish Dhupelia, einem Medienprofi, der entscheidend zur Gründung des Museums 1860 Heritage Centre in Durban beigetragen hatte; sowie mit seiner Schwester Kirti Menon, einer Bildungsreformerin und ehemaligen Vorsitzenden des *Gandhi Centenary Committee*), war ich mit der einen Gehirnhälfte auf dem Rückflug nach Kalifornien und mit der anderen beschäftigte ich mich mit den Beobachtungen Professor Desais, die mir nähergingen, als ich es mir je hätte vorstellen können.

...

Von Durban aus fuhren wir erst noch einmal kurz nach Johannesburg zurück, bevor unser Flug nach Istanbul ging. Wir waren übereingekommen, die mehr als zweihundert Kilometer, die wir zwölf Tage zuvor zurückgelegt hatten, nicht mit dem Auto zu fahren, sondern zu fliegen. Zwei Nächte blieben wir in dem Haus, das Gandhi in den Jahren 1908 und 1909 mit seinem Freund Hermann Kallenbach bewohnt hatte. Es hieß jetzt Satyagraha House und war ein B&B, prallvoll mit Gandhi-Memorabilien. Liz und ich schlenderten von einem Raum zum nächsten, badeten schier in Zeit und Leben des Mahatma. Es war ein passendes Ende. Aber eine Station hatten wir noch vor uns.

Unser letzter Stop galt dem beeindruckenden und emotional bewegenden – gefühlsmäßig richtiggehend zermürbenden – Apartheid Museum. Seit 2001 zeigt es Aufstieg und Fall der Rassentrennung. Fotos, Wandgraffiti und alte Videos zeugen von den entsetzlichen Bedingungen, unter denen die Schwarzen nach Jahrhunderten des Kolonialismus noch mehr als vier weitere Jahrzehnte unter der Apartheid leben mussten. Ein Teil der Ausstellung widmet sich zwar Gandhis Rolle im südafrikanischen Freiheitskampf, aber der Schwerpunkt liegt natürlich auf Mandela und seinen Kampfgefährten. Ich kam immer wieder zu einem vor Lebendigkeit und Optimismus nur so sprühenden Video zurück, das 2008 im Londoner Hyde Park aufgenommen wurde und ein Konzert zur Feier des neunzigsten Geburtstags von Nelson Mandela zeigte, bei dem mehr als dreißig internationale und südafrikanische Musiker auftraten. In Endlosschleife führte Amy Whinehouse eine mitreißende Fünf-Minuten-Version von »Free Nelson Mandela« an. Mir bleibt es unvergessen: das Bild dieser blassen, schmalen, so schüchternen und mitunter ungelenken jungen Britin, deren kristallklare Stimme niemanden unberührt ließ und die sich für den Mann an der Spitze der Schwarzen Befreiungsbewegung schier die Seele aus dem Leib sang. Diese Gegenüberstellung sprach Bände über die transzendente Kraft einer gemeinsamen Sache: das elementare moralische Grundprinzip, dass wir alle – unabhängig von Hautfarbe, Glauben, Religionszugehörigkeit oder Herkunft – das Recht auf ein Leben in Frieden und Harmonie haben.

Ich hatte den Song noch auf der Fahrt zum Flughafen im Ohr.

»Wir haben es geschafft«, flüsterte ich Liz zu, als sie neben mir auf der Rückbank unseres Uber-Taxis saß. Damit meinte ich eigentlich nur, dass wir auf unserer Reise alles hatten erledigen können, was wir uns vorgenommen hatten, und es dabei zu keinen größeren Zwischenfällen gekommen war – abgesehen davon, dass ihre zweihundert Dollar teuren Stiefel gestohlen worden waren. Im Rückblick ist mir aber klar, dass der Satz noch eine weitere – sehr optimistische – Aussage beinhaltete: die Behauptung nämlich, dass wir uns als Gesellschaft alle Mühe geben, eine gerechte Welt zu erschaffen.

KAPITEL 10

Glaubensfragen: Pragmatismus oder wahres Gottvertrauen?

Er, der des Glaubens und Eiferns voll ist und seine Sinne bändigt,
erwirbt Wissen; und sobald er Wissen erworben hat,
gewinnt er bald den Höchsten Frieden.
Wer aber unwissend und ohne Glauben ist
und immer zweifelt, wird verkommen.
Denn der zweifelnden Seele gehört weder diese Welt
noch die nächste, und auch Zufriedenheit steht ihr nicht zu.
Bhagavad Gita

Man darf den Glauben an die Menschheit nie verlieren,
denn sie ist wie das Meer. Wenn ein paar Tropfen des Ozeans
schmutzig sind: Der Ozean wird dadurch nicht schmutzig.
Mahatma Gandhi

Ein Witz ist vielleicht nicht die frommste Art, eine Diskussion über Gandhis Glauben zu beginnen, und er wäre vermutlich auch nicht nach seinem Geschmack. Aber er wirft legitime Fragen auf – was Glauben überhaupt bedeutet und welche

Rolle Gott im Leben von uns Menschen spielt. Es handelt sich auch gar nicht um einen Witz, sondern um eine spirituelle Parabel, die in vielen Variationen erzählt wird – je nach religiöser Orientierung.

In einer Kleinstadt wütet ein Regensturm. Das Wasser steigt; der Pfarrer kniet betend am überfluteten Kirchenportal, als ein Bewohner des Ortes in seinem Kanu auf ihn zugepaddelt kommt und ihn anspricht: »Sie steigen besser ein, Herr Pfarrer. Das Wasser steigt schnell.«

»Danke«, sagt der Pfarrer, »aber ich glaube an den Herrn. Er wird mich retten.«

Wenig später steht der Pfarrer schon auf dem Balkon, als ein anderer Nachbar in einem Motorboot vor dem Gebäude hält. »Kommen Sie, Herr Pfarrer«, ruft er, »Sie müssen da raus. Der Damm kann jede Minute brechen.«

Wieder bedankt sich der Pfarrer, bekräftigt jedoch: »Ich bleibe! Der Herr kümmert sich um mich.«

Der Damm bricht und der Pfarrer klammert sich an den Kirchturm. Ein Hubschrauber taucht auf: »Greifen Sie nach der Leiter«, schreit einer der Retter. »Das ist Ihre letzte Chance!«

Ein weiteres Mal beteuert der Pfarrer, dass auf den Herrn Verlass ist. Doch er ertrinkt. Im Himmel empört er sich: »Herr, mein Glaube an dich war grenzenlos. Warum hast du mich nicht aus der Flut gerettet?«

Verblüfft antwortet der Allmächtige: »Was willst du denn? Ich habe dir zwei Boote und einen Hubschrauber geschickt.«

Ab welchem Punkt genügt der Glaube allein nicht mehr? Wann kommt es mehr auf den freien Willen an?

Die zurückgezogen lebende amerikanische Poetin Emily Dickinson wollte im neunzehnten Jahrhundert lieber auf Nummer sicher gehen und beides haben – was sie in einem ihrer berühmtesten Vierzeiler pointiert zum Ausdruck brachte:

Der Glaube ist eine gute Erfindung
Für Herren, die sehen können
Aber im Notfall
Sind Mikroskope umsichtiger

Seinem Verhalten nach zu urteilen, verließ sich Mahatma Gandhi auf beides: absolutes Gottvertrauen, aber auch extreme Haltungen, um alles Notwendige zu tun, damit er nicht ertrank (um in der Parabel zu bleiben).

Von seiner frommen Mutter wurde er wie erwähnt in der hinduistischen Tradition erzogen. Nach allem, was man weiß, war Putlibai ihrem Glauben so treu, dass sie regelmäßig in den Tempel ging, fastete und auch alle anderen Rituale streng befolgte – wozu gehörte, dass sie erst dann aß, wenn sie ihre Gebete verrichtet hatte. Diese religiöse Rigorosität gab sie ihren Kindern mit. Die Gandhis vertraten den Sanatani Dharma, eine Spielart des Hinduismus, die auf Lehren aus den Veden, den Upanischaden und anderen Texten wie der Bhagavad Gita und dem Ramayana fußt. Als Hinduisten dieser Couleur hielten sie sich insbesondere an Tugenden wie Ehrlichkeit, Schutz allen Lebens, Reinheit, Gutwilligkeit, Barmherzigkeit, Geduld, Nachsicht, Selbstbeherrschung, Großherzigkeit und Askese.

Auf Gandhi hinterließ die ethische und spirituelle Botschaft des Hinduismus einen tiefen Eindruck. »Das Wichtigste am Hinduismus ist die Überzeugung, dass alles Leben eins ist, dass alles Leben einer universellen Quelle entstammt, ob wir diese nun Allah, Gott oder Parameshwara nennen«, schrieb er in seiner Zeitung *Harijan*. (Der Name bedeutet »Gottes Volk« und war Gandhis Bezeichnung für die Kaste der Unberührbaren).

Auf die Frage nach seiner Religion antwortete er mit »Vishnuist«. Der Vishnuismus ist die größte Strömung des Hinduismus. Für seine Anhänger stellt Vishnu das höchste Gotteswesen dar und steht über allen anderen hinduistischen Gottheiten. Gandhi jedoch besuchte nie einen Tempel oder hatte entsprechende Devotionalien im Haus oder trug Gebetsketten oder brachte den Göttern Süßigkeiten dar. Einem Zitat des Gandhi Book Centre und der Gandhi Research Foundation zufolge sagte er von sich: »Ich bin Vishnuist von Herzen.« Er verstand darunter einen Menschen, der »Mitgefühl empfindet, keinen Groll hegt, sich ein reines Herz bewahrt, niemanden verleumdet, nicht lügt und keiner Versuchung nachgibt«.

In all seinen Schriften über den Glauben kommt Gandhi meinem persönlichen Versuch, das Undefinierbare zu definieren, mit folgender Aussage am nächsten:

»Für mich ist Gott Wahrheit und Liebe. Gott ist Ethik und Moral. Gott ist Furchtlosigkeit. Gott ist die Essenz des Lebens und des Lichts. Und doch überragt und übersteigt er all das noch. Gott ist Bewusstsein. Er ist gleichsam der Atheismus des Atheisten. Denn in seiner Grenzenlosigkeit räumt Gott dem Gottlosen eine Lebensberechtigung ein. Er ist ein Sucher der Herzen. Er ist ein persönlicher Gott für all die, die seine persönliche Gegenwart brauchen. Er ist lebendige Gestalt für all die, die auf seine körperliche Nähe angewiesen sind. Er ist die reinste Essenz [...] All dies ist er für alle. Er ist in uns und doch über und jenseits von uns.«

Obwohl im Hinduismus seiner Familie verankert, begegnete Gandhi auch den übrigen Religionen mit Respekt und Interesse und nahm freudig jede Gelegenheit des Austauschs mit Führern anderer Glaubensrichtungen wahr. Von den etwa vierhundert Büchern, die er in seinem Leben las, befassten sich viele mit den Ursprüngen und Lehren der Weltreligionen. Ich glaube, dass er einiges von dem, was er daraus lernen konnte, in sein eigenes, individuelles Glaubenssystem integrierte.

In seinem Leben spielte der Glaube eine so entscheidende Rolle, dass man seine Bedeutung für ihn kaum überschätzen kann. Gandhi fand, dass sein Denken und Tun − die moralischen Prinzipien, über die wir schon gesprochen haben − von einem Grundglauben geleitet waren, der seine Intentionen bestimmte. In unsicheren Zeiten gab sein Glaube ihm Kraft. Seine Furchtlosigkeit wurzelte in seiner Gewissheit in puncto Gott und Menschengeschlecht. In seiner Autobiografie schrieb er über Religion, dass sie »das eigene Wesen verändert und einen untrennbar mit der inneren Wahrheit verbindet, die zunehmend an Reinheit gewinnt«. Während seiner gesamten Entwicklung zur moralischen Leitfigur, die einen einzigartigen Pfad einschlug, dem Hunderttausende folgten, verließ er sich auf diesen Glauben.

Hier ein Beispiel für Gandhis unbeirrbares Vertrauen in die letztliche Güte seiner Mitmenschen. Als im Juli 1939 der Ausbruch des Zweiten Weltkriegs drohte, schrieb der spirituell führende Kopf Indiens einen Brief an Adolf Hitler, in dem er ihn bat, »einen Krieg abzuwenden, der die Menschheit in den Zustand der Barbarei zurückversetzen könnte«. Er unterzeichnete mit »Ihr ergebener Freund M. K. Gandhi«.

Hitler hat darauf nicht geantwortet.

Als der Krieg im Dezember 1940 in vollem Gange war, bat Gandhi Hitler in einem längeren Schreiben, die Kampfhandlungen zu beenden: »Wäre es zu viel verlangt, wenn ich Sie beschwören würde, Anstrengungen zu unternehmen, um Frieden zu schaffen?« Der Brief stellt ein faszinierendes Dokument dar. Gandhi oszillierte darin zwischen Bauchpinselei (»Weder bezweifeln wir Ihre Unerschrockenheit und die Liebe zu Ihrem Vaterland noch glauben wir, dass Sie das Ungeheuer sind, als das Sie von Ihren Gegnern hingestellt werden.«) und Schelte: »Viele Ihrer Handlungen sind gegen die Natur und mit der

Menschenwürde nicht zu vereinbaren [...] Sie hinterlassen Ihrem Volk nichts, worauf es stolz sein könnte. Es kann nicht stolz sein auf derart grausame Taten, und seien sie noch so geschickt geplant.« Dann bezog er sich auf die fünf Jahrzehnte umspannenden Kämpfe gegen die britische Herrschaft in Indien.

Für mich persönlich am beeindruckendsten sind die ersten Zeilen dieses zweiten Briefes.

Lieber Freund!
Dass ich Sie mit Freund anrede, ist keine Formsache. Denn ich kenne keine Feinde. Meine Lebensaufgabe besteht seit dreiunddreißig Jahren darin, mich der Freundschaft der gesamten Menschheit zu verschreiben und alle Menschen in Friedfertigkeit miteinander zu verbinden, ohne Unterschied der Rasse, der Hautfarbe und des Glaubens.

Bei aller Kritik an Hitlers Methoden zeugt auch dieser Brief noch von Gandhis fester Überzeugung, Berge versetzen und die angeborene Güte jedes Menschen aktivieren zu können. Adolf Hitler ließ sich davon nicht beeindrucken. Der Glaube des Mahatma vermochte bei dieser Gelegenheit keine Wunder zu wirken – wir alle wissen um die Tragödie des Holocausts und die sechs Millionen Toten. An seiner Mission hielt Gandhi trotzdem fest.

• • •

In der englischen Sprache gibt es den *Leap of Faith* und die Redensart *To take a Leap of Faith*.* Aber worüber reden wir da eigentlich?

---

* Anmerkung der Übersetzerin: Beide sind nicht leicht zu übersetzen. Das Englisch-Wörterbuch bietet für *Leap of Faith* sowohl *Glaubenssprung* als auch *Vertrauensvorschuss* an. *To take a Leap of Faith* dagegen bedeutet, offenbar weniger zweideutig, *ein Wagnis eingehen*.

Über was für einen Sprung? Sollen wir etwa versuchen, über einen tiefen Canyon zu springen wie damals der Stuntman Evil Knievel, der Teufelskerl, mit seinem Motorrad? (Nebenbei gefragt: Soll der *Teufel* in *Teufelskerl* etwa bedeuten, dass der Versuch, dem Glauben zuwiderzuhandeln, geradewegs in die Hölle führt?) Und *springen* – ohne vorher auch nur die Breite des Canyons abzuschätzen oder wenigstens die eigene Sprungfähigkeit? Wird das Wagnis – der *Leap of Faith* – da womöglich mit dem Glauben an Gott verglichen, dem *Faith in God*?

To take a Leap of Faith – keine Beweise für etwas zu haben, aber trotzdem daran zu glauben; zu versuchen, etwas kaum Mögliches zu erreichen – geht auf das lateinische *Saltus fidei* zurück. Als Metapher für den Glauben an Gott wurde der Ausdruck Mitte des neunzehnten Jahrhunderts zum ersten Mal von dem dänischen Philosophen Søren Kierkegaard verwendet. Da Gott nichts Physisches sei, sondern etwas Spirituelles, gänzlich von der materiellen Welt der Menschen Verschiedenes, so argumentierte er, ließe er sich weder wissenschaftlich noch logisch begreifen. Verstehen könne man Gott nur, wenn man an ihn glaube.

Gespräche über Glaubensfragen und speziell die über den Gottesglauben werden im Nu tautologisch. Leute, die für ihr Verständnis der Welt Beweise brauchen, tun sich damit schwer. Wie Untersuchungen ergeben haben, ist bei Wissenschaftlern die Wahrscheinlichkeit, dass sie an Gott oder eine höhere Macht glauben, ungefähr halb so hoch wie in der Gesamtbevölkerung. 1991 prägten der kanadische Arzt und Professor Gordon Guyatt und sein Team den Begriff »evidenzbasierte Medizin«, um die klinische Entscheidungsfindung von »Intuition, unsystematischen klinischen Erfahrungen und pathophysiologischen Begründungen« hin zu wissenschaftlicher Forschung zu verlagern.

Davon hörte ich zum ersten Mal, als ich anfing, über alternative Heilansätze zu schreiben, die früher oft nur auf anekdotischer

Evidenz und dem Erfahrungswissen der Großmütter beruhten; und zwar von der Art, die sich mitunter in massenkompatiblen Magazinen wie *Prevention* oder *Reader's Digest* findet.

Die Frage ist: Sind die Menschen überhaupt noch gläubig? Geht es nach der Religionszugehörigkeit, lautet die Antwort wenigstens in den Vereinigten Staaten: immer weniger. Einer Untersuchung des Meinungsforschungsinstituts Pew Research Center zufolge lag der Anteil der Konfessionslosen an der Gesamtbevölkerung Ende 2021 sechs Prozent höher als fünf Jahre zuvor und zehn Prozent höher als vor zehn Jahren. Demnach gehört jeder dritte Erwachsene in den USA keiner Religionsgemeinschaft an und bezeichnet sich als Atheisten, Agnostiker oder »nichts Bestimmtes«. Ebenfalls im Sinken begriffen ist die Zahl derjenigen, die angeben, täglich zu beten. Dasselbe gilt für die Rolle, die die Religion im Leben der Befragten spielt. Im März 2021 ergab eine Umfrage des Gallup-Instituts, dass die Gesamtzahl der Angehörigen von Kirchengemeinden übers Jahr geringer wurde und erstmals seit Beginn der entsprechenden Untersuchungen 1937 unter die Fünfzig-Prozent-Marke gefallen ist. Seit Anfang des einundzwanzigsten Jahrhunderts ist diesbezüglich ein kontinuierlicher Abwärtstrend zu beobachten.

Dagegen verzeichnen spirituelle Internetplattformen großen Zulauf. Heute gehört offenbar das Vertrauen junger Menschen auf der Suche nach Sinn und Bedeutung weniger den Priestern, Pfarrern, Rabbis oder Imamen als Influencern auf Instagram. Inspirierende Posts übernehmen die Rolle des Gemeindegebets. Meditations- und Achtsamkeits-Apps wie Calm and Headspace haben jeweils Millionen Abonnenten. Können sie die entstandene Lücke füllen? Müssen Glaube und Spiritualität in steinernen Gebäuden zu Hause sein oder einer bestimmten Religion zugeordnet werden, um den Menschen ein moralisches

Fundament geben zu können? Mir ist aufgefallen, dass sich momentan mehr Leute lieber spirituell nennen als religiös.

Als ich über diese Trends nachgedacht habe, war ich verblüfft, wie viele verschiedene Möglichkeiten es im institutionellen Rahmen gibt, den Glauben zu leben. Man muss dafür nicht, wie es die Buddhisten tun, den Berg Emei Shan in der chinesischen Provinz Sichuan besteigen oder die Kaaba umrunden (die heiligste Stätte des Islam) oder an der Kumbh Mela der Hindus teilnehmen. Gelegenheiten zu Gebet und innerer Versammlung gibt es überall in unserem persönlichen Lebensumfeld. Zur Bestätigung habe ich Prarthi Shah gebeten, die Kirchen, Tempel, Synagogen und Moscheen an ihrem und an meinem Wohnort zu zählen – in einem Umkreis von gut drei Kilometern. Hier ist das Ergebnis: Prarthis Heimatstadt Vadodara im indischen Bundesstaat Gujarat: vierzig Hindutempel, zwei christliche Kirchen, acht jainistische Tempel, acht Moscheen. West Orange in New Jersey (wie erwähnt meine Heimatstadt): vierundvierzig Kirchen, fünf jüdische Synagogen.

Wie Gandhi besuche auch ich nicht regelmäßig einen Tempel – und meiner wäre auch kein hinduistischer, sondern eine jüdische Synagoge (*Shul* auf Iwrit), die auch als Tempel bezeichnet wird. Ich gehöre weder einer Synagoge an, noch spende ich an jüdische Vereinigungen oder für jüdische Belange in Israel, aber ich kenne den Unterschied zwischen magerem und fettreichem Corned Beef. Von meiner Kultur her bin ich jüdisch, aber weltlich. Meine andere jüdische Qualifikation ist, dass ich mehrere Jahre lang für eine gemeinnützige Organisation namens Jewish Community Federation gearbeitet habe. Wobei es der Gemeinde-Aspekt war, der für mich attraktiv war, und nicht das Konfessionelle daran. Zu der Zeit erfuhr ich, dass Leute wie ich als »konfessionell ungebundene« Juden bezeichnet werden.

Auf der Suche nach einer Antwort auf das unbeantwortbare Zen-Koan »Was ist Glaube?« schaute ich mich bei den spirituellen Führern in meiner Wohngegend um – im Umkreis von wiederum drei Kilometern. Ich besuchte die Vorsteher einer römisch-katholischen Kirche, eines jüdischen Tempels, eines Unitarian Universalist Center, eines buddhistischen Zentrums, einer lutherischen und einer Baptistengemeinde und konfrontierte sie mit der kniffligen kleinen Frage nach dem Glauben. Wirkliche Antworten bekam ich keine. Hier auszugsweise einige Äußerungen:

Der Priester der katholischen Kirche Saint Joseph the Worker schräg gegenüber von dem Haus, in dem ich lebe:

»Die einfache Antwort lautet: Glaube in was wir nicht sehen können. Das ist der profundeste Aspekt des Vertrauens in unserer Beziehung zu Gott. Wir können Gott vielleicht nicht sehen. Aber dadurch, dass wir an ihn glauben, wird er real, wird zu einem Gott, der hier ist, nicht nur im Himmel, sondern hier bei uns. Ich versuche die Menschen dabei zu unterstützen, dass sie in den Segnungen ihres Lebens ein Zeichen Gottes sehen, dankbar zu sein – und zu begreifen, dass Gott in all diesen Dingen am Werk ist. Wenn wir zurückschauen auf unser Leben, sagen wir eventuell: ›Vielleicht hat Gott mich da und da gelenkt.‹ Ich glaube, dass Gott uns den freien Willen gegeben hat, damit wir Entscheidungen treffen können. Diese Freiheit gibt er uns; aber wenn wir vom Weg abkommen, richtet Gott es irgendwie wieder. Wir alle erleben schlimme Dinge, die wir uns nicht selbst ausgewählt hätten. Wenigstens meiner Erfahrung nach lassen sie sich transformieren.«

Der Rabbi der modern-orthodoxen Synagoge Congregation Beth Israel:

»Glaube ist nichts Abstraktes. Es geht darum, wie wir unser Leben führen. Wir dürfen den Glauben nie mit den Naturwissenschaften verwechseln. Das wäre wie der Versuch, ihn im Labor zu analysieren. Darum geht es beim Glauben nicht. Ich suche in meinem Glauben nicht nach Sicherheit. Er hat auch mit ›Lehren‹ nichts zu tun. Für mich ist Gott unbegreiflich; er ist überraschend. Ich will von ihm überrascht werden. Gott regiert, und wir handeln. Wenn der Schabbat kommt, beten wir und werden an unsere Hingabe an Gott als den Schöpfer der Welt erinnert, und am siebten Tag ruhen wir uns dann aus.«

Zwei Mönche der Dharma Realm Buddhist Association:

»Bei unseren christlichen Freunden dreht sich alles um den Glauben: Wenn man an Jesus glaubt, wird man gerettet. Also ist die Konsequenz: Wenn man nicht an Jesus glaubt, ist man verdammt? Für immer? Wow, ich weiß nicht so recht, ob diese Art von Glaube etwas für mich ist. Für meine Begriffe ist Glaube eine Art Vertrauen, das mit der Zeit größer wird. Sagen wir beispielsweise, mein Vertrauen in den Buddhismus beziehungsweise in diese Organisation beruht darauf, dass ich versuche die Übungen zu machen, und kleine Veränderungen an mir wahrnehme. Dass ich etwas vorurteilsfreier, aufgeschlossener werde. Dass da ein Gefühl ist von: ›Oh, ich kann darauf vertrauen, dass das zu etwas Gutem führt; und zwar ausgehend von meinen eigenen Erfahrungen.‹ Mehr Vertrauen kann ich, glaube ich, gar nicht aufbringen als dieses Ausprobieren und zu dem Ergebnis zu kommen: ›Okay, das funktioniert, das sehe ich ja.‹ Wie schon der Buddha sagte: ›Glaubt mir nicht einfach, sondern vertraut auf eure Erfahrungen.‹ Das Wichtigste ist erst mal, dass ich mir selbst vertraue – jenseits der Geschichten, die ich mir erzähle. Für uns Buddhisten besteht der Glaube aus drei Aspekten. Da ist der Glaube an unsere Fähigkeit, frei zu werden. Der Glaube daran, dass wir erleuchtet werden können. Wir können uns verändern, vollkommen, aus eigener Kraft. Darüber hinaus vertrauen wir auf die Methoden, die uns der Buddha an die Hand gegeben hat. Anwenden aber müssen wir sie selbst.«

Der Pastor der lutherischen Church of the Cross:

»Aus der lutherischen Perspektive heraus gesehen ist der Glaube ein Geschenk Gottes, das auf dem Opfer beruht, das Jesus am Kreuz gebracht und mit dem er die Befreiung aller Menschen von ihren Sünden bewirkt hat. Das Geschenk des Glaubens haben wir alle bekommen. Ich glaube nicht, dass alle davon Gebrauch machen, bin aber optimistisch, dass auch die, die nicht an denselben Gott glauben wie ich, ebenfalls an eine höhere Macht glauben oder an eine höhere Berufung. Auch darin zeigt sich der Glaube, den Gott uns geschenkt hat. Was ist so falsch daran, sich das Unerklärliche aus dem Glauben heraus zu erklären statt aus empirischen, materiellen Fakten? Mein empirischer Gottesbeweis liegt darin, dass für mich jeder Tag besser läuft, wenn ich ihn mit einem Gebet beginne.«

Der Reverend der Berkeley Fellowship of Unitarian Universalists:

»Glaube heißt, mit dem Geist der Liebe und des Lebens in Kontakt zu sein. Das ist für mich alles. Etwa die Erkenntnis, dass da draußen ein so außergewöhnliches Universum ist, das wir Menschen nicht erschaffen haben. Uns gab es noch nicht, als der Same in einer Hand lag und zum gesamten Universum wurde. Woher kam die ganze Schönheit? Die ganze Liebe? Wir Menschen denken, wir hätten die Liebe erfunden. Das ist lächerlich. Wir müssen uns nur im Tierreich umschauen. Nicht nur was die Aufzucht der Jungen betrifft. Wie harmonisch die verschiedenen Arten miteinander umgehen! Außerhalb von uns gibt es so viel Leben, von dem wir nur ein Teil sind – und so viel Liebe. Das alles ist ein Mysterium; ein heiliges Mysterium, das zahlreiche Fragen offenlässt.«

Als ich 2004 für National Geographic an einem größeren Artikel über Buddha arbeitete, erfuhr ich etwas über den Glauben, was ich zuvor nie bedacht hatte. Bei meinen Interviews mit Buddhisten aus den verschiedensten gesellschaftlichen Bereichen überall auf der Welt ist mir aufgefallen, dass deren Antworten auf die Frage »Was ist Glaube?« alle in eine bestimmte Richtung wiesen. Diese Tendenz ist in unserem Zusammenhang von Bedeutung.

Ich habe alle immer gefragt, wie sie zum Buddhismus gekommen sind. Besonders in Erinnerung ist mir eine in Indien geborene und aufgewachsene katholische Nonne, Direktorin einer katholischen Schule in Neu-Delhi. Progressiv, wie sie war, hatte sie das Meditieren auf den Lehrplan gesetzt. Sie nahm mich mit in einen Raum, in dem circa hundert Kinder eine verrauschte Kassetten-Aufnahme von S. N. Goenka, dem überaus populären und höchst respektierten Lehrer der Vipassana-Meditation, lauschten. Dann führte mich die Direktorin in ihr Büro. Als ich ihr erzählte, dass ich schon eine Reihe mehrtägiger Vipassana-Retreats besucht hatte, taute sie auf und öffnete sich mir.

Ich stellte die naheliegende Frage: »Wie kommt es, dass sich eine katholische Nonne für buddhistische Meditation interessiert?«

Sie erzählte mir, dass bei ihr Brustkrebs diagnostiziert worden war und sie sich einer Brustamputation unterzogen hatte. »Warum ich?«, wandte sie sich an Gott; die uralte Frage jener, die entweder Pech hatten oder Glück. Aber sie bekam keine befriedigende Antwort. Sie stellte alles infrage: »Nicht nur Gott, sondern auch Jesus. Es war so, als hätte ich den Glauben an den Glauben selbst verloren.« Verzweiflung überkam sie. Als ihr dann jemand vorschlug, ein zehntägiges Vipassana-Retreat zu besuchen, tat sie es, und es machte klick. Wie sie sagte, half ihr diese Einkehr, die Opferrolle abzulegen. Sie fand zu einem Leben im Glauben und zur Kirche zurück – seither aber ohne die fixe Idee, dass die Dinge sich so fügen werden, wie sie will, nur weil sie betet.

Ihr »den Glauben an den Glauben selbst verloren« hallte mir noch lange in den Ohren wider, und Ähnliches hörte ich auch von anderen, die zur buddhistischen Praxis gefunden hatten, als etwas Schlimmes sie an der Existenz Gottes zweifeln ließ – also an der eines Gottes, der ihnen ihre Sorgen und Probleme abnimmt.

Der Buddhismus wird zwar zu den großen Religionen gezählt (mit seinen fünfhundertsieben Millionen Anhängern ist er auf gewisse Weise auf jeden Fall »groß«), er ist aber keine. Religionen setzen einen Gott voraus; und den gibt es im Buddhismus nicht. Buddhismus ist eine Philosophie: ein gründlich durchdachter Weg zum Glücklichwerden, den der Buddha gelehrt hat. Ein Glaube – im Sinne von an »jemanden« oder »etwas« zu glauben – ist nicht mit im Spiel.

• • •

Mein schwankendes Verhältnis zum Gottesglauben kann ich bis zu meinem Großvater zurückverfolgen.

Ich bin in eine jüdische Familie hineingeboren worden, sowohl auf beiden Seiten meiner Eltern als auch auf Seiten von deren Eltern und noch weiter. Über meine Vorfahren vor den

Großeltern weiß ich sehr wenig. Der Vater meines Vaters gehörte 1925 zu den Gründern einer kleinen konservativ jüdischen Synagoge in Queens Village, New York. In der Gemeinde war Moe Garfinkel ein großer *Macher*, wie man im Jiddischen sagt – eine große Nummer oder jemand sehr Wichtiges. Als Junge begleitete ich ihn an den hohen Feiertagen wie Rosch-ha Schana und Jom Kippur zum jüdischen Zentrum. Als wir uns näherten, warteten die Mitglieder der Synagoge schon auf dem Bürgersteig außerhalb des Tempels, begrüßten ihn überschwänglich, schüttelten mir die Hand und zerstrubbelten mir das Haar, bis wir schließlich auf den für uns reservierten Plätzen in der vordersten Reihe Platz nahmen. Mit dreizehn wurde ich der kulturell-religiösen Tradition nach »volljährig« beziehungsweise »erwachsen« und zum ersten Mal zur Thora gerufen, nach vorn in die Bima, um mit einer Alija geehrt zu werden. Die Thora ist eine Rolle, die die ersten fünf Bücher der hebräischen Bibel enthält. Diese Bar-Mizwa war eine große Sache. Die Bracha sprechen zu dürfen, die kurzen segnenden Gebete, die den jeweiligen Lesungen vorangehen, ist eine große Ehre, die ich nicht auf die leichte Schulter nahm. Durch das Stellvertreterprinzip wurde ich selbst zum großen Macher. Während des mehrstündigen Gottesdienstes – in dem ich inmitten der Gemeindeältesten und anderer *Macher* neben meinem Opa ganz vorn saß – war ich nicht nur nahe genug an den Männern dran, um sie beim Beten, beim Vor- und Zurück, Hin- und Herschaukeln, mit dem sie ihre Bibellesung begleiteten, beobachten zu können, sondern konnte auch ihre Energie spüren.

Ich hatte keine Ahnung, was sie sangen, alles war auf Hebräisch, außerdem murmelten sie leise und für mich unverständlich vor sich hin. Irgendwie gelang es mir aber trotzdem intuitiv, die Bedeutung ihrer Worte zu erahnen.

Doch ich sehnte mich nach der Erfahrung von Transzendenz. Meine Spiritualität war am Erwachen. Während mein Opa – obwohl Familienmensch und harter Arbeiter – ein frommer, tief spiritueller Mann war, wandte sich mein Vater von der Religion ab. Sicher, er sorgte dafür, dass ich Hebräisch lernte und meine Bar-Mizwa feierte, auch ging er an Rosch-ha Schana in die Synagoge – und natürlich feierten wir Chanukka (»für die Kinder«, sagte er, wobei mir sein Zynismus nicht entging). Für ihn war aus den hohen Feiertagen, wie er erklärte, eine bourgeoise Mode- und Angeberparade geworden, bei der die Frauen ihre Pelzmäntel präsentierten und die Männer neben ihren Großflossen-Cadillacs standen.

Mein eigener Zynismus hat hier seinen Ursprung. Vor dem Hintergrund einer zunehmend materialistisch orientierten Welt kam mir Opas Leidenschaft für Gott bald immer naiver vor. Zu Beginn meiner rebellischen Teeniejahre geschah dann etwas, was mich vom Judentum abbrachte. Gerüchten zufolge war der Rabbi des Jewish Center von West Orange dem Alkohol nicht abgeneigt. Ich konnte mir das nicht vorstellen – bis zu meiner Bar-Mizwa. Nachdem der frischgebackene Erwachsene seine Thora-Lesung beendet hat, gibt ihm der Rabbi traditionell noch einige Ratschläge mit auf den Weg. Als »meiner« sich nun zu mir umwandte und »Perry …« sagte, roch ich den Alkohol in seinem Atem. Am Vormittag. In diesem Moment griff der Zynismus meines Vaters auf mich über, gemischt allerdings mit einer guten Portion Scheinheiligkeit. Zu der Zeit tranken traditionelle Juden nicht, ausgenommen das Gläschen Manischewitz (eine koschere Weinmarke) an Pessach.

Dieses Erlebnis erschütterte meinen Glauben an die Lehren des Judentums, und danach fühlte ich mich wie abgeschnitten von der Religion meiner Vorfahren und auch von meinen Wurzeln. So richteten ich und ein paar andere jüdische Menschen, die ich kannte, auf der Suche nach der Nähe zu Gott den Blick mehr und mehr nach Osten. Denn durch eigenes Erleben konnte ich mir seine Existenz nicht beweisen.

Etwa zehn Jahre nach meiner Bar-Mizwa ging dann auch ich nach Indien, um den Hindu-Guru Ram Dass aufzusuchen. Weil ich das Gefühl hatte, in dieser Religion die höhere Macht spüren, erleben zu können, falls es sie gab. Angesichts der vielen jüdischen Menschen, die sich vom Hinduismus angezogen fühlten, schlug Ram Dass vor, wir sollten uns lieber dem Buddhismus zuwenden. Weil es, wie er sagte, im Hinduismus genauso viele hochkomplexe Riten gebe wie im Judentum. Deshalb setzte ich auf den Buddhismus, auf das praktizierte Weniger-ist-mehr.

Um allen Göttern und Gegebenheiten gerecht zu werden, bezeichne ich mich heute als Hi-Bu-Ju. Ich bin von einer Religion, die als Reformatorin der Theorie des Monotheismus gilt, über die Religion der Hunderttausend-Götter-Theorie zu einer philosophischen Praxis gelangt, die Buddhismus heißt und in deren theoretischem Unterbau kein Gott existiert.

• • •

Gandhis Ideen verbreiteten sich über die ganze Welt wie Pusteblumensamen, die im Wind verwehen und an den merkwürdigsten Orten landen. So auch im Bewusstsein eines ehemaligen Harvard-Professors für Psychologie, LSD-Users, -Befürworters und -Forschers. Wegen Experimenten, die er an Studierenden mit der Droge durchgeführt hatte, verlor er seinen Job, wandte sich dem Hinduismus zu und wurde zu einem spirituellen Lehrer, dessen Fähigkeit, den Westlern die östliche Philosophie nahezubringen, ihm zu weltweiter Bekanntheit und Beliebtheit verhalf. In diesem Prozess wurde er von Richard Alpert, einem

Sohn aus reichem Haus, erst zu Baba Ram Dass, der auf jeden materiellen Besitz verzichtete, und schließlich einfach zu Ram Dass, geliebt von Millionen. Er sollte zu meinem ersten spirituellen Lehrer werden.

Sein 1971 erschienenes Buch *Sei jetzt hier* war ein gegenkultureller Undergroundbestseller, vielleicht die erste Schrift ihrer Art, wie manche sagen, und verkaufte sich mehr als zwei Millionen Mal. Sogar das Design des Buches unterschied sich von Bekanntem: Manche Sätze wirbelten in Kreisen über die Seiten wie hypnotisierende, ins Innere rotierende Spiralen.

Ich kaufte mir *Sei jetzt hier* auf Empfehlung einer vertrauenswürdigen Quelle: einem Hippie, der im Sommer 1971 von Vancouver aus kommend per Anhalter an der Küste Kaliforniens in Richtung Süden unterwegs war und den ich ein Stück mitnahm. Ich habe das Buch mehrmals gelesen. Wenig später beschlossen meine damalige Ehefrau Iris und ich, nach Indien zu gehen, hauptsächlich, um den Guru aufzuspüren, über den sich Ram Dass so begeistert geäußert hatte: Neem Karoli Baba. Gefunden haben wir ihn zwar nicht, aber Iris besuchte ein Retreat im Sivananda-Aschram im Norden Indiens und ich lernte bei einem berühmten Tabla-Guru in Benares das klassisch indische Trommeln. Diese Indien-Erfahrungen haben unseren ehedem schmalen Horizont erheblich erweitert.

Durch einen weiteren Zufall lernten wir dann tatsächlich Ram Dass persönlich kennen. Zu der Zeit lebten wir in Cambridge, Massachusetts, und waren Mieter einer Remise, in die wir den Guru einluden, eine kleine Gruppe im Chanten und Meditieren zu unterrichten. Bei dieser Gelegenheit führte er die Teilnehmenden in die yogische *Bhastrika*-Atmung ein, bei der man intensiv durch die Nase ein- und ausatmet. Als Iris schwanger wurde, baten wir ihn, Pate des Kindes zu werden, was er, zumindest vom Titel her, akzeptierte. Diese Jahre waren für unser ganzes Leben wichtig und richtungsweisend. Obwohl ich den Kontakt zu Ram Dass über die Zeit verlor, wurden seine Lehren für mich zu einem Prüfstein meiner spirituellen und psychischen Entwicklung.

1997 erlitt Ram Dass einen beinahe tödlichen Schlaganfall, den er nur knapp überlebte. Seine rechte Körperhälfte blieb gelähmt, und aufgrund einer expressiven (auch motorische, unflüssige oder Broca-Aphasie genannte) Aphasie war seine Fähigkeit, sich in normalem Tempo zu äußern und Informationen zu verarbeiten, eingeschränkt. Auf Maui, wo er mittlerweile lebte, nahm sich eine Gruppe von Anhängern seiner Bedürfnisse an, während er weiterhin bestmöglich versuchte, Meditationen zu führen und Videovorträge zu halten. Ich weiß nicht, warum ich der Versuchung widerstand, ihm noch einen Besuch abzustatten, doch je länger ich es herauszögerte, desto größer wurde mein schlechtes Gewissen. Als ich im Sommer 2017 für die *New York Times* aber nach Hawaii musste, nutzte ich die Gelegenheit, auf Maui bei ihm vorbeizuschauen.

Ich hätte nicht gedacht, dass er sich an mich erinnerte, aber sobald ich sein Schlafzimmer betrat, das mit einem Krankenhausbett und mehreren der Kommunikation mit der Außenwelt dienenden Geräten ausgestattet war, kam von ihm ein vernehmliches »Wow«. Was ihm in dem Moment an Gedanken und Erinnerungen durch den Kopf schoss, kann ich nur vermuten. Mir jedenfalls kam es so vor, als sei seit unserer letzten Begegnung kaum mehr als eine Woche vergangen. Eine Dreiviertelstunde lang schwelgten wir in der Vergangenheit, und als er sagte, seinem Empfinden nach hätte ich immer noch den wissbegierigen Geist eines Reporters, fühlte ich mich geschmeichelt. *Warum hatte ich meinen Besuch bei ihm so lange aufgeschoben?* Dann war er erschöpft. Doch bevor ich ging, erzählte ich ihm noch von meiner Idee, aus der später dieses Buch wurde, und fragte, ob ihm etwas dazu einfalle. Er sagte, dass Gandhi einen wichtigen Einfluss auf sein Leben hatte. Ob ich ihn noch einmal besuchen und zu diesem Thema interviewen dürfe, wollte ich wissen. Er bejahte freudig.

Im Dezember 2019, drei Monate nachdem ich dieses Experiment begann, starb Ram Dass in seinem Zuhause auf Maui. Ich hatte keine Gelegenheit mehr, ihn wiederzusehen.

Schnitt. Winter 2021. Einen Monat lang befand ich mich in Schreib-Klausur im gemütlichen Mendocino, einem Küstenörtchen zweihundertvierzig Kilometer nördlich von San Francisco. Wie die meisten Autoren begab ich mich als Erstes auf die Suche nach einem Buchladen. Ich fand sogar zwei. Kaum hatte ich einen Fuß in den kuschelig warmen, einladenden Gallery Bookshop gesetzt, schlug mir schon die Energie der Buchliebhaber entgegen. Das »Manifest« des Ladens überraschte mich nicht weiter: »Wir glauben an die Freundschaft mit Büchern, die schon lange existieren oder noch nicht geschrieben worden sind; an die Wiederbegegnung mit unserem jungen Selbst, sobald wir einen Lieblingsschmöker von früher aus dem Regal ziehen … Wir glauben, dass wir – Leser, Autoren, Bücher und Buchhandlungen zusammen – zaubern können.«

Während ich durch die Gänge schlenderte, ohne jede Absicht, ein weiteres Buch zu kaufen, das ich so schnell nicht lesen würde, fiel mir das Cover eines brandneuen Buches ins Auge, das die Nahaufnahme eines Gesichts zeigte, das ich sofort erkannte: Ram Dass. *Being Ram Dass*, sein letztes Buch, war posthum und unter Mitarbeit eines langjährigen Freundes von mir, der ein enger Freund von Ram Dass sowie ein Schüler von Neem Karoli (alias Maharajji) war: Rameshwar Das. In dem Moment wurde mir klar, dass es keine Zufälle gab. Hinzu kam nämlich, dass *Being Ram Dass* von Sounds True veröffentlicht wurde, dem Verlag der englischsprachigen Ausgabe dieses Buches. Ich rief Ramesh gleich an und fragte ihn, ob Gandhi in dem Werk erwähnt wurde. »Oft«, sagte er und schickte mir Kopien der Seiten, auf denen sich Ram Dass über Gandhi äußert.

Ich war einerseits überaus dankbar – dafür, dass wir ähnlich dachten –, aber ich bedauerte, dass wir uns nicht noch einmal hatten unterhalten können.

Über ein Gespräch mit Neem Karoli berichtete er, dass dieser ihn gefragt hatte: »Kennst du Gandhi?«

»Nein, aber ich habe von ihm gehört.«

»Sei wie Gandhi«, empfahl sein Guru.

In *Being Ram Dass* heißt es: »Ich wusste nicht, welchen Reim ich mir auf diese Äußerung machen sollte. Über Männer wie Lincoln oder Gandhi sprach er nie als historische Persönlichkeiten. Sie waren für ihn auf eine Art und Weise präsent, die ich kaum nachvollziehen konnte.«

Genauso ging es mir in den vergangenen zwei Jahren auch, sobald ich mit echten Gandhi-Fans sprach, die sich über ihn äußerten, als wäre er noch am Leben.

Im Hinblick auf Gandhis Satz »Meine Botschaft ist mein Leben« sagte Ram Dass: »Ich glaube, genau das wollte Maharajji mir sagen. Seine Anweisung bezog sich auf die Teilhabe an der *Conditio humana*. Unsere Beziehungen untereinander wurzeln letztlich in jedem selbst – in Lebenserfahrung, Bildungsstand und dem Karma, die uns zu dem gemacht haben, der wir sind. Das Leben ist die Botschaft.«

Weiter hinten zitiert er Gandhi ein weiteres Mal: »Wenn du dich Gott als der einzigen Wahrheit hingibst, die es wert ist, findest du dich im Dienste alles Existierenden wieder. Daraus erwächst dir Freude und Entspannung. Du wirst es nie müde werden, anderen zu Diensten zu sein.«

Ram Dass fragte uns gern: »Wollt Ihr Gott, oder wollt Ihr Gott wollen?«

So weit bin ich immer noch nicht. Ich will bis heute noch …
Vielleicht ist meine mangelnde Hingabe an Gott der Grund dafür, dass mir das Schreiben in den letzten Jahren keine rechte
Freude mehr macht, obwohl ich stolz auf die Art und Weise bin,
in der meine Arbeiten zu den Themen Gesundheit, Psychologie und sogar Spiritualität den Lesern ein paar Erkenntnisse
und eine Abnahme von Leiden gebracht haben.

Zu lesen, wie bedeutend Gandhi für meinen ersten wirklichen spirituellen Lehrer war, fand ich seltsam. Denn ich erinnere mich nicht, dass Ram Dass in den vielen Vorträgen und
Teachings, die ich von ihm gehört habe – in kleineren Gruppen bei uns in der Remise oder im vollbesetzten Hörsaal der
Boston University –, Gandhi erwähnt hätte.

Dachte er, dass Gandhi für die Leute im Westen ein Relikt
aus der Vergangenheit war wie eine allmählich verstaubende
Bronzestatue? Oder hatte er Gandhis Botschaft so verinnerlicht,
dass sie für ihn in ihrer Selbstverständlichkeit nicht der Rede
wert war? Oder hatte ich ihm nicht gut genug zugehört, weil
ich es war, der Gandhi in der Vergangenheit verortete?

Wir werden es nie erfahren. Es spielt auch keine Rolle. Denn
welche Bruchstücke von Gandhis Erkenntnissen Ram Dass auch
verinnerlicht haben mochte, sie finden sich nicht in seinen vielen
verbalen Äußerungen wieder, sondern in der Botschaft seines Lebens. Eines jedenfalls machte Ram Dass in seinem Buch klar: dass
der Einfluss des Mahatma auf ihn nicht unterschätzt werden darf.

• • •

»Wie gut und schön ist es doch für die Menschen, zusammen
sein zu können.« Diese Zeile entstammt Psalm 133 im Buch
der Psalmen in der Fassung der King-James-Bibel. Sie sprang
mich neulich förmlich an, als wir sie an Jom Kippur psalmo

dierten. Zusammen mit Tochter und Enkeltochter sowie mehr als hundert anderen Menschen saß ich in Berkeley in der offenen jüdischen Gemeinde Jewish Gateways, in der eine moderne Form des Judentums praktiziert wird. Meinem Großvater wäre die Liturgie dort ein Buch mit sieben Siegeln gewesen; der Kantor/Gitarrist sprach Englisch, wie auch die Gebete auf Englisch waren. All das unterschied sich stark von den Traditionen in Opa Garfinkels konservativer Synagoge in Queens. Jewish Gateways heißt »wandering Jews« nicht weniger willkommen als die »wondering Jews« (die »wandernden« Juden genauso wie die »sich wundernden, sich fragenden«), wie es in den Infobroschüren heißt. Ich persönlich würde sie als New-Age-Jüdinnen und -Juden bezeichnen.

Aber egal. Wir alle stehen mehr oder weniger für dieselben jüdischen Werte.

Eine Gruppe von Hinduisten wird als *Satsang* bezeichnet. Im Buddhismus spricht man von einer *Sangha*. Im Islam von *Cemaat*. Im Judentum sagt man einfach Gemeinde.

Das »Zusammensein« ist nicht einfach nur »gut« oder »schön«. Es stellt offenbar einen festen Bestandteil jeder Glaubensbekundung dar. Ohne die erlebte Gemeinschaft hätten wir vielleicht gar nicht zu unserem jeweiligen Glauben gefunden – oder würden nicht so lange an ihm festhalten. Das Zusammensein mit Menschen, die sich auf dieselbe weise Schrift beziehen – die Thora im Judentum, den Koran im Islam, die Bibel im Christentum, die Veden im Hinduismus –, bestätigt und bekräftigt das eigene Vertrauen in ebendieses Glaubenssystem. Es ist schwer, sich umzugucken, in die Gesichter von Menschen zu schauen, die alle auf ein und dasselbe fokussiert sind, und *nicht* das Gefühl zu haben, in der richtigen Richtung unterwegs zu sein. *Hm, wenn all diese Leute extra dafür hergekommen sind, dann muss doch was dran sein.*

Das mag der Grund sein, warum mein Glaube Risse hat – der Glaube an meinen Glauben. Ich bin weder Anhänger noch Mitläufer, sondern ein bisschen ein einsamer Wolf. Sobald ich Teil einer Gruppe bin, fühle ich mich schnell als Lemming. Nur in Momenten großer Selbstzweifel wende ich mich wohl oder übel meiner eigenen Gemeinde zu – Tochter, Schwester, Verwandtschaft, engste Freunde –, klappe das Visier hoch, zeige meine Verwundbarkeit. Dann und nur dann überkommt mich wie eine warme Dusche der Glaube. Er gilt dabei weniger einer Höheren Macht als meinen Mitmenschen und hilft mir besser zu verstehen, warum ich überhaupt auf der Welt bin und wie ich mich anderen nützlich machen kann.

War Gandhi auf der Suche nach spiritueller Inspiration, griff er zur Bhagavad Gita. Folgender Satz aus ihr gehört zu den kostbaren Perlen der Weisheit, die er gelesen und verinnerlicht hatte: »Der Mensch, der dies voller Glauben und frei von Niedertracht hört, wird Zugang zur Welt der Gerechten finden und von allem Schlechten befreit werden.«

Daraus schöpfe ich große Hoffnung. Solange ich frei von Niedertracht bleibe und von allem Schlechten, wird mich der Glaube eines Tages sanft umfassen und in die Glückseligkeit führen.

Amen.

Wie Gandhi – ehrlich und aufrichtig

• Bleiben Sie auf der Suche – mit offenem Herzen und einem aufgeschlossenen Geist.

• Räumen Sie sich in Ihrem Tagesablauf Zeit und Raum für innere Einkehr, Dankbarkeit und persönliches Wachstum ein.

• Für welche Religion oder Ideologie Sie sich entscheiden, spielt keine Rolle.

• Im Mittelpunkt des Glaubens steht etwas jenseits von Ihnen – oder sogar in Ihnen –, ob Sie es nun Gott nennen, die Kraft oder das Universum.

Epilog
Die Reise geht weiter

Vor Gandhi Holz hacken und Wasser holen, nach Gandhi Holz hacken und Wasser holen.

So lautet meine Version des alten Zen-Satzes »Vor der Erleuchtung Holz hacken und Wasser holen, nach der Erleuchtung Holz hacken und Wasser holen«. Dieser Spruch wird unterschiedlich interpretiert. In meiner Version bedeutet er: Auch wenn man sein Ziel erreicht hat, muss man zwar immer noch genügend Disziplin aufbringen, um das Geschirr zu spülen, die Wäsche zu machen und alles andere zu tun, was nötig ist, damit das Leben weitergehen kann – jetzt aber mit größerer Achtsamkeit für den Prozess, mit mehr Genuss und Freude. Zudem haben diese einfachen Dinge dann eine höhere Bedeutung, selbst wenn Außenstehende die Veränderungen, die man innerlich durchgemacht hat, nicht wahrnehmen. Man muss versuchen, im gegenwärtigen Augenblick verankert zu bleiben, während man gleichzeitig in zeitlosem Glück über den Wolken schwebt – mit demütigem Arbeitseinsatz und einem noch demütigeren Ego. Die ständige Wiederholung unserer Alltagspflichten erinnert uns immer daran, wie viel noch zu tun ist. Im Leben gibt es keine Ziellinie. So machen wir einfach immer weiter.

Sollte ich jemals gedacht haben, ich könnte Gandhi werden, habe ich mich so was von getäuscht. Allein die Idee zeigt schon, wie viel noch vor mir liegt. Im neunten Jahrhundert soll der chinesische buddhistische Mönch Linji Yixuan, einer der bedeutendsten Zen-Meister aller Zeiten, einem Mönchskollegen den Rat gegeben haben: »Wenn du Buddha triffst, töte ihn.« Was er damit sagen wollte: Wann immer wir meinen, alle

Antworten zu kennen oder gar schon Buddhaschaft erlangt zu haben, beweist allein dieser Bewusstseinszustand, wie weit wir noch davon entfernt sind.

Auch wenn man weiß, dass man weder alle Antworten kennen noch den Dingen erschöpfend auf den Grund gehen kann, gibt es immer noch Fragen, und man kann jederzeit versuchen, noch weiter in die Tiefe zu gehen. Aber, um jetzt mal Yoda zu channeln, anstreben wir sollten es. Doch während er meinte: »Tu es oder tu es nicht; es gibt kein Versuchen«, würde ich sagen, dass jeder Versuch in guter Absicht einen Schritt in die richtige Richtung darstellt.

Momentan bin ich noch dabei, die Lektionen zu verarbeiten, die mir das Experiment erteilt hat, und daran wird sich bis an mein Lebensende nichts ändern. Mahatma Gandhi war ein Mann, ein Mensch mit menschlichen Schwächen, der Fehler machte und dem Fehltritte unterliefen. Während der Arbeit an diesem Projekt ist mir oft der Satz »Tu nicht, was ich tue, sondern was ich sage« in den Sinn gekommen. Sowohl Gelehrte als auch seine Anhänger werden die moralischen Prinzipien, über die er geschrieben und an die er sich größtenteils gehalten hat, noch ewig sezieren – gut so, denn auf diese Weise verlieren sie nicht an Bedeutung.

Ob ich jemals zu Gandhi werde? Auf keinen Fall. Gandhi zu sein ist ausgeschlossen. Aber wie Gandhi zu werden – sich ihm anzunähern – liegt durchaus im Bereich des Möglichen.

Ob *Sie* zu Gandhi werden können? Nein. Aber in Zeiten, in denen die Moral von viel geringerer Bedeutung ist als die machiavellistische Selbstsucht, lohnt es sich mehr denn je, diesem Buch alles zu entnehmen, was für Sie von Wert sein kann und was Ihnen hilft, Ihren persönlichen moralischen Kompass neu auszurichten. Würden mehr Menschen diesen Schritt machen, gäbe es bald mehr Mitgefühl und Frieden in der Welt.

Dürfen Sie nur noch Tofu und Gemüse essen und müssen sich vegetarisch ernähren, um Gandhischaft erlangen zu können? Oder genügt es, wenn Sie Ihren Fleischkonsum auf einmal in der Woche, im Monat oder gar alle zwei Monate reduzieren? Könnten Sie Geflügel und Fisch herunterfahren? Bestimmt! Ich jedenfalls fühle mich als Pescetarier inzwischen ausgesprochen wohl. Vielleicht verzichte ich auf Fisch auch noch.

Schaffen Sie es, weniger gewalttätige Gedanken zu haben, indem Sie sich im Fernsehen, in Filmen und in den Nachrichten nicht mehr so viel Brutalität anschauen? Einen Versuch wäre es wert – in Anbetracht der schädlichen Einflüsse, die derartige Eindrücke auf das Gehirn haben.

Könnten Sie weniger lügen – sich selbst und anderen nicht mehr so viel vormachen? Sind Sie in der Lage, mit geringerem materiellen Besitz auszukommen? Sich mehr mit Ihrem Glauben auseinanderzusetzen? Die Macht der sexuellen Begierden in Ihrem Leben zu beschränken?

Ich würde mir wünschen, dass dieses Buch unerwartet neue Diskussionen über Gandhis Lehren auslöst – zwischen Ost und West und West und Ost und unabhängig davon, ob Sie meinen Gedanken beipflichten, ob Sie sie für ketzerisch halten oder nicht, skurril oder erleuchtend oder nicht.

Nach viel Lesen, Denken und Denken-in-Handeln-Umsetzen ist mir klar geworden, dass der Spruch »Kindermund tut Wahrheit kund« den Nagel oft auf den Kopf trifft. Also wandte ich mich an meine superkluge Enkelin Kasey. Sie wusste sehr wenig über Gandhi und fragte sich – später dann auch mich –, was um alles in der Welt ich in den vergangenen drei Jahren denn so getrieben hatte. Als Antwort bat ich sie um eine Rezension von *Who Was Gandhi?*, einem Büchlein von Dana Meachen Rau, das sich an Schülerinnen und Schüler der Mittelstufe richtet – zu denen Kasey zu der Zeit zählte. Folgendes schrieb sie:

»Würde Gandhi heute noch leben, wäre die Welt besser. Gandhi hat die Menschen aufgefordert, zu protestieren und ihre Meinung zu sagen, um die Welt zu verändern. Bei seinem Kampf für die gute Sache bediente er sich der Macht der Wahrheit (Satyagraha); dazu gehörten: Verweigerung der Zusammenarbeit mit den Machthabern, Gewaltlosigkeit und Besitzlosigkeit. Verweigerung der Zusammenarbeit bedeutet, ungerechte Gesetze auf eine Art zu brechen, die niemandem schadet und niemanden verletzt. Gewaltlosigkeit heißt einfach, niemandem Gewalt anzutun. Und Besitzlosigkeit, das ist, wenn man nicht zu viel Zeug hat und immer nur das nimmt, was man braucht, und nie mehr. Das Wichtigste, was ich aus diesem Buch gelernt habe, ist, dass Gandhi vieles verändert hat und dass er auch heute noch Menschen dazu inspiriert, es ihm gleichzutun.«

Kindermund. In der Tat! So präzise hat sie die Essenz all dessen zusammengefasst, was ich über die Jahre lernen und worüber ich mich jetzt auf so vielen Seiten auslassen musste. Mögen ihre Generation und die ihr folgenden Kaseys Hoffnung am Leben halten, dass sich die Welt weiterhin von Gandhi inspirieren lässt.

Dank

Die Entstehungszeit dieses Buches betrug fast fünfzehn Jahre.

Die ganze Zeit über wurde ich von Freundinnen und Freunden, Kolleginnen und Kollegen ermutigt, kritisch hinterfragt, inspiriert, verpflegt, beherbergt sowie finanziell, spirituell und emotional unterstützt. Allen danke ich von Herzen dafür, dass sie Teil meines Experiments mit der Wahrheit waren.

Candice Fuhrman, meine damalige literarische Agentin, gab den Anstoß, als sie mir empfahl, »dasselbe mit Gandhi« anzustellen, was ich zuvor in meinem Buch *Buddha or Bust* mit Buddha gemacht hatte. Als ich sechs Jahre später Jayapriya Vasudevan von der Jacaranda Literary Agency im indischen Bangalore (Bengaluru) traf, griff ich die Idee wieder auf. Jayapriya erkannte das Potenzial des Projekts und verkaufte es an Simon & Schuster Indien. Helen Mangham, ihre Kollegin in Großbritannien, unterstützte den Versuch, damit auf den europäischen Markt zu kommen. Jayapriya machte mich mit ihrer Co-Agentin Susan Raihofer von der David Black Agency in New York bekannt, die in Sounds True den perfekten US-Verlag für dieses Buch fand – welches wiederum Mohrbooks, die Co-Agentur von David Black, für den deutschsprachigen Raum an Lotos/Penguin Random House verkaufte.

Haven Iverson von Sounds True war und ist die beste Lektorin, die sich Autoren oder Autorinnen wünschen können: eine unglaublich hilfreiche und geduldige Fürsprecherin des Buches von der Akquisition bis zur Veröffentlichung und darüber hinaus. Wenn dies hier Hand und Fuß hat, dann vor allem dank ihrer Unterstützung.

Nach einem holprigen Start begleitete mich Elizabet Kurumlu nach Südafrika. Sie half mir, sowohl mein Handy als auch meinen Laptop wiederzubekommen, den ich in Mumbai am Flughafen liegen gelassen hatte.

Nestor Serrano, der damalige Chefconcierge im InterContinental Marine Drive in Mumbai hat Überstunden eingelegt, um das Seine zur Wiederauffindung besagten Laptops beizutragen.

Als meine Chef-Rechercheurin arbeitete Prarthi Sha nicht selten bis tief in die Nacht, um Informationen zu den vielen Fragen zu besorgen, mit denen ich sie schier bombardierte.

In folgenden Hotels habe ich bei der einen oder anderen Gelegenheit übernachtet: im Silver Cloud Hotel in Ahmedabad, Gujarat; dem InterContinental Marine Drive; dem Rosewood London Hotel; dem Mount View Hotel im kalifornischen Calistoga; im Four Seasons Hotel Mumbai; im Richmond Istanbul sowie im Richmond Nua Wellness Spa in Sapanca, die beiden Letzteren in der Türkei.

Wes Nisker, Autor, Radiojournalist, Buddhismus-Lehrer, Geschichtenerzähler, vor allem aber hingebungsvoller Freund, der mich nur allzu oft mit der brennenden Frage »Bist du jetzt fertig?« überfallen hat. Seit mehr als dreißig Jahren ist er auch in den Momenten für mich da, wenn ich für mich selbst nicht da bin.

Mein tief empfundener Dank gilt auch jenen Freunden und Freundinnen von mir, die mich auf ihre individuelle Art und Weise unterstützt haben: Padmaja Kumari Parmar, Mudita Nisker und Dan Churman, Jeff Greenwald, Chris Barnett, Mark Mazer, Belgin Aksoy, Mikkel Aaland, Daniel Ben-Horin, Daniel Shiner, Rahul Akerkar und Margaret Fox.

Ein besonderes Dankeschön geht an meinen Schwiegersohn Ryan Romeiser, der mein Fels in der Brandung ist und sich trotz oder gerade wegen dieses Beharrungsvermögens nicht davon abhalten lässt, mit mir durch dick und dünn zu gehen.

Kasey Romeiser, die für mich viel mehr ist als meine beste und einzige Enkeltochter, hat ihre im Werden begriffenen redaktionellen Fähigkeiten sowie ihr großes schriftstellerisches Talent aufgeboten, indem sie das Literaturverzeichnis für *Leben wie Gandhi* zusammengestellt und abgetippt hat.

Praktisch in jeder Danksagung findet sich früher oder später eine Floskel wie »Ohne die Hilfe von So-und-so hätte dieses Buch das Licht der Welt nie erblicken können« oder so. Im Fall meiner Tochter Ariana Garfinkel ist dieser Satz alles andere als ein Klischee, sondern die reine Wahrheit: Ohne Ariana hätte ich dieses Buch tatsächlich nicht zu Ende geschrieben. Als mehrfach ausgezeichnete Produzentin von Dokumentationen hat sie schon vielen kreativen Filmleuten dazu verholfen, dass ihre Arbeit Hand und Fuß hat. Und nun bin ich in den Genuss des väterlichen Privilegs gekommen, beobachten zu können, wie sie in den letzten Stadien meiner Arbeit hier ihr enormes Organisationstalent und ihre sanfte editorische Diplomatie hat spielen lassen.

Literatur

Abramson, Ashley: »What Is Intermittent Fasting?«, in: *Intermittent Fasting*, Special Edition, Dotdash Meredith Publishing, New York 2023.

Adams, Jad: *Gandhi – Naked Ambition*, Quercus, London 2010.

Agence France-Presse (AFP): »India's Top Court Tells Government to Stop Cow Vigilantes«, in: *Dawn*, 6. September 2017.

Ajgaonkar, Sri, und T. Meghshyam: *Mahatma – A Golden Treasury of Wisdom – Thoughts & Glimpses of Life*, Mani Bhavan Gandhi Sangrahalaya, Mumbai 1995.

Amundson, Ingela Ratledge: »The More of Less«, in: *Real Simple – The Power of Less* (Sonderausgabe), Meredith Corp., New York 2020.

Anderson, James A.: »Some Say Occupy Wall Street Did Nothing – It Changed Us More Than We Think«, in: *Time*, 15. November 2021.

»Are Violent Protesters Ruining the Occupy Movement?«, in: *Week*, 9. Januar 2015.

Balasubramanian, Sriram: »Guillaume Marceau – The Spirit of Mahatma Gandhi Is Felt Tremendously Here«, in: *Forbes India*, 10. November 2011.

Bhattacharjee, Yudhijit: »Why We Lie«, in: *National Geographic Magazine*, Juni 2017.

»Birds of Different Feathers Flock Together«, in: *Ahmedabad Mirror*, 10. Januar 2020.

Boo, Katherine: *Annawandi oder der Traum von einem anderen Leben*, Droemer. München 2012.

Bordessa, Kris: »A Modern Take on Self-Reliant Living«, in: *National Geographic Magazine*, Meredith Publishing, New York 2021.

Chauhan, Chetan: »Centre Bans Sale of Cows for Slaughter at Animal Markets, Restricts Cattle Trade«, in: *Hindustan Times*, 19. Juli 2017.

Dalkin, Gaby: *Better Homes & Gardens Mindful Eating with What's Gaby Cooking*, Meredith Premium Publishing, Des Moines 2021.

Dasgupta, Neha: »New Delhi Is World's Most Polluted Capital for Second Straight Year: Study« *US News & World Report*, 26. Februar 2020.

Dass, Ram, mit Rameshwar Das: *Being Ram Dass*, Sounds True, Boulder 2021.

Desai, Ashwin, und Goolam Vahed: *The South African Gandhi – Stretcher-Bearer of Empire*, Navayana Publishing, Neu-Delhi 2016.

Desai, Kalpana: *The Mahatma Beyond Gandhi*, Sarvodaya International Trust, Mumbai 2001.

Desphande, M. S.: *The Way to God*, Berkeley Hills Books, Berkeley 1999.

Duhigg, Charles: *Die Macht der Gewohnheit – Warum wir tun, was wir tun*, Berlin Verlag, Berlin 2012

Duncan, Ronald: *Gandhi – Selected Writings*, Fontana/Collins, London 1971.

Easwaran, Eknath: *Gandhi the Man – How One Man Changed Himself to Change the World*, Nilgiri Press, Tomales 2011.

Eilperin, Juliet: »Obama to Host a White House Summit on Growing Concerns Over Sports Head Injuries«, in: *Washington Post*, 28. Mai 2014.

Ekman, Paul: *Ich weiß, dass du lügst – Was Gesichter verraten*, rororo, Reinbek bei Hamburg 2011.

Express News Service: »Heritage Hiccups – State Blames Centre for Delay in Dandi Project«, in: *Indian Express*, 21. Juli 2009.

Fischer, Louis: *The Essential Gandhi – An Anthology of His Writings on His Life, Work and Ideas*, Vintage Books, New York 1962.

Fischer, Louis: *Gandhi – Prophet der Gewaltlosigkeit*, Heyne, München 1983.

Gandhi, Arun: *The Gift of Anger*, Jeter Publishing, New York 2017.

Gandhi, Arun: *Legacy of Love – My Education in the Path of Nonviolence*. Mattoon, IL: Gandhi Worldwide Education Institute, 2009.

Gandhi, Mohandas K.: *Eine Autobiografie oder Die Geschichte meiner Experimente mit der Wahrheit*, Hinder und Deelmann, Gladenbach/Hessen 1977.

Gandhi, Mohandas K.: *Basic Education*, Navajivan Publishing House, Ahmedabad 1956.

Gandhi, Mohandas K.: *The Bhagavad Gita According to Gandhi*, North Atlantic Books, Berkeley 2009.

Gandhi, Mohandas K.: *Hind Swaraj or Indian Home Rule*, Navajivan Publishing House, Ahmedabad 2011.

Gandhi, Mohandas K.: *The Power of Nonviolent Resistance*, Penguin Books, Neu-Delhi 2019.

Gandhi, Mohandas K.: *Satyagraha in South Africa*, Navajivan Trust, Ahmedabad 1925.

Gandhi, Mohandas K.: *Selected Letters – Volume II*, Chosen and translated by Valji Govindji Desai, Navajivan Publishing House, Ahmedabad 1962.

Gandhi, Mohandas K.: *Towards New Education*, Navajivan Trust, Ahmedabad 1945.

Gandhi, Mohandas K.: *The Way to God*, Publishers Group West, Albany 1999.

»Gandhi Museum Had 1.14 Lakh Visitors Last Year«, in: *India Times*, 4. Oktober 2019.

Glass, Leonard L.: »The Psychology of Violence in Sports – On the Field and in the Stands« in: WBUR Cognoscenti, 18. März 2014.

»Google Digitally Recreates Mahatma Gandhi's Dandi March to Mark India's 70th I-Day«, in: *India Today*, 16. August 2017.

Guha, Ramachandra: *Gandhi Before India*, Alfred A. Knopf, New York 2013.

Gupta, Ruchira: »Occupy Wall Street – What Would Gandhi Say?«, in: *Guardian*, December 21, 2011.

Hazarika, Sanjoy: »Reprise of Gandhi Salt March Prompts Gibes«, in: *New York Times*, 10. April 1988.

Ingram, Catherine: *In the Footsteps of Gandhi – Conversations with Spiritual Social Activists*, Parallax Press, Berkeley 1990.

Irfan, Umair: »Wildfires Are Making California's Deadly Air Pollution Even Worse«, in: Vox, 28. Oktober 2019.

Kakutani, Michiko: *Der Tod der Wahrheit – Gedanken zur Kultur der Lüge*, Klett-Cotta, Stuttgart 2019.

Kalia, Ravi: *Gandhinagar – Building National Identity in Postcolonial India*, University of South Carolina Press, Columbia 2004.

Kaushik, Anupma: »Mahatma Gandhi and Environment Protection«, auf www.mkgandhi.org.

Kaylin, Lucy: »Stressed Out? Right This Way …« O, *The Oprah Magazine: Let It Go! Your Guide to a Simpler, More Serene Life*, Hearst Communications, New York 2018.

Kennedy, Kostya (Hrsg.): *Miracles of Faith*, Dotdash Meredith Publishing, New York 2023.

Khilnani, Sunil: *The Idea of India*, Farrar Straus Giroux, New York 1999.

Kluger, Jeffrey: »Navigating Anxiety«, in: *Time* (Sonderausgabe). Meredith Corp., New York 2020.

de Lambilly, Elisabeth: *Gandhi – His Life, His Struggles, His Words*, Enchanted Lion Books, Brooklyn 2010.

Lelyveld, Joseph: *Great Soul – Mahatma Gandhi and His Struggle with India*, Alfred A. Knopf, New York 2011.

Lison, Joseph, und John Satish: »Wall Street Protesters Inspired by Mahatma Gandhi, Anna Hazare«, in: *Economic Times*, 18. Oktober 2011.

Malhotra, Inder: »Book Review – Tushar A. Gandhi's *Let's Kill Gandhi*«, in: *India Today*, 26. März 2007 (aktualisiert am 16. August 2011).

McGirk, Tim: »Gandhi Gaffe Dims Murdoch's Star«, in: *The Independent*, 5. Juli 1995.

Meer, Fatima: *Apprenticeship of a Mahatma*, Phoenix Settlement, Phoenix 1994.

Merton, Thomas: *Gandhi on Non-Violence*, Penguin Books, Toronto 1965.

Metcalf, Barbara D., und Thomas R. Metcalf: *A Concise History of India*, Cambridge University Press, Cambridge 2002.

Mez, Jesse, Daniel H. Daneshvar, Patrick T. Kiernan, et al. »Clinicopathological Evaluation of Chronic Traumatic Encephalopathy in Players of American Football«, in: Jama Network, 25. Juli 2017.

Mukherjee, Rudrangshu: *The Penguin Gandhi Reader*, Penguin Books, Gurgaon 1993.

Nagler, Michael N.: *The Third Harmony – The Nonviolence and the New Story of Human Nature*, Berrett-Koehler Publishers, Oakland 2020.

Nanda, B. R.: *Mahatma Gandhi – A Biography*, Oxford University Press, Neu-Delhi 1981.

Nayar, Madhav: »Mahatma's Bug Strikes«, in: *The Hindu Magazine*, 15. Dezember 2019.

Nhat Hanh, Thich: *Antworten von Herzen – Brauchbare Ratschläge für dringliche Lebensfragen*, Theseus, Bielefeld 2010.

Parel, Anthony J.: *Gandhi – Hind Swaraj and Other Writings*, Cambridge University Press, Cambridge 2007.

Patel, Narottambhai: *Nai Talim in Gujarat – Philosophy and Development*, Gujarat Nai Talim Sangh, Gujarat 2002.

Patel, Raojibhai M.: *The Making of the Mahatma – Based on »Gandhiji ni Sadhna«*, Ravindra R. Patel, Ahmedabad 1990.

Prabhu, R. K., und U. R. Rao (Hrsg.): *The Diary of Mahadev Desai*, Navajivan Trust, Ahmedabad 1953.

Press Trust of India (PTI): »Gujarat HC Orders Ground Survey to Verify Illegal Mining«, in: *India Today*, 14. Februar 2017.

Press Trust of India (PTI): »Hockey India Suspends 11 Players after Violence in Nehru Cup Final«: *India TV News*, 10. Dezember 2019.

»PUBG Mobile India Ban Is Permanent, Game ›Too Violent‹ to Be Allowed Again«: *News18*, 1. Oktober 2020.

Raj, Suhasini, und Kai Schultz: »New Delhi – Its Air Toxic, Declares a Health Emergency and Closes Schools«, in: *New York Times*, 2. November 2019.

Rau, Dana Meachen: *Who Was Gandhi?* Penguin Workshop, New York 2014.

Rawat, Basant: »Ordinary Indians Pay Price for Gandhian Hypocrisy«, in: *Union of Catholic Asian News*, 28. Juli 2022.

Robbin, Jeanette: *Dr. Ambedkar and His Movement*, Dr. Ambedkar Publications Society, Hyderabad 2000.

Sahu, Satya Narayana: »Mahatma Gandhi on Air Pollution and Clean Air – Gandhian Philosophy«, in: *Green Ubuntu*, 27. April 2019.

Sanford, Whitney: »What Gandhi Can Teach Today's Protesters«, in: *The Conversation*, 2. Oktober 2017.

Scorsese, Martin (Regisseur): *No Direction Home – Bob Dylan*, Paramount Pictures, 2005.

Senauke, Alan: *Heirs to Ambedkar – The Rebirth of Engaged Buddhism in India*, Clear View Press, Berkeley 2015.

Sharma, Arvind: *Gandhi – A Spiritual Biography*, Hachette India, Gurgaon 2013.

Singh, I. P.: »Tushar Gandhi Booked for ›Criticizing‹ Bhagat Singh«, in: *India Times*, 11. Mai 2015.

Slate, Nico: *Gandhi's Search for the Perfect Diet*, University of Washington Press, Seattle 2019.

Smay, Ian: »CTE Linked with Violence in Many Professional Athletes«, in: KREM, 1. Juli 2019.

Snow, Nathaniel: »Violence and Aggression in Sports – An In-Depth Look (Teil 1)«, in: *Bleacher Report*, 24. März, 2010.

Think Change India: »India's First-Ever Flyover for Animals«, in: YourStory, 3. März 2022.

Tiwari, Rajnarayan R.: »Gandhi as an Environmentalist«, in: *Indian Journal of Medical Research*, Januar 2019.

Varia, Avani: *Chalo Charkho Ramiye – A Contemporary Charkha Movement*, Navajivan Publishing House, Ahmedabad 2020.

Weber, Thomas: *On the Salt March: The Historiography of Mahatma Gandhi's March to Dandi*, Rupa Publications, Neu-Delhi 2009.

Wolpert, Stanley: *Gandhi's Passions – The Life and Legacies of Mahatma Gandhi*, Oxford University Press, New York 2001.

Zezima, Katie: »How Teddy Roosevelt Helped Save Football« in: *Washington Post*, 29. Mai 2014.

Über den Autor

Perry Garfinkel schreibt seit 1986 für die *New York Times* über Themen wie Kultur, Gesundheit, Psychologie, Spiritualität, Business, Kochen, Lifestyle und Reisen. Sein Buch *Buddha or Bust* wurde in den USA zum Bestseller und erschien auszugsweise auch in *The Best Buddhist Writing 2007*. Zu seinen weiteren Veröffentlichungen gehören neben *In a Man's World* und *Travel Writing for Profit and Pleasure* auch vier *Men's-Health*-Bücher, als deren Co-Autor er fungierte und die bei Rodale Press erschienen, wo er von 1995 bis 1997 Chef-Autor war.

Bis heute arbeitet er als Reporter und/oder Redakteur unter anderem für den *Boston Globe*, den *Star Ledger* in Newark und die *Martha's Vineyard Times*. Arbeiten von ihm erschienen außerdem im *National Geographic Magazine*, in der *Los Angeles Times*, dem *Men's Health Magazine*, in *Psychology Today*, der *Huff-Post* und anderen Zeitungen und Zeitschriften. Er gehörte zu den redaktionellen Gründern des *New Age Journal* und arbeitete an der Markteinführung der Zeitschrift *EcoTraveler* mit. Auch für Fernsehsender wie den Travel Channel und Travel News Network war er als Autor tätig. Er ist seit über dreißig Jahren Dozent im Fach Schreiben, unter anderem als Lehrkraft/Berater für das »Bay Area Writing Project« der UC Berkeley School of Education. Seit früher Kindheit spielt er Schlagzeug, war seit der Schulzeit unter anderem als Trommler für das New Jersey All-State Orchestra sowie in verschiedenen Rock-, Blues- und Jazzbands tätig.